FRANCOPHONIES
D'AMÉRIQUE

FRANCOPHONIES
D'AMÉRIQUE

2000   Numéro 10

Les Presses de l'Université d'Ottawa

FRANCOPHONIES D'AMÉRIQUE

2000   Numéro 10

Directeur :

JULES TESSIER
Université d'Ottawa

Conseil d'administration :

GRATIEN ALLAIRE
Université Laurentienne, Sudbury

ROBERT CHOQUETTE
Université d'Ottawa

PAUL DUBÉ
Université de l'Alberta, Edmonton

JAMES DE FINNEY
Université de Moncton

PIERRE-YVES MOCQUAIS
Université de Regina

Secrétariat de rédaction :

*Centre de recherche en civilisation
canadienne-française
Université d'Ottawa*
Sophie Archambault

Saisie informatique du manuscrit :
Monique P.-Légaré

Comité de lecture :

GEORGES BÉLANGER
Université Laurentienne, Sudbury

RAOUL BOUDREAU
Université de Moncton

ÉLOÏSE BRIÈRE
Université de l'État de New York à Albany

GILLES CADRIN
Faculté Saint-Jean, Université de l'Alberta

PIERRE PAUL KARCH
Collège universitaire Glendon, Université York

PIERRE-YVES MOCQUAIS
Université de Regina

Francophonies d'Amérique est indexée dans :

Klapp, *Bibliographie d'histoire littéraire française* (Stuttgart, Allemagne)

International Bibliography of Periodical Literature (IBZ) et *International Bibliography of Book Reviews (IBR)* (Osnabrück, Allemagne)

MLA International Bibliography (New York, États-Unis)

Pour tout renseignement concernant l'abonnement, veuillez consulter la page 251 en fin d'ouvrage.

Les Presses de l'Université d'Ottawa remercient le Conseil des Arts du Canada et l'Université d'Ottawa de l'aide qu'ils apportent à leur programme de publication.

Nous reconnaissons l'aide financière du gouvernement du Canada par l'entremise du Programme d'aide au développement de l'industrie de l'édition (PADIÉ) pour nos activités d'édition.

Cette revue est publiée grâce à la contribution financière des universités suivantes :
UNIVERSITÉ D'OTTAWA
UNIVERSITÉ LAURENTIENNE DE SUDBURY
UNIVERSITÉ DE MONCTON
UNIVERSITÉ DE L'ALBERTA – FACULTÉ SAINT-JEAN
UNIVERSITÉ DE REGINA

ISBN 2-7603-0522-8
ISSN 1183-2487

TABLE DES MATIÈRES

Actes du colloque

FRANCOPHONIES
D'AMÉRIQUE
ALTÉRITÉ ET MÉTISSAGE

organisé conjointement par la revue *Francophonies d'Amérique*
et par le Centre de recherche en civilisation
canadienne-française de l'Université d'Ottawa

tenu à l'Université d'Ottawa, les 4, 5, 6 novembre 1999

*Texte de l'allocution prononcée par Jules Tessier
lors de l'ouverture du colloque*

« L'Amérique française » : cette belle appellation mythique qui a servi une vision passéiste pendant la première moitié du présent siècle avait besoin d'être modernisée, et, pour y arriver, il a suffi d'inverser les deux vocables et de substantiver l'adjectif déterminant pour obtenir « Francophonies d'Amérique ». « Francophonies » au pluriel, pour signifier la multiplicité des groupements et collectivités de langue française qui peuplent le continent. Comme en témoignent l'affiche du colloque et la carte qui s'y trouve, la répartition des parlants français sur le continent fait penser à une galaxie qui aurait son noyau, son centre, dans la vallée du Saint-Laurent et serait entourée d'une constellation d'astéroïdes à peine discernables, soit, mais aussi d'une foule de planètes de taille considérable, que ce soit en Acadie, en Ontario, dans l'Ouest canadien, sans oublier ces astres qui sont à l'extérieur de notre système, sur la Nouvelle-Angleterre et la Louisiane notamment. À cela il faut maintenant ajouter ces espèces de satellites artificiels qui se mettent eux-mêmes en orbite, à cette époque-ci de l'année, pour fuir les rigueurs de l'hiver et occuper une position géostationnaire sur le territoire de la Floride, quitte à revenir à leur base de lancement quelque six mois plus tard, une migration qui a pris une ampleur tout à fait exceptionnelle pendant le dernier quart du XXe siècle.

En choisissant le thème du présent colloque, nous avons voulu mettre de côté, provisoirement, l'approche soustractive qui consiste à dresser un bilan comptable, après chaque recensement décennal, une opération qui se résume à retrancher de nos effectifs ceux-là qu'on qualifiait autrefois d'«assimilés», phagocytés par l'Autre majoritaire, un phénomène que l'on désigne maintenant sous le vocable plus neutre d'«acculturation». On a beau varier les méthodes de recherche, dès le moment où l'on adopte cette orientation, les résultats, éminemment prévisibles, ne peuvent être renouvelés que par une approche pluridisciplinaire.

En revanche, à la condition de changer radicalement l'optique et de mettre de côté, pour un temps, la perspective manichéenne, de manière à percevoir l'Autre dans une dialectique non pas de confrontation mais d'interaction, le paysage change du tout au tout. Pour lors, il ne s'agit pas de jouer à l'autruche et de fermer les yeux sur les transferts linguistiques, particulièrement nombreux dans les régions périphériques, une tendance lourde qu'on n'a jamais réussi à enrayer. Il ne s'agit pas non plus de faire contre mauvaise fortune bon cœur, mais bien plutôt d'analyser sans parti pris, lucidement, cet environnement humain autre qui nous a non seulement influencés, mais que nous avons encore intégré à des degrés divers. Je pense, bien sûr, à l'Autre anglophone, Américain et Canadien, mais aussi à l'Autre francophone ou francophonisé, issu d'une autre culture, d'un autre pays, d'une autre région. L'Autre, donc, qui devient un incontournable quand vient le moment de définir la spécificité des Francophonies d'Amérique du Nord, cet incomparable terrain d'étude et d'analyse, comportant tous les degrés possibles de métissage.

* * *

Dans les pages qui suivent, hormis la conférence inaugurale, on trouvera les textes de toutes les communications prononcées dans le cadre du colloque. Nous les avons reproduits dans l'ordre chronologique de leur présentation, groupés selon les sous-thèmes suivants:

L'Autre: la théorie et la pratique
L'Amérique française vue de l'intérieur, de l'extérieur
L'Autre anglophone, Canadien, Américain
Les Francophonies d'Amérique et la littérature

Le vendredi 4 novembre, à l'issue d'un banquet qu'il présidait, le recteur Marcel Hamelin a remis à la nouvelle commissaire aux langues officielles, Dyane Adam, la médaille du 150e de l'Université d'Ottawa, frappée à l'occasion de cet anniversaire, en 1998. Cette cérémonie a été suivie de lectures d'œuvres par Herménégilde Chiasson, Lola Lemire-Tostevin (enregistrements), Agnès Whitfield et Robert Dickson, ces deux derniers agissant également comme animateurs. Le Prix du Centre de recherche en civilisation canadienne-française a été décerné pour la première fois par le directeur Robert Choquette à Robert Dixon qui avait été tenu dans le secret concernant cet honneur bien mérité. Finalement, des étudiants du Département de théâtre ont interprété un extrait d'une pièce du dramaturge Michel Ouellette, qui a présenté lui-même l'extrait en question. On trouvera un fac-similé du programme de la soirée dans ces pages, après le bilan du colloque dressé par l'écrivaine franco-ontarienne Andrée Lacelle.

Les rubriques habituelles complètent ce numéro spécial, soit les recensions et la liste des nouvelles publications et thèses récentes soutenues, une compilation préparée minutieusement par Lorraine Albert, assistée par son collègue de Moncton, Gilles Chiasson.

Finalement, afin de marquer de façon utile le dixième anniversaire de la revue, nous avons décidé d'ajouter un index des dix premiers numéros parus, incluant celui-ci.

Il convient de remercier chaleureusement les membres du comité organisateur du colloque, soit Robert Choquette, directeur du CRCCF, Raoul Boudreau de l'Université de Moncton, Éloïse Brière de l'Université de New York à Albany, et Paul Dubé de l'Université de l'Alberta à Edmonton. Robert Choquette terminera son mandat à la direction du CRCCF en juin prochain et, partant, abandonnera le poste qu'il occupe d'office au sein de notre Conseil d'administration. Il a accordé un appui constant à la revue, pour lequel je le remercie sincèrement ; il est permis d'interpréter l'intérêt qu'il portait à notre périodique d'après la façon dont il exposait chaque nouveau numéro dans son bureau, bien en vue, sur une espèce de lutrin, un peu comme un évangéliaire. Éloïse Brière, accaparée par de lourdes responsabilités administratives, s'est vue dans l'obligation de mettre un terme à sa participation à notre Comité de lecture. Qu'elle soit remerciée pour son concours efficace et toujours marqué au coin de la plus parfaite urbanité. Je m'en voudrais de ne pas souligner l'apport de Francine Dufort-Thérien et de Sophie Archambault à l'organisation du colloque. Si la mécanique, réglée au quart de tour, a fonctionné d'une façon impeccable, jusque dans les moindres détails, nous le devons en grande partie à ces deux membres du personnel du CRCCF. Je leur exprime ici ma reconnaissance tout en regrettant que Sophie Archambault abandonne le secrétariat de rédaction de la revue, une fois le présent numéro complété, la poursuite de sa carrière l'appelant à œuvrer dans une autre région. Nos meilleurs vœux de succès à cette collaboratrice de premier ordre.

* * *

À l'aube de l'an 2000 et après dix numéros publiés,
Paul Dubé prend la direction de Francophonies d'Amérique

Lorsque nous avons lancé la revue *Francophonies d'Amérique* en 1990, je m'étais dit que j'allais tenir la barre pendant dix ans, le temps de publier dix numéros, sachant que, dans pareille entreprise, les énergies finissent par s'user et qu'il faut, de bonne grâce, passer les commandes à quelqu'un d'autre le moment venu.

Lors de la réunion de notre Conseil d'administration tenue à Ottawa le 6 novembre dernier, le premier point que j'ai inscrit à l'ordre du jour était le suivant: «Choix d'un nouveau directeur pour la revue». À l'unanimité, le Conseil a désigné **Paul Dubé** de l'Université de l'Alberta à Edmonton pour présider aux destinées de *Francophonies d'Amérique* pour un mandat de cinq ans. Cet éminent collègue, un des universitaires les plus complets qu'il m'ait été donné de côtoyer, saura maintenir le cap et insuffler un nouveau dynamisme à la revue qu'il a contribué à fonder.

Lors de cette réunion, les responsabilités ont été partagées différemment et redéfinies, tout en maintenant le «siège social» de *Francophonies d'Amérique* au Centre de recherche en civilisation canadienne-française de l'Université d'Ottawa, le lieu de sa confection. C'est ainsi qu'un autre artisan de la première heure, **Georges Bélanger** de l'Université Laurentienne, s'occupera dorénavant des recensions. Ses talents de ratisseur toujours à l'affût des nouvelles publications le désignaient d'emblée pour cette fonction. Le Conseil d'administration, quant à lui, sera présidé par un autre collègue de la Laurentienne, **Gratien Allaire,** dont les talents exceptionnnels de gestionnaire seront mis à profit pour le mieux-être de la revue. L'Acadie n'est pas en reste, et le principe d'une direction itinérante en alternance ayant été entériné dans les faits avec la nomination de Paul Dubé, le prochain centre de décision échoira vraisemblablement à l'Université de Moncton. **Raoul Boudreau,** un autre distingué collègue présent à la rencontre à titre de représentant de **James de Finney,** a été prévenu de la chose. À tous ces collègues qui prennent la relève, je souhaite le plus grand des succès.

Avant de tirer ma révérence, je tiens à remercier toutes les personnes qui nous ont aidés et assistés au cours de cette décennie, à titre d'auteurs de textes, de collaborateurs à l'édition, de bailleurs de fonds, sans oublier nos lecteurs et abonnés sans qui tout périodique n'a plus de raison d'être. Quant à moi, en guise de conclusion, je me contenterai de dire ceci: pendant toutes ces années passées à l'université, *Francophonies d'Amérique* aura été sans conteste ce qui me sera arrivé de plus heureux et de plus gratifiant.

- 30 -

Jules Tessier
Directeur de *Francophonies d'Amérique*
jusqu'au présent numéro inclusivement

FRANCOPHONIES D'AMÉRIQUE

Colloque 4, 5, 6 novembre 1999

ALTÉRITÉ ET MÉTISSAGE

Université d'Ottawa

Pavillon des arts, amphithéâtre 257, 70, rue Laurier Est
Téléphone : (613) 562-5877 • Télécopieur : (613) 562-5143
Courriel : crccf@uottawa.ca
Internet : http://www.uottawa.ca/academic/crccf/

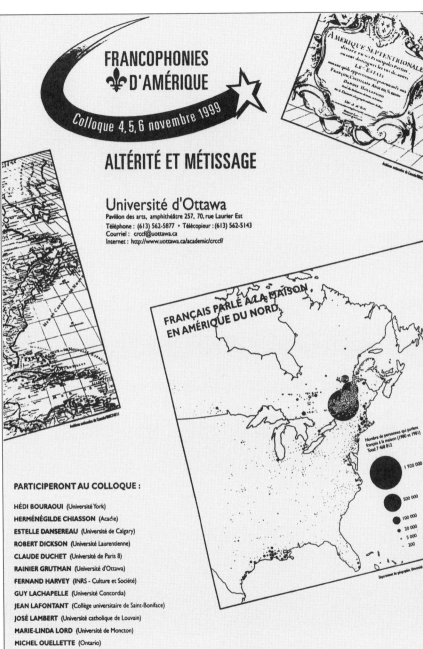

FRANÇAIS PARLÉ À LA MAISON EN AMÉRIQUE DU NORD

Nombre de personnes qui parlent français à la maison (1980 et 1981)
Total: 7 468 812

1 920 000
500 000
100 000
20 000
5 000
200

Département de géographie, Université Laval

PARTICIPERONT AU COLLOQUE :

HÉDI BOURAOUI (Université York)

HERMÉNÉGILDE CHIASSON (Acadie)

ESTELLE DANSEREAU (Université de Calgary)

ROBERT DICKSON (Université Laurentienne)

CLAUDE DUCHET (Université de Paris 8)

RAINIER GRUTMAN (Université d'Ottawa)

FERNAND HARVEY (INRS - Culture et Société)

GUY LACHAPELLE (Université Concordia)

JEAN LAFONTANT (Collège universitaire de Saint-Boniface)

JOSÉ LAMBERT (Université catholique de Louvain)

MARIE-LINDA LORD (Université de Moncton)

MICHEL OUELLETTE (Ontario)

FRANÇOIS PARÉ (Université de Guelph)

RÉGINE ROBIN (Université du Québec à Montréal)

JOHN TRENT (Université d'Ottawa)

SHERRY SIMON (Université Concordia)

AGNÈS WHITFIELD (Collège universitaire Glendon, Université York)

Université d'Ottawa
University of Ottawa

CRCCF
CENTRE DE
RECHERCHE EN CIVILISATION
CANADIENNE-FRANÇAISE
Faculté des arts
Université d'Ottawa

FRANCOPHONIES
D'AMÉRIQUE

LA CULTURE, LES CULTURES, MA CULTURE, LES PIÈGES DU CULTURALISME

Régine Robin
Université du Québec à Montréal

Rien de plus confus que la notion de culture aujourd'hui. J'avais plaisamment proposé, il y a quelques années, que l'on abandonnât trois notions passe-partout pour repenser les sciences humaines. Il s'agissait de «culture», de «mémoire» et d'«identité». À l'évidence, je n'ai pas été écoutée. Il est impossible, sauf à gros traits, de baliser l'histoire de la notion, son trajet conceptuel, les contextes épistémologiques dans lesquels elle s'est constituée, ses acceptions multiples, donc sa polysémie, à la source aujourd'hui de son emploi proliférant qui la vide de sa substance, de son ou de ses sens.

Dans la présente communication, je voudrais rappeler brièvement les données de cette polysémie aujourd'hui en faisant une petite incursion dans le passé, et voir sur deux points les pièges que le triomphe d'un de ces sens ménage au Québec, en particulier en ce qui concerne la langue et la désignation de «Francophone».

On peut, en très gros, distinguer trois acceptions fondamentales de la notion de culture, qui toutes trois ont eu des trajets et des destins particuliers.

Le premier sens, très abstrait et très général, désigne ce qui sépare l'humanité de l'animalité, la nature de la culture, le propre de l'humain, le symbolique qui encadre tous les actes d'une vie d'homme en société. Il s'agit du sens ontologique de la notion. Il correspond aussi à ce que Freud entend par «culture» quand, dans *Malaise dans la culture*, il parle de tout ce qui doit brimer la pulsion pour qu'il y ait accès à la culture, même si cela doit rendre malheureux. La Loi, l'ordre symbolique, est une des conditions fondamentales de l'humanité. Dans *L'Avenir d'une illusion*, Freud écrit: «La culture humaine — j'entends par là tout ce en quoi la vie humaine s'est élevée au-dessus de ses conditions animales et ce en quoi elle se différencie de la vie des bêtes, et je dédaigne de séparer culture et civilisation — présente comme on sait deux faces à l'observateur. Elle englobe d'une part tout le savoir et tout le savoir-faire que les hommes ont acquis afin de dominer les forces de la nature et de gagner sur elle des biens pour la satisfaction des besoins humains, et d'autre part, tous les dispositifs qui sont nécessaires pour régler les relations des hommes entre eux et en particulier la répartition des biens accessibles[1].»

Le second sens, le plus traditionnel, mais qui aurait bien besoin aujourd'hui d'être revivifié après une critique radicale de son usage par trop momifié, nous vient de Cicéron, par analogie quand il parle des labours de l'âme, de la culture des esprits comme il y a la culture des champs. Il s'agit de la formation de l'homme cultivé — de la *Bildung* comme on dit en allemand —, de celui qui aime les œuvres de l'esprit, qui a à sa disposition un ensemble d'œuvres lui permettant de faire fonctionner son imaginaire et des mots, une rhétorique qui, loin d'être un artifice, lui permet de communiquer avec ses semblables.

Le troisième sens a connu une fortune particulière à partir du XIXe siècle et s'est renforcé encore ces trente dernières années. Il ne s'agit plus de l'ordre de la culture ni de la culture, mais d'une ou des cultures. La culture d'une société donnée, c'est à dire l'ensemble de ses croyances, coutumes, lois, rites, techniques, formes d'art, de langage et de pensée. Ces différentes composantes sont censées former un tout intégré ayant ses spécificités, ses particularités. Dès avant la naissance de l'anthropologie comme science, l'expression avait été employée pour désigner de vastes ensembles nationaux ou géographiques dont l'homogénéité ethnique laissait à désirer. Pour comprendre l'importance de ce sens relativiste, il faut comprendre comment et contre quoi il s'est construit.

En 1774, Herder part en guerre contre l'universalisme des Lumières, en particulier de Voltaire, au nom de la diversité des cultures. Chaque communauté culturelle ou *Volk* exprime à sa manière un aspect de l'humanité. Au plat rationalisme des Lumières qui ne connaît que l'individu et croit à un progrès linéaire, Herder oppose la richesse kaléidoscopique des cultures réelles dont le jeu contrasté constitue l'histoire de l'humanité. Il développe une conception holiste de l'essence de l'homme. L'être humain étant ce que son groupe en a fait. Dans *Une autre conception de l'histoire*, qui va faire le tour du monde — après bien des distorsions, il est vrai —, Herder proclame l'égalité des cultures, leur incommensurabilité. Mais Herder reste encore, à certains égards, un homme des Lumières au sens où les différents peuples sont pris dans un processus universel de réalisation. Il s'agit d'un déploiement, même s'il n'est pas hégélien, d'un processus universel où les peuples jouent à tour de rôle, dans leur différenciation même, un rôle de premier plan.

La grande distorsion viendra de romantiques, des frères Schlegel et de Novalis, qui parleront de la *culture grecque* ou de la *culture allemande* pour désigner non pas les conditions dans lesquelles la culture en général a pu s'accomplir au sein des peuples, mais bien plutôt les formes coutumières, religieuses, poétiques, linguistiques, dans lesquelles ces peuples sont devenus eux-mêmes, avec un certain point de vue de l'être, de l'essence, de la fixité. Comme le dit Denis Kambouchner : « La *Kultur* n'est plus ici progression vers une fin déterminable *a priori* et commune à l'humanité tout entière ; elle est manifestation, expression de certaines forces propres à son sujet (tel peuple), forces spirituelles (*geistlichen*) dont le plein développement coïncidera avec un apogée de la puissance politique. Elle n'est plus émancipation par rapport à la simple nature, mais expression d'une certaine nature — de certaines potentialités inscrites dans le lieu sinon dans le sang. Et ainsi, ce qui est à cultiver n'est plus déterminé d'avance par une raison abstraite, ou par le simple exemple d'autres communautés : il s'agit plutôt d'un faisceau de caractères distinctifs, d'un certain *génie* particulier dont il faut à un moment donné prendre conscience pour pouvoir pleinement l'affirmer[2]. »

Il s'agit désormais non d'un processus, mais d'un principe immanent. Il est inutile de développer plus avant ce second sens qui est à l'origine d'à peu près tous les nationalismes à l'œuvre au XIXe et au XXe siècle.

Ce sens s'est trouvé revivifié d'un tout autre horizon par l'anthropologie du XXe siècle, dans sa lutte contre l'ethnologie raciste qui mesurait les sociétés les unes par rapport aux autres dans le cadre du colonialisme, qui prônait une évolution des sociétés à l'image de l'évolution des espèces et qui plaçait telle société à un niveau primitif, telle autre à un niveau inférieur, pour culminer au sommet avec les sociétés occidentales. Contre l'évolutionnisme qui avait partie liée avec le colonialisme, l'anthropologie et la nouvelle ethnologie ont développé des dispositifs conceptuels divers qui affirment le relativisme culturel. Que ce soit dans le cadre de l'école proprement culturaliste avec Ruth Benedict, Margaret Mead, Abraham Kardiner, Ralph Linton, par exemple, ou que ce soit dans le cadre du structuralisme avec Claude Lévi-Strauss.

Mais alors, j'y reviendrai, comment établir le lien social, une « raison commune » ? C'est bien ce que recherchait John Rawls dans sa *Théorie de la justice*[3], à refonder le libéralisme avec pour horizon la cimentation d'un lien social qui, dans les sociétés pluriculturelles, fait souvent défaut, cette diversité pouvant conduire la société à l'explosion, sous la forme d'une atomisation ou d'une dissémination des systèmes de valeurs concurrents telle que leur coexistence sociale deviendrait problématique. La perspective communautariste aujourd'hui (Charles Taylor, Michael Sandel, Alastair MacIntyre, Michael Walser) renverse la priorité du juste sur le bien. Le même débat resurgit dans un nouveau contexte socio-historique. Si l'on soutient contre la figure du moi désencombré, désengagé, isolé de la tradition libérale, qu'il faut renforcer la « situation » du moi, le rendre plus situé, plus contextualisé, force est de réévaluer fortement le sujet prémoderne dont l'unité résidait dans l'unité d'une histoire collective, une « identité narrative ». Outre que la restauration d'une pensée prémoderne est un geste problématique, il faut apercevoir clairement ce qui se joue dans ce pseudo-retour. Si l'unité du sujet réside dans l'unité d'une histoire collective (ou dans l'unité d'un récit), le déroulement du récit que sont nos vies renvoie à la communauté dont nous sommes issus et qui fait que notre histoire n'est pas une rhapsodie d'épisodes produits par des choix individuels successifs, mais proprement une histoire qui s'intègre à l'histoire de notre communauté. Comme le dit Alain Renaut : « Dans cette optique, c'est l'appartenance à une communauté, et notamment à une communauté de traditions, qui assure et rend possible la continuité de notre moi et lui donne son identité [...] Contre le moi abstrait des libéraux et de l'humanisme moderne, on fera ainsi valoir un moi culturellement situé dont l'identité d'appartenance est supposée plus intégrante ou plus intégrative que ne l'est l'identité si fragile du sujet moderne : alternative qui a le mérite d'être claire, mais qui fait aussi surgir en toute clarté, ce par quoi la pensée communautarienne, reformulant les thèses constitutives du romantisme politique, épouse aussi le combat de celui-ci contre les Lumières[4]. »

Au XXe siècle comme au XIXe siècle, ce sens relativiste a eu à s'opposer non seulement à la vieille ethnologie que j'évoquais plus haut, mais également à une notion floue mais omniprésente et dont on ne peut toujours pas se passer même quand on lui donne un autre nom : celui de civilisation.

Dans la tradition allemande, la *Kultur* s'oppose à la fois à la *Bildung* et à la *Zivilisation*. Depuis les romantiques, la *Kultur*, c'est ce qui est le propre, le particulier, l'âme des peuples. La *Bildung*, c'est le processus de formation individuelle issu de la pédagogie et du frottement aux œuvres, la réalisation de soi par la haute culture, la réalisation de toutes ses potentialités, mais aussi par un autre processus qui est lié à ce troisième terme : le processus de civilisation. La civilisation est transverse par rapport aux cultures ; elle est ce qui rapproche sans le savoir, d'aucuns diraient uniformise ; elle est progrès technique, façons de faire socialisées qui sont issues des transformations techniques et sociales ; elle est ce qu'on appelait autrefois le progrès et ce qui permet le lien social dès qu'il y a hétérogénéité de population. Car la culture, on l'aura deviné, au sens du relativisme culturel, surtout lorsqu'il est pensé en termes extrêmes, pense dans la coïncidence entre ethnie, culture et langue. De là, dans la tradition hégémonique conservatrice allemande, le couplet antagonique *Kultur-Zivilisation*, la culture étant toujours bonne, et la civilisation force destructrice mauvaise. Et l'on comprend pourquoi Freud dans la citation qui ouvre cet exposé ne voulait pas séparer culture et civilisation. Il ne voulait pas revenir sur cette polémique constante et ne voulait surtout pas donner des gages au nationalisme allemand. En fait, on avait bien fait de traduire ce livre, au départ par *Malaise dans la civilisation* et non *dans la culture*. Il n'y a pas de malaise dans la culture ; il n'y a que des sentiments d'angoisse d'être menacé soit par d'autres cultures, soit par le processus de civilisation qui nivelle et entame. Mais il y a bien malaise dans le processus de civilisation, dans ce processus transverse qui permet aux pulsions agressives d'être dominées et à l'ordre symbolique de permettre la vie en société.

Aujourd'hui, il n'est pas exagéré de dire que, quelque soixante-dix ans après *Malaise dans la civilisation*, il n'est plus vraiment à l'ordre du jour de simplement déconstruire les notions de culture et de civilisation, mais de repenser leur différence. Le pluralisme des cultures a conduit au relativisme culturel généralisé, et la notion de culture à l'heure actuelle se confond avec la *Kultur*, c'est-à-dire avec un *Habitus*, avec des conduites et des représentations qui sont le résultat de l'ensemble des déterminations qui structurent les individus et les groupes, mais dont ils n'ont pas conscience et qu'ils croient naturels.

La barbarie de la Première Guerre mondiale avait révélé aux intellectuels que les civilisations étaient mortelles. Les degrés franchis en matière de barbarie par la Seconde ont quasiment vidé le sens du mot civilisation au singulier. C'est à l'humanisation que nous sommes confrontés aujourd'hui bien plus qu'à des déculturations. C'est l'idée d'être humain qui est en cause, non pas des manières de faire, de dire et de penser en groupe. La mondialisation à laquelle nous avons affaire est bien plus complexe qu'une simple « américanisation », comme on le dit trop facilement. Mais peut-elle être porteuse de civilisation au singulier ? Comme le dit Jacques Le Rider : « Voilà le "nouveau malaise" de notre temps face aux notions de culture et de civilisation. Si nous en sommes arrivés à une culture mondiale au sens statique du mot — sans civilisation, l'objectif n'est plus d'aplanir les fausses oppositions entre culture et civilisation, mais de rendre à ces notions la dignité et la force d'entraînement, bref, le sens dynamique qu'elles avaient au temps où elles s'énonçaient au singulier. La culture, en tant que *cultura animi* et progression individuelle vers un idéal humaniste, la civilisation, en tant qu'affinement des mœurs en direction d'un idéal universaliste[5]. »

Mais les choses ne sont peut-être pas si simples. Lévi-Strauss a bien montré qu'au sein des petites cultures résiduelles aujourd'hui menacées, un certain « éloignement » était nécessaire, que le contact « civilisateur » pouvait être mortel. Car, dans la civilisation comme processus, c'est tout élément d'une culture particulière qui, dans la mesure où elle revêt quelque signification pour la collectivité, peut être remis en cause. À ce compte, en ce qu'elle a de plus effectif, la civilisation signifie la perte définitive de la forme de sécurité symbolique, intellectuelle et morale que chaque culture est censée procurer à ses ressortissants. Pourtant, c'est bien le problème du lien social, de l'horizon commun, la synthèse et les modes de combinaison entre « culture » spécifique et mouvement civilisationnel qui font problème aujourd'hui. Le particularisme culturel aujourd'hui commet un « détournement de concept ». Alors qu'une culture est ce dont l'unité systématique demande toujours à être analytiquement éprouvée, ce qui n'est jamais donné, ce qui ne constitue en rien une unité organique ou globalisante, le particularisme culturel évoque telle culture particulière, comme si l'unité particulière et l'originalité en étaient *a priori* indiscutables, comme si on avait affaire à des unités discrètes, parfaitement délimitables. De là le caractère incantatoire des argumentations de ses défenseurs. Comme le dit Denis Kambouchner à qui j'emprunte l'essentiel de mon argumentation : « il faudrait enfin s'en convaincre : "ma culture", "notre culture" sont des expressions qui ne peuvent rien signifier de précis[6]. » De là le caractère mortifère de « touche pas à ma culture » ou, comme on dit en France, « touche pas à mon pote ». Outre que la civilisation est ici oubliée comme réalité dépassant et traversant les cultures particulières, elle l'est aussi comme tâche ou comme horizon commun. C'est bien le problème que posent nos sociétés multiculturelles de fait ou de droit. Comment y définir cet horizon commun, compte tenu de l'hybridité, de l'hétérogénéité, de la pluralité culturelle de nos sociétés ? Ce qui avait caractérisé les Lumières, c'est une puissante et profonde refonte du concept traditionnel de nature humaine, vidé de son contenu naturaliste et de son déterminisme pour faire place à l'idée de perfectibilité, donc d'indéterminisme. L'Humanité pouvait être pensée en termes de volonté et de liberté. À la faveur de ces déplacements, l'humanisme des Lumières avait donc pu être aussi un universalisme, se représentant la liberté humaine comme intrinsèquement ouverte sur l'universalité et concevant alors le droit sans référence aux particularités d'une histoire ou d'une culture. Or c'est bien ce dispositif qui est à nouveau attaqué.

Et c'est là où je voudrais, dans une seconde partie, prendre l'exemple d'un problème au Québec, problème qui pose avec acuité celui de cet horizon commun qui fait défaut ou qui ne peut être pensé aujourd'hui, quelque effort que déploient nombre d'intellectuels pour le dépasser ; qui ne peut être pensé, dis-je, que dans les termes du particularisme culturel, qu'on le baptise « national » ou non.

H. Gobard avait jadis montré que l'inscription des langues dans le social se fait suivant quatre registres fondamentaux : primo, le registre du vernaculaire, de la langue maternelle, qui est le plus intime, le plus dialectal ; secundo, celui du véhiculaire, langue de la communication et du commerce, parfois de l'administration ; tertio, la langue référentiaire, langue de la culture et des œuvres de l'esprit, qui est la marque de la distinction ; et quarto, la langue sacrée, langue de la religion, des textes sacrés[7].

Rares sont les peuples où les quatre registres coïncident totalement. Le penseur qui a le mieux rendu compte du plurilinguisme de la vie, c'est Mikhaïl Bakhtine. Parlant de l'époque hellénistique, à propos de l'émergence du poète Lucien de Samosate, il écrit :

> Les habitants autochtones de Samosate sont des Syriens parlant la langue araméenne. Tous les notables cultivés de cette ville parlaient et écrivaient le grec. La langue officielle administrative et bureaucratique était le latin. Tous les fonctionnaires étaient des Romains ; une légion romaine était postée dans la cité. Une grande voie, d'une grosse importance stratégique, traversait Samosate et véhiculait les langues de la Mésopotamie, de la Perse voire de l'Inde. En ce point d'intersection des cultures et des langues naquit et se forma la conscience culturelle de Lucien[8].

Plurilinguisme qui concentre tout un écheveau de rapports de force et de domination, de résistance à l'hégémonie ou à son intériorisation. Car la langue est d'abord matériau d'*instrumentalisation*, d'arraisonnement à la technique, à la politique. Dans le cadre de la multiplicité culturelle, le problème du multilinguisme se pose avec acuité.

Les sociétés ont tôt fait de développer un idéal narcissique et paranoïaque en matière de langue. Voici un exemple moldave récent, mais on pourrait l'avoir trouvé sous une plume québécoise.

> La langue est l'âme du peuple. Elle ressemble à ceux qui la parlent. Notre langue ressemble aux bergers qui la parlent depuis des millénaires, elle ressemble à chacun d'entre nous. Elle ressemble à nos enfants, à leur avenir. Une langue ressemble aux lieux où elle est parlée. La beauté de notre pays se reflète en elle. De tout ceci naît chaque jour et continue à exister la langue moldave.
>
> La langue est l'œuvre la plus importante d'un peuple. Elle est son génie. Elle est elle-même une métaphore. La métaphore des métaphores. Le poème des poèmes. Le chant des chants d'un peuple. Son histoire va de pair avec l'histoire du peuple. Grâce à elle, nous avons survécu aux temps difficiles, elle était aussi une arme pour nous défendre… La langue reflète l'histoire d'un peuple, sa façon d'être, de penser et de sentir, son caractère, son image, son expérience, ses sentiments, ses idées, ses habitudes, ses mœurs… La langue a su survivre en même temps que le peuple, par entraide réciproque […] La langue est le trésor spirituel d'un peuple, le testament qu'une génération laisse à la suivante. C'est notre langue[9].

Dans cet exemple, on retrouve toute la problématique du romantisme, du néo-herdérisme, de l'esprit des peuples, du propre impossible à penser l'altérité, d'un amour fusionnel qui ne peut penser la séparation. Psychose de la langue?

Amour de la langue, amour du propre, de l'identique.

À mille lieues au niveau des formes, mais participant du même dispositif d'enracinement, l'amour de la langue française, tel qu'on le voit développé au Québec comme forme de résistance à l'anglais, au français de France et qui, comme discours constitué, s'auto-alimente perpétuellement, faisant flèche de tout bois, que la conjoncture soit menaçante ou pas. Amour de la langue qui pendant longtemps ne put composer avec l'altérité.

Il ne s'agit pas ici de refaire une longue histoire complexe et bouleversée des rapports du Québec et du français, depuis la domination anglaise jusqu'aux lois linguistiques qui, du bill 22 à la loi 101, de la loi 178 à la loi 86, ont modifié le paysage linguistique de la province. Tout y a toujours été vu comme une menace: menace de l'autre, menace de l'entame, menace de la disparition ou de la contamination linguistique. Sans m'appesantir non plus sur la part de vérité que recèlent ces menaces — présence d'un peuple de six millions d'habitants parlant français dans un continent nord-américain de près de trois cents millions d'habitants, dans une conjoncture où la mondialisation économico-culturelle pousse à faire de l'anglais, plus exactement de l'anglo-américain, une langue véhiculaire mondiale —, je ne voudrai retenir ici pour mon propos que le *prix à payer* de cette attitude paranoïaque de défense dans sa difficile conquête de l'altérité.

Antoine Berman, dans la préface qu'il a consacrée à l'ouvrage d'Annie Brisset, pose le problème des différents modes d'être d'une langue. À propos du français québécois et de son rapport à la traduction, il écrit:

> Mais justement parce que la traduction occupe une place massive dans la production textuelle du Québec et va jusqu'à marquer la «conscience de soi» du pays, elle y est vécue comme une multiple menace: menace de ne faire «que traduire», de ne pas créer d'originaux, de se mouvoir dans un univers

irréel de copies, de doubles, de reflets, de pure secondarité venant elle-même refléter et aggraver la secondarité de la culture québécoise au sein du massif anglo-américain; menace, redoutablement concrète, que la traduction, malgré tous les filtrages terminologiques, grammaticaux et stylistiques, ne serve de véhicule de pollution linguistique.

La massivité et la centralité de la traduction au Québec vont donc induire un mode de traduction dont tout l'objectif est de parer à ces menaces.

Dans la pratique traductive québécoise, on voit clairement combien est systématiquement assigné à la traduction un rôle de *biffage de l'étranger*[10].

La traduction en effet ménage bien des pièges. Il s'agit d'un exercice paradoxal et, bien sûr, impossible : faire passer d'une langue à l'autre tout le système des connotations culturelles que portent les mots; toute la mémoire cristallisée dans les syntagmes, les images, le lexique; toute la «vision du monde» portée par la langue. La traduction crée à la fois «de l'autre», elle doit se soumettre à l'«épreuve de l'étranger» et, en même temps, elle travaille sur le «même» puisque cet autre se retrouve dans le système de connotations propre au traducteur et à sa langue. La traduction au Québec dans les années 80 est identitaire avant tout.

En plein mouvement d'affirmation nationale, le Québec re-territorialise ses activités culturelles, mais pour mettre en avant la «québécité». L'étranger va être vécu comme une menace, soit «l'Anglais», le Canadien anglais plus exactement, soit l'allophone, celui qui ne parle ni le français ni l'anglais, soit le Français de France, Français autre, signe d'une autre dépossession. Si bien que, dans le cadre de la traduction, bien que l'étranger pénètre dans le «texte national» pour parler comme Jacques Godbout, c'est le «texte national» qui va phagocyter l'étranger. En voici deux exemples.

La traduction française dite standard du début de *La Bonne Âme de Se-Tchouan* de Bertolt Brecht commence de la façon suivante :

> WANG : Je suis marchand d'eau, ici, dans la capitale du Se-Tchouan. Mon commerce est pénible. Quand il n'y a pas d'eau, je dois aller loin pour en trouver. Et quand il y en a beaucoup, je suis sans ressources. Mais dans notre province règne généralement une grande pauvreté. Tout le monde dit que seuls les dieux peuvent nous aider. Joie ineffable, j'apprends d'un maquignon qui circule beaucoup que quelques-uns des dieux les plus grands sont déjà en route et qu'on peut aussi compter sur eux au Se-Tchouan. Le ciel serait très inquiet du fait des nombreuses plaintes qui montent vers lui[11].

Dans la traduction québécoise de Gilbert Turp, on lit ceci :

> Wang — *Chu vendeur d'eau* dans la capitale de Setchouan : ici,
> mon travail ? c'est pénible
> pendant les sécheresses — faut que je cours à l'autre bout du monde pour trouver de l'eau
> pis pendant les pluies ben... j'en vends pas
> *ce qui règne surtout dans notre belle province c'est la misère*
> en fin de compte — y a à peu près rien que *suér* Dieux qu'on peut compter pour se faire aider

ben à ma plus grande … grande joie
j'ai appris par un marchand de bétail comme yen passe souvent dans le coin
que des Dieux — pis des hauts placés — sont en route pour icite pis qu'on
serait en droit de s'attendre à les recevoir
je suppose que le ciel s'est tanné de nous entendre nous plaindre vers lui *dins*
airs[12].

L'éclipse de l'altérité se fait encore plus forte dans les traductions/adaptations de Shakespeare qui doivent faire écho à la logique nationale. Faire
advenir le même dans le texte étranger paraît la devise de toute cette entreprise. Oublier l'autre, le refouler. Annie Brisset va jusqu'à écrire :

> La langue québécoise s'avère une fiction idéologique au service de la doxa
> nationaliste, fiction attestée par la diglossie du traducteur aussi bien que par
> l'instabilité linguistique des œuvres traduites. De plus, on assiste à une per
> mutation des rôles, puisque dans la société réceptrice, c'est l'œuvre étran
> gère qui fait advenir la langue de la traduction, et non l'inverse. Il y a là une
> forme de sujétion qui, déjà, s'annonce dans la mention «traduit en québé
> cois». Cette formule met en relief la marginalité du québécois, une langue
> que, paradoxalement, la traduction doit «éprouver» dans sa capacité litté
> raire. Tous ces faits de langue expriment la recherche d'un code distinctif,
> mais autarcique. Ils s'inscrivent dans une démarche qui, prétextant la néces
> sité d'une «décolonisation», maintient en fait la société québécoise sous clo
> che et s'emploie à faire le vide autour de son imaginaire[13].

Amour de la langue d'ici. La presse ne parle que de cela, jour après jour.
Les Québécois auraient pu développer une notion du type «grande langue
française» eux aussi. Conception là encore herderienne de la langue. Langueculture, langue-peuple, costume identitaire. Nous sommes notre langue.
Mais de quelle langue s'agit-il? Là encore, les choses sont plus complexes
qu'elles ne le paraissent. Le québécois est un français fortement dialectalisé
et singularisé par le maintien de vieux mots français, de vieilles formes syntaxiques tombées ailleurs en désuétude, et par une grande contamination de
mots, de formes venus de l'anglais. À cela s'ajoute un accent très marqué,
mais qui ne constitue en rien un problème au niveau où je situe ma réflexion.
Cette forte dialectalisation, nous la retrouvons aussi bien en Suisse romande
que dans la Wallonie où elle prend des aspects autres, pour ne pas parler du
français des Antilles, d'Afrique ou d'ailleurs. Les formes orales sont toutes
singulières.

Lorsqu'il s'est agi, lors des mouvements d'émancipation nationale ou de
forte résistance à la colonisation (française la plupart du temps dans ce contexte), d'affirmer une langue nationale, une langue du groupe, un certain
nombre de solutions se sont fait jour. Certains pays ont décidé de changer de
langue, d'abandonner la langue du colonisateur ; c'est ce qu'on a vu en Algérie
avec le mouvement d'arabisation ou au Sénégal, avec la promotion du wolof.
Ailleurs, on a mis en avant les langues populaires, comme le créole en Haïti,
ou un double système, créole/français comme aux Antilles. Le Québec constitue dans cet espace une configuration singulière, car le québécois n'est ni

une autre langue ni un créole; il s'agit simplement d'une variété fortement dialectalisée du français, d'un registre de l'oral. Les intellectuels ont bien essayé dans les années 60 de promouvoir ce vernaculaire-véhiculaire local en référentiaire, en langue culturelle. Il y a alors eu un mouvement joualisant, un peu comme si on avait voulu imposer ici un dialectal référentiaire à la manière du suisse allemand qui n'est pas tout à fait de l'allemand, ou du flamand d'Anvers qui n'est pas tout à fait du hollandais. Mais le ministère de l'Éducation nouvellement formé à l'époque n'a pas alors entériné cette orientation et il ne l'a pas fait par la suite non plus. Il a promu le français sans insister. Or le français ici pâtit de l'indétermination de son statut. Doit-on apprendre à l'école le vernaculaire, la langue maternelle? (Comme on le sait, le vernaculaire en réalité ne s'apprend pas, on le parle.) Doit-on apprendre le français, langue de l'écriture, de façon à faciliter l'inter-compréhension dans l'ensemble de la francophonie? Doit-on apprendre ce français sans pour autant dévaloriser le vernaculaire parlé? Il n'y a rien de précis quant à ces choix. On a inventé une dichotomie idéologico-affective commode. Il y aurait un français d'ici, chaleureux, coloré, pittoresque, riche de nuances, marque de l'identité et de la différence culturelle, et un français dit standard ou international, incolore, inodore, sans saveur, passe-partout. Cette image subjective conforte la vision de la légitimité d'un français dialectal vernaculaire qui doit servir de base aux immigrants et qui doit être objet d'amour.

Amour de la langue ou de sa propre singularité? Rien ne montre mieux ces problèmes que les discussions qui eurent lieu lors de la malencontreuse sortie d'un dictionnaire Robert du français québécois.

Lancé le 18 novembre 1992 par Alain Rey, représentant la marque prestigieuse des dictionnaires Robert, ce dictionnaire déclenche la polémique, les pour, les contre. Les arguments de ceux qui le défendent sont de deux ordres. Représentant la version modérée, Bruno Roy, président de l'Union des écrivains et écrivaines du Québec, écrit:

> Au Québec, on a tellement «socialisé» la langue que toute réflexion à son sujet procède d'accusations ou d'exclusions. Comment sortir de cette vieille et stérile dichotomie entre le mal et le bien linguistique? [...] Ainsi que l'a déjà démontré Jean Marcel dans *Le Joual de Troie* (Éditions du Jour, 1973), nous n'avons pas une culture particulière en Amérique du Nord parce que nous parlons joual, mais parce que nous parlons français. Offrir au peuple une langue dans laquelle il ne se sent pas étranger, c'est peut-être lui donner le premier moyen de comprendre, s'il y a lieu, son aliénation [...] Qu'est-ce donc qu'un dictionnaire? C'est un répertoire descriptif de mots en usage dans une langue. Cet outil québécois de référence dont on parle tant ne constitue donc ni un «absolu normatif», ni un nouveau catéchisme du «joual» comme on semble faussement le prétendre. Pour nommer la réalité québécoise, il faut des mots d'ici. Le dictionnaire ne simplifie pas la langue, il témoigne de sa vitalité [...][14].

Quant à la version dure de la défense, elle est venue sous la plume d'un linguiste, Jean-Marcel Léard. Ici, les arguments se veulent à la fois idéologiques *et* scientifiques. Pour Léard, le français et le québécois ne sont plus tout à fait la même langue (d'où la nécessité d'un dictionnaire autonome). Les différences se sont accentuées depuis le XVIII siècle. Le québécois est riche ; sa grammaire est aussi complexe et aussi cohérente que celle du français, et ses particularismes définissent son inventivité. Et Léard de retourner l'argument :

> En fait, le problème n'est pas vraiment québécois, il est français. En France, il n'existe qu'une bonne façon de parler. De là l'idée qu'il devrait (le québécois) singulièrement faire preuve de suivisme (voilà leur anémie) en volant aux Français cette idée bien particulière. Mais avec le seul bon français, on veut aussi nous imposer la vision française de la langue. Là, je ne marche pas : la France est le seul pays d'Europe à avoir exclu tout droit au particularisme, alors que l'Italie, l'Allemagne, l'Espagne, l'Angleterre l'ont accepté. Tous ces Européens ont-ils honte ? Voilà qui ferait du monde pogné ! Souffrent-ils d'anémie culturelle ? Ça va faire du monde à soigner !
> À propos, savez-vous pourquoi il fallait que toute la France républicaine fût éduquée en français parisien ? Apparemment les formes dialectales, valeurs assez peu républicaines, merci. Retournons-nous à cette époque, mais cette fois avec l'idée généreuse que le français régional du Québec est devenu le support de la honte et de l'anémie culturelle ? Quelles salades ! Avec un peu d'histoire, un vieil écho revient.
> Coudon, si on faisait un contrat avec nos cousins ? Comme on le sait, ils sont tellement ouverts au changement qu'ils ont refusé toute rectification de l'orthographe, leur fétiche historique inventé par l'école [...] au XIX siècle[15].

Tout ceci a été écrit en réponse à un article très polémique d'un écrivain québécois qui venait de recevoir le prix Athanase-David, André Major. Il avait envoyé au *Devoir* le 12 décembre 1992 un article cinglant, violent, contre le fameux dictionnaire. Article d'écrivain, cela va sans dire, donc d'un lien autre :

> L'acte culturel, le plus révolutionnaire, dans le Québec actuel, c'est d'oser parler, c'est d'oser écrire un français correct, exempt de toute concession au nationalisme culturel et à la mode indigéniste qui tendent à nous faire croire qu'existe une langue québécoise. Si tel était le cas, nous cesserions d'être des francophones pour devenir des québécophones, espèce apparentée aux Louisianais d'origine française. Une langue ne se réduit pas à un lexique, fût-il la géniale invention d'un peuple tout aussi génial ; c'est un ensemble de règles, une grammaire et une syntaxe. On rougit d'avoir à rappeler une telle lapalissade, mais quand les mots perdent leur sens, quand le délire populiste tient lieu de raisonnement intellectuel, il n'est pas superflu de rappeler certaines évidences, quitte à passer pour ce que M. Alain Rey appelle un puriste exalté[16].

André Major, fustigeant l'usage incorrect du français qui est pratiqué dans les médias, relevant certains usages fautifs fréquents, poursuit :

> Au-delà de la langue, ou plutôt à travers elle, c'est une crise profonde qui se trouve ainsi dévoilée : celle d'un peuple victime d'une sorte d'anémie culturelle et qui, faute d'affirmer autrement sa différence, se replie sur l'infantile « Dis-le dans tes mots, moman va comprendre » qui devrait servir de devise à ce dictionnaire. [...] Dans la maternelle qu'est le Québec d'aujourd'hui,

nous parlerons bébé, nous penserons quétaine et nous vieillirons en nous souvenant de cette époque où nous rêvions d'une improbable maturité. En attendant, nous ne manquons pas de comiques généreusement subventionnés pour nous faire mourir de rire[17].

La question n'est pas close. Elle est restée en l'état. Très récemment, elle a refait surface à propos d'une mise en garde de la Corporation professionnelle des traducteurs et interprètes agréés du Québec. Cet organisme craint que le dictionnaire ne soit adopté par le système scolaire. Le ministère n'a pas encore donné son aval. On attend : « S'il fallait que les jeunes étudiants se servent de ce dictionnaire-là comme étant leur dictionnaire de français, cela ferait obstacle à toute communication avec les pays étrangers » ; « Un dictionnaire, même s'il veut décrire le français d'ici, ne doit pas favoriser l'isolement des Québécois francophones », précise le porte-parole de la corporation[18]. Le débat continue.

Amour de la langue, de quelle langue ? Place à faire aux autres (allophones, anglophones, indiens), enfin, féminisation des noms de professions par amour de l'égalité. On sait que toutes les langues gardent une trace sociale de l'inégalité séculaire entre l'homme et la femme. Cela se marque particulièrement en français par la prééminence du masculin en ce qui concerne tous les noms de professions de premier plan, sauf exception. Il n'y a pas de *Madame la Ministre* alors que depuis longtemps existe *Madame la Directrice*. On sait du reste à quel point la France rechigne à changer quoi que ce soit dans ce registre. Le débat fait rage à l'heure actuelle entre les femmes ministres qui veulent se faire appeler « Madame la ministre » et l'Académie française qui ne veut rien savoir et qui vient d'élire *un* secrétaire perpétuel, pourtant femme. Le Québec a voulu remédier à cet état de fait en féminisant systématiquement les noms de professions qui se déclinaient tous au masculin : professeur, auteur, écrivain, recteur, etc. Le français comme langue offrait de multiples possibilités de construction du féminin. Il y avait « euse » comme dans « coiffeuse », « blanchisseuse » ; il y avait « trice » comme dans « directrice », « auditrice », « lectrice » ; il y avait le féminin en « esse » comme dans « doctoresse », « poétesse », « Suissesse ». Très peu de noms forment leur féminin par l'adjonction d'un *e* comme dans avocate et prieure. En ce qui concerne les noms en « eur », prieure est une exception. C'est sur cette exception que l'on a voulu se fonder en ajoutant systématiquement un *e* à tous les masculins de profession en « eur » : professeur/professeure, auteur/auteure, recteur/recteure, chercheur/chercheure (alors que le mot chercheuse existe). De plus, ce *e* qui n'est en rien muet oblige à une transformation de l'accent tonique, donc de la prosodie de la langue. L'argument adopté est là encore purement imaginaire. On a décidé que les pluriels en « euse », en « esse » ou en « ice » étaient dévalorisants, péjoratifs. Qu'on « entendait » la marque du féminin et que cette marque était péjorée. Il fallait donc trouver une marque d'un autre type, figuralisant le féminin, lui conférant une image graphique sans que le signifiant ait valeur de péjoration. De là, ce *e* contraire au « génie de la langue », à ses règles morphologiques. Qu'à cela ne tienne. Si la langue c'est le symbolique, écartons le symbolique. Remplaçons-le par l'imaginaire de la langue. Car le politique s'imagine qu'il peut tout en matière de langue et cela donne des choses absurdes.

Lorsqu'il s'est agi de franciser les signes du code de la route, la bagarre a fait rage à propos du STOP. Ouvrons le *Grand Robert*. Qu'y trouvons-nous? Nom masculin.

> [stop] *interj.* et *n. m.* (1792 mar.; n. m. in Höfler, 1855; mot angl. «arrêt»).
> A. *interj.* Commandement ou cri d'arrêt — *Halte. Avancez, encore, encore, stop!*
> «[Il] arrêta la nage en criant «Stop!»*. Les huit avirons sortirent de l'eau». Maupassant. L'Inutile Beauté. «Mouche».
> *Fig.* Stop à (qqch.) Il faut mettre un terme à (qqch.) — *halte. Stop au gaspillage, à la vie chère.* B. *n.m.* 1 (1923) Mot employé dans les télégrammes pour séparer nettement les phrases. «Ouragan violent. Stop. Maison dévastée. Stop. Reviens immédiatement. Stop.»
> 2. (1855) *Rare.* Arrêt.
> «Tout de même! Si ce n'est pas un arrêt complet du cœur, ça!... Non (...) Tu n'entendrais pas ce que tu entends (...) s'il y avait un véritable stop du cœur» [Jules Romains]. Les Hommes de bonne volonté, t. XII, III, p. 42.
> *Par appos.* (Bourse) Ordre stop: ordre d'achat à la hausse ou de vente à la baisse.
> b. Arrêt obligatoire pour une voiture au panneau portant le stop. Il n'a pas marqué le stop.
> 3. (1964) *Cour.* Signal de stop ou feu stop ou stop: feu arrière des automobiles, des cycles, etc., qui s'allume quand on actionne la commande de frein. *Ses feux stop ne marchent pas. Freinez quand vous voyez s'allumer les stops de la voiture qui vous précède.*
> 4. (1927 «position d'arrêt pour un appareil», 1888). Obligation faite, à une intersection routière, de marquer un temps d'arrêt complet et de céder le passage à tous les usagers de la route rencontrés. *Ne pas respecter un stop. Brûler un stop. Panneau indicateur de stop.* Dispositif matérialisant ce signal. *Marquer l'arrêt à la ligne blanche de stop. Ce stop était dangereux, on l'a remplacé par des feux. — Le stop était caché par des branchages*, le panneau indiquant le stop.
> L'intersection routière elle-même. *Vous prendrez à droite au stop. Il y a eu un accident au stop.*
> *Rem.* Au Canada, les panneaux bilingues portent «arrêt» pour le français et «stop» pour l'anglais. [...]

Le dictionnaire Robert l'indique en remarque. Le Canada, en l'occurrence ici le Québec, n'a pas voulu du mot anglais *stop* entré dans le dictionnaire français en 1792.

L'amour de la langue ainsi pensé implique la confusion entre qui est francophone et qui ne l'est pas. Entre ceux qui ont le français comme langue maternelle, ceux qui maîtrisent le français, ceux qui le comprennent et peuvent s'exprimer assez aisément dans cette langue, qui est vraiment francophone? Une récente enquête a montré que si l'on prend comme critère l'usage public du français et non pas la langue maternelle, le nombre de francophones ne cesse d'augmenter. Aussitôt quelques journalistes nationalistes de se récrier. Si tout le monde devient francophone, nous sommes perdus. Nous ne pouvons plus discriminer ni agiter l'éternel épouvantail de la langue à défendre. Saura-t-on si ces «nouveaux francophones» sont solidaires des combats du peuple québécois? Autant le dire tout de suite, ce serait plus simple. Sont d'abord francophones les Canadiens français; sont ensuite francophones, mais d'une francophonie autre, les francophones d'autres pays où l'on parle français: France, Belgique, Suisse; les anciens pays coloniaux de la France: Haïti, une partie de l'Afrique, le Viêt-nam etc. Sont un peu francophones, mais on n'est pas certain de leur attribuer ce titre, ceux pour qui le français est une langue apprise et qui maîtrisent le français. Mais peut-on faire corps avec une langue, qui est l'âme du peuple, si l'on n'est de cette même ethnie? Toute identité, fût-elle minoritaire, trop fortement définie, est un enfermement. À mes yeux, seule l'œuvre littéraire a la force aujourd'hui de rendre sa pleine valeur au fantasme. Lors d'une soirée où la question posée était: «Quelle est votre nationalité littéraire?», je me suis définie comme une *allophone d'origine française*, au milieu des fous rires, bien entendu. Je crois que font partie du nécessaire dévoiement des cultures le blasphème, le sacrilège ou tout simplement l'ironisation, la parodie, la mise à distance de l'origine. Nous sommes nombreux à tenter d'écrire dans une langue alors que nous rêvons d'une autre langue, mais que la seconde est barrée, ce que j'ai appelé dans un de mes livres la «langue perdue[19]».

Alors, parions pour la littérature et, en particulier, au Québec, pour la littérature migrante, la seule pour le moment à tenter la synthèse entre les cultures, la culture et le mouvement civilisationnel, dans la difficulté, la dissonance et la distorsion, bien entendu.

L'hégémonie intellectuelle au Québec, au-delà des différences de position dans un débat qui concerne la langue, la nation ou la citoyenneté, est tout entier pris dans l'horizon néoromantique de l'appartenance, dans le communautarisme différentialiste, dans le particularisme, dans le combat — qu'il l'ignore ou non — contre l'héritage des Lumières. Ce débat tronqué (les autres n'ayant pas voix au chapitre, ou s'excluant d'emblée) risque de déboucher sur une nouvelle «guerre des dieux», pour reprendre l'expression toujours actuelle de Max Weber.

NOTES

1. Sigmund Freud, *Œuvres complètes*, Paris, PUF, 1994, t. XVIII, p. 146.
2. Denis Kambouchner, «La culture», dans *Notions de philosophie*, sous la direction de Denis Kambouchner, Paris, Gallimard, 1995, t. III, p. 456-457.
3. John Rawls, *Théorie de la justice*, Paris, Seuil, 1971.
4. Alain Renaut, *Libéralisme politique et pluralisme culturel*, Saint-Sébastien-sur-Loire, Pleins Feux, 1999, p. 47-48.
5. Jacques Le Rider, «Cultiver le malaise ou civiliser la culture?», dans *Autour du Malaise dans la*

culture de Freud, 2ᵉ éd., Paris, PUF, 1998, p. 118.

6. D. Kambouchner, *loc. cit.*, p. 499.

7. Henri Gobard, *L'Aliénation linguistique*, Paris, Flammarion, 1976.

8. Mikhaïl Bakhtine, *Esthétique et théorie du roman*, Paris, Gallimard, 1978, p. 421.

9. P. Seriot, «La langue, corps pur de la nation?». Le discours sur la langue russe dans la Russie brejnevienne», *Les Temps modernes*, nᵒ 550, mai 1992, p. 207.

10. Antoine Berman, préface à Annie Brisset, *Sociocritique de la traduction. Théâtre et altérité au Québec (1968-1988)*, Longueuil, Le Préambule, 1990, p. 12.

11. Bertolt Brecht, *La Bonne Âme de Se-Tchouan*, traduction de J. Stein, Paris, L'Arche, 1956, p. 277.

12. Cité par Annie Brisset, «Sociocritique de la traduction: un corpus québécois», *Cahiers de recherche sociologique*, nᵒ 12, 1989, p. 56.

13. Annie Brisset, *Sociocritique de la traduction*, *op. cit.*, p. 314.

14. Bruno Roy, «Ayoye Robert! ou la lutte stérile du bien et du mal linguistique», *Le Jour*, 16 décembre 1992, p. 10.

15. Jean-Marcel Léard, «Le Québécois entre linguistes et idéologues. Le Dictionnaire québécois d'aujourd'hui fait la preuve que le québécois est un parler riche sur le plan lexical», *Le Jour*, 29 décembre 1992.

16. André Major, «Dis-le dans tes mots, *moman* va comprendre», *Le Devoir*, 12 décembre 1992.

17. *Ibid.*

18. *Le Jour*, 14 juillet 1993.

19. Régine Robin, *Le Deuil de l'origine. Une langue en trop, la langue en moins*, Saint-Denis, Presses universitaires de Vincennes, 1993.

DE LA MOBILITÉ DES LITTÉRATURES CONSIDÉRÉES DANS LEURS RAPPORTS AVEC LES SOCIÉTÉS

José Lambert
CETRA, Université catholique de Louvain

Marginalités et sociétés

Le titre du présent colloque annonce une approche plutôt agressive de la question des littératures en nous obligeant à repenser la question des marginalités et des identités ou des identités dominantes dans leur rapport avec les marginalités. Il fait supposer par la même occasion que les identités dominantes sont connues et que les « francophonies d'Amérique » sont dans le camp des marginalités (nécessairement, et une fois pour toutes ?). On reconnaîtra que la stabilité ou l'instabilité des distinctions en question, l'explication éventuelle de changements, etc., auraient de quoi nous occuper, tout comme la possibilité que ce ne soit nullement la littérature, mais de tout autres instances qui distribuent les rôles, les définitions et les positions. Il y aurait donc lieu de se demander si nous traitons de questions littéraires ou plutôt de questions sociologiques, anthropologiques, politiques. Il resterait à déterminer s'il sera jamais possible d'étudier la question des identités littéraires à l'intérieur des seules littératures et si nos universités et nos disciplines se rendent suffisamment compte du problème. Tout cela n'empêche en rien la pertinence d'une enquête sur les francophonies d'Amérique comme sur les différentes traditions littéraires de l'Amérique du Nord, qui risquent d'être noyées dans des ensembles plus vastes et mieux soutenus par Dieu sait qui. On résiste mal à la tentation de se demander par la même occasion si la littérature elle-même n'est pas marginalisée par les sociétés ou si, au contraire, lesdites sociétés lui accordent volontiers une mission de propagande et de canonisation.

En guise de réponse à un titre qui a donc le mérite de nous imposer une auto-interrogation, je me suis permis de retourner dans le temps et de repartir de Mme de Staël, que vous avez bien reconnue dans le titre de mon exposé. Elle n'était ni la seule ni la première à estimer que la littérature « est l'expression de la société », idée qui réduit en fait les rapports littérature-société à une relation manifestement unilatérale. Il convient sans doute de ne pas conduire nos débats sur les sociétés littéraires modernes et contemporaines à l'écart des débats d'antan, d'autant plus que Mme de Staël est bien plus qu'un grand nom : ses livres sur la littérature et sur l'Allemagne ont compté parmi les grands livres européens du XIXe siècle. Citer Mme de Staël, c'est donc citer un peu nos ancêtres.

C'est pourquoi j'y ajoute un autre dossier, bien plus attendu en fait, et que Mme de Staël, quant à elle, ne pouvait imaginer en 1800 : celui de la Belgique. Le comparatisme belgo-canadien a une certaine tradition et ses mérites, mais aussi ses limites. Le risque est grand de décerner des analogies en réalité superficielles sur la base de l'idée plutôt naïve qu'on se fait souvent des pays officiellement bilingues. Seule une bonne dose de naïveté permet en effet de traiter soit le Canada, soit la Belgique comme deux pays bilingues, car les cartes linguistiques ainsi que leur évolution mettent en évidence la multiplicité générale des usages linguistiques à l'œuvre dans le monde contemporain. L'avantage que nous offre toutefois un comparatisme élargi, c'est-à-dire non binaire, est de mettre en évidence le rôle des grands voisins et des grands-pères qui entourent les deux pays. Le terme « entourage » devient d'une importance capitale quand on ne l'envisage plus exclusivement sous l'angle géographique (ou du « territoire »), mais du point de vue de la fonction et de l'impact. De nos jours, les États-Unis sont devenus un voisin bien plus quotidien pour la Flandre littéraire que la France (ou sans doute même la Wallonie), par exemple, alors qu'une structure historique nouvelle comme l'Union européenne est devenue en quelque sorte son propriétaire. Bref, ce n'est pas simplement la question de la langue des littératures qui mérite de nous préoccuper, mais aussi l'insertion et la position de traditions littéraires déterminées dans des réseaux plus larges.

Loin de nous l'idée, par conséquent, de classer la Belgique parmi les francophonies d'Amérique, mais il se pourrait que le dossier nous révèle certaines caractéristiques de la littérature dans toute société. Bref, mon but est de choisir la Belgique littéraire — à supposer qu'elle existe — comme tremplin vers une discussion élargie des identités littéraires et culturelles. Un tel choix devrait nous placer en effet devant des marginalités.

Une première marginalité ne laisse pas de doute : alors que la plupart des pays placent l'étude de « leur propre littérature nationale » au centre des programmes académiques, la Belgique ne sait trop à quoi cela pourrait servir, dans les programmes de philologie romane comme dans les programmes de philologie germanique (vous n'ignorez pas, je pense, que les philologies survivent dans mon pays). À supposer que la Belgique intellectuelle réserve au phénomène littéraire à peu près la même attention que les pays environnants — il semble bien que non, d'après les statistiques et enquêtes sur les lectures —, il convient dès lors de noter que la Belgique donne à sa propre vie littéraire une place plus marginale que les autres pays européens.

Explication :

> Dans la philologie romane que j'ai connue comme étudiant, les « lettres françaises de Belgique » étaient un cours à option ; en ce moment, il s'agit d'un des multiples cours comme les autres, voire d'un cours à option que les étudiants tendent à bouder, et la commission pédagogique est sur le point de le remplacer par un cours sur les francophonies littéraires ; dans tout le pays, les spécialistes de littérature néerlandaise évitent systématiquement de

réserver un traitement *ad hoc* aux lettres produites par la Flandre, car l'union avec les Pays-Bas est canonique; à vrai dire, les romanistes n'ont jamais songé à prendre au sérieux le rêve de nos écrivains «belges», à savoir de les placer sur le même pied que les citoyens littéraires de la France.

Le traitement de la Belgique littéraire par la Belgique est déjà un phénomène digne d'attention. Et il est vrai qu'il n'a pas manqué de retenir l'attention. Pas tellement du côté des comparatistes, après tout, alors qu'il aurait pu les inspirer dans leur examen de la dynamique culturelle des littératures. Il est relativement évident, par exemple, que la marginalité de notre propre production littéraire (plus visible en Wallonie qu'en Flandre) se révèle notamment dans nos répertoires de publications ou de représentations théâtrales, dans le choix de nos lectures et de nos auteurs canoniques, au XIXe siècle comme de nos jours. Les best-sellers de la Belgique bilingue ont toujours été importés, et il est sans doute symbolique que la révolution belge de 1830 en faveur de l'indépendance vis-à-vis de la Hollande ait été suscitée grâce à l'enthousiasme qu'a déclenché *La Muette de Portici*, une pièce française, donc importée.

La Belgique, un laboratoire ?

Ce n'est pas la première fois du tout que je m'attaque au dossier des littératures en Belgique en le définissant comme un laboratoire des littératures nationales (Lambert, 1983; Lambert, 1990). La vérité est que la nature des arguments et des caractéristiques relevés ne cesse d'évoluer. Dans la mesure où il s'agit d'un pays né en plein XIXe siècle, et au cœur de la bonne vieille Europe (celle que Mme de Staël entendait diviser en quelques grands blocs — les chrétiens et les païens, ou le Nord et le Midi, ou entre quelques grands pays, à commencer par la France, l'Angleterre et l'Allemagne d'avant la lettre), le dossier de la Belgique nous permet d'observer si, et dans quelle mesure, les activités littéraires se réorientent au moment où une nouvelle constellation politique se manifeste, d'autant plus que ladite constitution a sans cesse été mise en question, repensée, et en quelque sorte absorbée même dans l'unité plus large de l'Union européenne, à laquelle la même Belgique avait d'abord servi de berceau, unité bien ambiguë dans ses rapports avec les nations. La réponse est «oui, dans le cas de certains milieux», et «non, dans le cas de certains autres milieux». En ce qui concerne les réponses positives, les options ne sont en rien homogènes, et elles ne cessent d'évoluer. C'est dire que la quête d'une identité collective, inspirée par la Nation, n'est pas donnée une fois pour toutes.

Au moment où j'ai commencé, avec quelques jeunes, à discuter la Belgique littéraire, ni la fédéralisation du pays ni l'omnipuissance actuelle de l'Union européenne n'étaient clairement perceptibles. Mais il y avait évidemment une raison suffisamment fondamentale, depuis près de deux siècles, pour envisager la Belgique littéraire comme un laboratoire: le caractère bilingue (trilingue? multilingue?) de sa communauté, alors que l'idée de «littérature» est généralement associée, dans l'ensemble du monde occidental, à une littérature «nationale», censée être monolingue par définition. S'il se révèle d'emblée difficile de situer la Belgique politique dans les schémas du nationalisme définis par les spécialistes comme Hobsbawm (Hobsbawm, 1990) ou Anderson (Anderson, 1993), on devine que, face à la Belgique, la question des littératures nationales donnera toujours et inévitablement lieu à des difficultés énormes. Et c'est la Belgique elle-même qui a été la première à s'en rendre compte, sous le nom de Belgique, sous le nom de Flandre, sous des noms comme Wallonie, francophonie, et même sous le nom de «France littéraire».

Y aurait-il donc des peuples et/ou des pays qui ne s'identifient point à une littérature «de chez eux», «nationale» et, si oui, comment caractériser les activités littéraires qui s'organisent néanmoins sur son territoire, mais rarement — semble-t-il — au nom d'un territoire ou d'une communauté quelconque, ou plutôt au nom d'identités qui changent de nom et de lieu? Bref, selon la formule instable d'une identité en train de se redéfinir sans cesse, presque à l'instar de la société qui lui donne son soutien de façon également hésitante. C'est selon une telle perspective que Benedict Anderson se demande: s'il est vrai que l'État-nation, malgré ses tentatives de se présenter comme éternel et anhistorique, a eu une naissance et aura sans doute son déclin et sans doute une mort, comment comprendre et approcher les types de sociétés que le concept d'État-nation ne saurait épuiser? Bref, une littérature et une identité littéraire, qu'est-ce au juste s'il est évident que les identités littéraires ne sont ni toujours ni une fois pour toutes «nationales»?

Au-delà de la littérature, l'interrogation sur le rôle joué par les communautés mérite de s'étendre à la langue, qui semble jouer un rôle encore mal défini dans l'établissement des identités littéraires, dans la mesure où l'«insécurité linguistique» (Klinkenberg, 1981) se déclare comme une des caractéristiques frappantes des communautés néerlandophone et francophone de la même Belgique.

Le dossier de la Belgique nous avait donc préoccupés à juste titre à partir de l'état des recherches comparatistes (Lambert, 1983 ; Grutman, 1988 ; Grutman, 1997 ; Meylaerts, à paraître ; Meylaerts, 1999 ; Dirkx, 1996), ensuite comme un défi pour tout programme de synthèse internationale des littératures (Lambert, 1990). Depuis lors, une série de considérations nouvelles nous amènent à reformuler nos questions à partir de positions relativement nouvelles et sans doute plus fondamentales :

1° l'objet à étudier a l'air d'un perpetuum mobile, il change sans cesse en tant que phénomène culturel (il s'est passé beaucoup de choses, même depuis 1980, en Belgique et — dès lors ? — dans les lettres «en Belgique»: la fédéralisation notamment, et l'installation de l'Union européenne dans de la capitale de la Belgique);

2° les bases théoriques et méthodologiques qui conditionnent notre perception de l'objet à étudier méritent d'être explicitées en tant que problème de recherche, notamment sous l'influence d'un projet européen d'enseignement à distance intitulé «Euroliterature» <http://www.euroliterature.uib.no>.

Bref, c'est autant l'évolution culturelle contemporaine que les changements de perspective théoriques et méthodologiques qui justifient une mise à jour.

Dans mon premier article (Lambert, 1983), j'ai voulu mettre en question l'idée qu'on se fait des littératures dites nationales au moyen du dossier belge, en insistant sur la concurrence inévitable entre plusieurs conceptions, puis en remplaçant la seule idée de «littérature nationale» par «littérature en Belgique» comme modèle pour mieux cerner la dynamique des littératures dans n'importe quel pays ou dans n'importe quelle culture, avant ou après l'essor de l'État-nation (d'où la pertinence pour le Moyen Âge européen et les cultures modernes : l'Afrique du Sud comme la Belgique, la France ou les Caraïbes).

Dans mon article de 1989-1990 et dans plusieurs autres textes, j'ai voulu lancer l'idée d'une cartographie à la fois synchronique et diachronique des littératures dans leur dynamique plurielle, qui mettrait en évidence la compétition entre différentes traditions et différents modèles, à n'importe quel moment, aux quatre coins du monde.

L'usage de la Belgique comme dossier exemplaire a suscité d'autres initiatives depuis lors et il a donné lieu à une série d'innovations, dont notamment l'analyse du bilinguisme et de l'hétéroglossie comme activités collectives et structurelles (Grutman, 1997), puis l'intégration des activités de traduction dans l'établissement d'une identité (Meylaerts, à paraître), ou l'observation des fluctuations identitaires chez les littérateurs qui ont quitté le territoire et qui se sentent ou ne se sentent pas «en exil» (Dirkx, 1996).

C'est sur la base de raisonnements analogues — c'est-à-dire au sujet de la Belgique «pays de laboratoire» — qu'a été conçu l'ouvrage intitulé *L'Institution littéraire*, que vient de publier une impressionnante équipe placée sous la direction de Jean-Marie Klinkenberg (Klinkenberg, 1999) : en l'occurrence, c'est la question de l'institutionnalisation qui est abordée à partir du cas de la Belgique francophone. Le volume s'ouvre par un dialogue entre deux monuments de la recherche institutionnelle, Jacques Dubois (qui est sans doute le père spirituel du concept) et Pierre Bourdieu. (Notons que Bourdieu s'était déjà interrogé, au préalable, sur la question des lettres en Belgique.) Un des paradoxes dans l'ensemble du volume, c'est que l'institutionnalisation littéraire de la Belgique continue à être observée à partir des seules lettres d'expression française, ce qui revient à consacrer le monopole que la majorité des littérateurs francophones — littéraires et autres — ont toujours voulu établir, malgré les efforts de la part des écrivains d'une certaine époque (notamment entre 1830 et 1850, ou entre 1920 et 1930) en faveur d'un métissage culturel et littéraire[1]. Une seule contribution fait plus ou moins exception à ce propos — et pas vraiment! — à savoir l'article où Reine Meylaerts (Meylaerts, 1999) s'efforce de décrire comment la conception même de la littérature « nationale » (on a tendance à dire : « la construction de la nation littéraire ») passe par l'intégration des textes littéraires de la Flandre rédigés en « flamand » (par opposition à la Flandre *francophone*, dont les francophones de Belgique se sont si souvent vantés)[2].

On pourrait dire que le livre décrit ainsi l'institutionnalisation, non de la Belgique littéraire, mais d'une francophonie littéraire qui se croit autorisée à prendre la parole au nom de la Belgique entière. Une telle métonymie est bien connue de la Flandre, même de celle qui se range du côté d'une Belgique pré-fédéralisée : il est en effet difficile de faire reconnaître l'identité de l'institution nationale à l'intérieur du pays, mais également à l'étranger, en déclarant ni plus ni moins la mort des littérateurs qui, à l'intérieur des mêmes institutions, recourent à une autre langue, alors que certains d'entre eux ont été invités au cours de l'histoire à servir la même cause (Meylaerts, à paraître). Une telle manipulation du phénomène de l'institutionnalisation — d'autant plus intéressante qu'elle est inconsciente — n'est possible qu'au prix d'une concession aux modèles traditionnels de type monolingue, selon lesquels le facteur langue est omnipuissant dans la mesure précisément où il n'est pas explicitement pris en considération — ni par l'homme de la rue ni par les chercheurs — comme un des facteurs clefs de l'institutionnalisation : à en croire *L'Institution littéraire*, la Belgique serait un pays comme les autres, c'est-à-dire monolingue. Ce qui revient à limiter la question de son identité à ses rapports avec le grand voisin du Sud, dont elle partage la langue, ce qui implique évidemment l'oubli des possibles rapports d'identité avec le voisin du Nord, et ce, sur la base de critères linguistiques. C'est paradoxal dans la mesure où l'histoire, même du côté des francophones, a souvent fait l'inverse (tel Edmond Picard, qui fonde sur un « métissage » style 1900 sa théorie de l'âme belge), au point d'exalter une littérature nationale pour deux cultures où le bilinguisme serait une force plutôt qu'une faiblesse. Sous l'influence d'un révisionnisme lancé dès les années 30 (au plus tard), l'Académie des lettres françaises de Belgique (Joseph Hanse notamment) n'a jamais pardonné à Émile Verhaeren ou à d'autres francophones des Flandres d'avoir mal honoré la pureté de la langue française. Depuis lors, l'épuration menée contre la « belgitude » des lettres françaises de Belgique (et en même temps contre les lettres de la Flandre « ancien style ») a été en quelque sorte entérinée par nos collègues — chercheurs — contemporains. Les structures académiques mises en place de nos jours pour aborder l'institutionnalisation des lettres en Belgique, du côté des Flamands comme du côté des francophones, ont donc eu raison de l'histoire : l'histoire a été révisée par le monde académique, par le milieu académique précisément qui a lancé puis canonisé en toute discrétion le Manifeste du Groupe du lundi (Klinkenberg, 1992).

De nos jours, plusieurs collègues francophones dans l'équipe Klinkenberg admettent en effet qu'il est temps de redéfinir la Belgique des littératures en dehors de ses carcans linguistiques et, chose nouvelle dans l'histoire, ce sont plutôt les Flamands qui se rétractent devant la reconnaissance officielle d'une politique flamande de la littérature nationaliste, qui a eu lieu principalement au XIXe siècle. Le fait est que la fédéralisation et les structures mentales sont plus fortes que la bonne volonté : combien de chercheurs connaissent eux-mêmes les deux (?) volets de la tradition littéraire en Belgique ? Ils ont été formés eux-mêmes à l'intérieur des barrières linguistiques et culturelles qui leur interdisent même de se former une idée du paysage voisin : du nord comme du sud de la frontière linguistique, la fédéralisation et, dès lors, l'institutionnalisation conditionnent les structures mentales du chercheur, et le XIXe comme le XXe siècle sont redéfinis en termes anachroniques.

De telles discussions montrent au moins une chose : il n'existe pas (et il n'existera jamais) d'idée homogène ou unique («singulière») de la littérature en Belgique, même de celle qui s'est efforcée jadis de se manifester comme nationale. La multiplicité des conceptions de ladite littérature — sur le plan synchronique comme sur le plan diachronique — illustre à suffisance que «la littérature» (nationale) n'existe pas comme un en-soi et qu'elle est toujours le résultat d'une conceptualisation. La littérature nationale est un «modèle», et il n'est jamais le seul. Elle a sans doute été bien mieux établie et canonisée dans beaucoup d'autres pays, mais, jusqu'à nouvel ordre, dans le cas de la Belgique comme des autres pays, la seule émergence des littératures dites nationales confirme qu'elles ont toujours et partout dû s'établir contre d'autres modèles. Toute idée d'une identité culturelle est en fait conditionnée par la découverte préalable d'autres identités possibles. Les identités littéraires «nationales» ont dû conquérir leur monopole, et cela leur a réussi dans beaucoup de sociétés (au point qu'on a oublié la situation antérieure au monopole), mais pas vraiment en Belgique, où la fédéralisation littéraire s'est déclarée plus d'un demi-siècle, voire près d'un siècle, avant la fédéralisation politique. Les littératures, même les littératures nationales, n'existent qu'en termes pluriels, elles sont toujours «singulières» : une fois établies, toutefois, elles sont de nature à asphyxier jusqu'au souvenir des modèles concurrents, et ce, jusque dans l'esprit des historiens et chercheurs. Il est vrai que l'orthodoxie par rapport à la politique des gouvernements assure plus de chances de financement à quiconque met les lettres au service de l'étiquette qui convient le mieux. Ce n'est donc pas uniquement la littérature, mais également la recherche, qui subit l'impact de l'institutionnalisation.

Rien que sur la base du dossier belge, il serait déjà possible de soutenir quelques thèses relatives à l'identité littéraire et culturelle :

1. Nombreux sont les écrivains, les œuvres, les milieux, qui ne se soumettent nullement à une légitimation culturelle ou politique ou littéraire ; ce qui ne garantit en rien qu'ils décident de leur propre sort ; il est généralement possible de localiser — après coup — le lieu et les instances de la légitimation ;

2. L'option pour certaines identités n'est donc pas nécessairement l'œuvre d'un écrivain, et de multiples écrivains sont chargés d'étiquettes bien malgré eux ;

3. La fluctuation, l'instabilité, est une des caractéristiques de la quête de l'identité, tout comme la coexistence, à des moments et dans des milieux précis, de plusieurs identités;

4. Derrière de telles quêtes se cache le changement de points de référence, le changement des voisins par rapport auxquels on entend se distinguer, auxquels on entend s'opposer;

5. L'idée d'opposition favorise les contrastes externes, et donc l'homogénéisation interne, c'est-à-dire l'exclusion des « minorités »;

6. La mobilité des identités n'exclut en rien l'omniprésence et la force du besoin de s'identifier, quels que soient les principes sur lesquels on se fonde;

7. Il y aurait lieu de se demander pourquoi l'écrivain et son public recherchent à tout prix l'identité collective plutôt qu'une identité individuelle; or les individualistes ne font pas défaut;

8. La hantise d'une identité collective paraît plus envahissante chez les littérateurs belges que dans les pays voisins (la Hollande, la France);

9. La mobilité spatiale peut autant entraîner de nouvelles distinctions identitaires que renforcer les oppositions initiales, comme le montre le comportement des Belges établis à Paris, aux Pays-Bas ou dans d'autres lieux (Dirkx, 1996);

10. Le facteur langue se prête autant à des manœuvres d'homogénéisation qu'à l'inverse: dans la deuxième moitié du XXe siècle (et déjà plus tôt, semble-t-il), la recherche du métissage linguistique cède le pas devant la recherche d'une orthodoxie linguistique empruntée au voisin qu'on a souvent combattu.

La principale raison que je vois pour redéfinir sur des bases plus radicales la question des littératures (bref, des « traditions », des « cultures » littéraires, quelles qu'elles soient, et dont les modèles nationaux constituent un élément clef), c'est le développement des recherches historiques pluridisciplinaires sur « les sociétés », et notamment sur les sociétés occidentales.

Je ferai la distinction entre deux composantes particulières d'un dossier que j'envisage comme un dossier global. Ma thèse globale est que les spécialistes de la littérature ne tiennent pas suffisamment compte des recherches culturelles, bref qu'ils tendent à surestimer l'autonomie des littératures. Les littératures ne sont pas tout bonnement l'« expression des sociétés »; elles contribuent activement à les façonner. À en croire les anthropologues nouveau style, l'écrivain, le philologue, le spécialiste des lettres, comptent tous parmi les pères de nos sociétés (Ong, 1993; Anderson, 1993).

C'est en examinant comment se sont formés les États-nations de l'Europe (occidentale) que nous observons le développement progressif d'une politique d'exclusion des expressions linguistiques et littéraires non orthodoxes et des mécanismes de filtrage installés par la nation-collectivité de manière à monopoliser un modèle linguistique (la langue standard, qui est modelée sur l'écrit, même sur l'imprimé, non sur l'oral) et un modèle littéraire. La langue est appelée à fonctionner comme un clos, comme une barrière (Pym, 1992 ; Fishman, 1993). Selon les grandes synthèses de Hobsbawm (Hobsbawm, 1990 ; Hobsbawm, 1996), une seule nation (pas la France, mais… l'Allemagne !) s'est constituée tant bien que mal sur un principe préexistant de langue « nationale ». Cela suffit pour rendre évident que les langues nationales sont le résultat d'une conquête et d'une politique, bref, d'une lente construction de la communauté linguistique. Il va de soi que la réussite n'était garantie ni à l'avance ni après coup (comme le montre la Belgique, mais aussi la Suisse ou l'Autriche, qui partagent l'allemand avec l'Allemagne). Cette politique de la langue nationale sera adoptée sur d'autres continents, comme un « modèle colonial » : en Afrique, par exemple, où la carte linguistique des vernaculaires défie notre idée de langue, mais où une politique académique de l'anglais et du français s'institutionnalisent, par ailleurs à côté d'une politique de l'institutionnalisation des vernaculaires. L'Amérique du Nord illustre comment deux nations nouvelles peuvent suivre les modèles européens de manière radicalement opposée, les États-Unis en optant pour une seule langue nationale, le Canada en optant pour un bilinguisme appelé à justifier, à un tout autre niveau, une politique de maintien des langues importées. Les pays qui se réclament d'une seule langue nationale éprouvent les pires difficultés pour maintenir le monopole ; quant à ceux qui reconnaissent deux ou plusieurs langues, ils s'efforcent de limiter autant que possible le nombre des langues officiellement reconnues. Et même l'Union européenne, malgré sa législation toute nouvelle à ce sujet, lutte sans cesse contre la tendance à la réduction (Fishman, 1993 ; Lambert, 1994).

Reste à creuser les liens entre la programmation des sociétés, d'une part, et la politique des langues ou des littératures. Dans son célèbre livre *Imagined Communities* — on pourrait traduire ce titre en paraphrasant : « la construction des sociétés par l'imaginaire » —, Benedict Anderson (Anderson, 1983 ; Anderson, 1993) développe la thèse que l'État-nation occupe une époque particulière dans l'histoire des cultures et qu'il s'est constitué principalement dans l'Europe moderne depuis la Renaissance. Une des stratégies qui lui confère son allure en quelque sorte universelle ou éternelle, c'est la manipulation de son passé et de son avenir nationaux. Le nationalisme sur lequel se fonde l'État-nation se réclame toujours d'un passé en quelque sorte illimité : il n'a pas de véritables origines, et la fondation d'une nation n'est en quelque sorte que la consécration d'une essence et d'une prédestination. La nation était là bien avant d'être fondée officiellement. D'autre part, l'idée d'une survie est à peine posée, car, grâce à cette manipulation du passé, la nation peut être définie comme en quelque sorte atemporelle ; elle est là pour toujours, tout comme la population qui la porte. Anderson soutient de telles thèses sur la base de son analyse des principes de construction socio-culturels qui sont à l'œuvre sur les différents continents à travers l'histoire, en particulier à partir d'une analyse des nationalismes de type marxiste qui ont inspiré les guerres de l'Asie du Sud-Est, mais aussi à partir de son expérience d'anthropologue spécialisé dans les cultures de l'Amérique latine. La question des origines exactes de l'idéologie nationaliste qui sous-tend nos vues sur les langues et les littératures nationales donne lieu à une redéfinition de notre histoire littéraire européenne. C'est peut-être exact de dire que «les littératures sont l'expression de la société», comme le veulent Mme de Staël et sa génération, mais en fait, selon Anderson, ce sont les écrivains, les philologues et le monde académique de l'époque romantique qui ont construit les bases idéologiques du nationalisme et des nations. La nation, la langue nationale, la littérature nationale, ne sont pas nées *ex nihilo*, elles ne sont pas des entités universelles; c'est sur la base de leur «préhistoire» qu'elles ont été institutionnalisées par le «monde des lettres». C'est cette élite nationale qui a organisé le concept de «littérature nationale», souvent en lui associant une redéfinition de la langue littéraire et, à partir de là, de la langue nationale. Ce que ni Anderson ni ses collègues ne démontrent de manière explicite, c'est que le refus d'admettre d'autres réalisations linguistiques, littéraires et culturelles sur le «territoire national» est fortement facilité par la construction délibérée de barrières d'origine politique. D'où la difficulté, de nos jours, de trouver des structures pour la recherche littéraire et linguistique qui entend s'occuper de la circulation locale, nationale et internationale des langues et des littératures. L'illusion de l'homogénéité des territoires a été instaurée dès l'établissement de la nation et de ses corollaires, notamment la littérature nationale.

Essentialisme versus mobilité des cultures

La culture national(ist)e est parvenue à ses fins: même les spécialistes des cultures et des littératures ont fini par oublier de s'interroger sur les principes fondamentaux qui conditionnent les sociétés dans lesquelles nous vivons et dans lesquelles fonctionnent les langues et les littératures que nous étudions.

Les sociétés peuvent toujours continuer à cultiver leur propre stabilité ainsi que leur fidélité à un territoire donné, à ses frontières, aux pratiques linguistiques et culturelles, notamment littéraires, qui s'y sont développées, et à tant d'autres attributs qu'elles se sont en quelque sorte appropriés. À en croire Joshua Fishman, l'Europe occidentale aurait cessé d'y rattacher une religion, et ce, contrairement à l'Europe de l'Est et aux zones orientales de la Méditerranée. De telles valeurs paraissent en effet d'autant plus sacrées qu'elles ont l'air atemporelles, comme l'ont souligné certains experts de la canonisation (De Geest, 1996). Le fait est que rien n'est éternel aussi longtemps que le contraire n'a pas été démontré. Il s'agit, bien entendu, d'une énorme lapalissade: ce n'est pas en l'an 2000 qu'il convient d'inventer l'histoire et l'historiographie. Mais c'est surtout durant la deuxième moitié du XXe siècle que l'homme moderne et la recherche ont pris conscience de la rapidité et du caractère envahissant des changements culturels dus à l'essor de la technologie. Rien ne paraîtrait plus surprenant, en réalité, que la stabilité des cultures dans un contexte où la multiplication des nations — clairement enregistrée aux Nations unies — est devenue flagrante. Les publications sur la mondialisation et la médiatisation des cultures ne cessent de proliférer. Une bibliographie impressionnante a été consacrée à certains aspects clefs du phénomène: l'Union européenne, l'UNESCO et de multiples autres institutions internationales se préoccupent de la mobilité des personnes et de la mobilité des communications, notamment des programmes de formation, puis de la nécessité de suivre les accélérations de la culture en adaptant nos processus d'apprentissage dans l'«apprentissage-tout-au-long-de-la-vie», une expression qui ne manque par ailleurs pas de dénoter ses origines allophones.

La mobilité des personnes est devenue un des principaux programmes d'action de l'Union européenne, surtout dans le cas des étudiants, car la mobilité programmée est envisagée comme un atout dans la course vers les connaissances. Les statistiques ne manquent pas d'illustrer qu'en effet le citoyen moderne obéit aux nouvelles possibilités et aux nouvelles instructions. La mobilité des personnes est par ailleurs systématiquement complétée et soutenue par la mobilité des communications, rendue possible notamment au moyen des médias. La mobilité serait-elle donc un bien en soi? En réalité, elle est souvent matière à discussion et à polémique. La stabilité n'a pas cessé d'être, elle aussi, une valeur. Beaucoup dépend, à ce propos, des conditions: est-ce moi qui décide de changer de place ou quelqu'un d'autre? La mobilité imposée risque toujours de m'importuner, alors que, bien planifiée et résultant de mes propres délibérations, elle a de quoi me plaire, pour les voyages notamment. La situation change lorsque des groupes entiers se déplacent, spontanément (même en cas de guerre, du point de vue des combattants victorieux) ou sous la force (également durant les guerres, mais pour les vaincus ou les victimes). «*You are always welcome, but not altogether*[3].» Ce sont les mêmes pays qui ont établi les accords de Schengen au sujet de l'immigration et au sujet du contrôle des entrées et sorties dans le «bastion Europe» qui, de nos jours, chantent la mobilité… Pour de multiples individus et pour des nations entières, la question de l'internationalisation apparaît en effet comme une menace. Il n'empêche que le mouvement de la mobilisation s'intensifie et que son impact sur le comportement quotidien du citoyen dans le monde entier peut facilement être démontré.

Les sociologues, les anthropologues, les politologues et beaucoup d'autres ont évidemment suivi de près le phénomène de la «mondialisation» ou de l'«internationalisation». La linguistique s'est montrée plus hésitante, mais certains d'entre eux se sont concentrés sur la compétition entre les langues et sur le *language planning*, alors que les bonnes traditions de la linguistique se maintiennent fort bien dans les universités: la mobilité des cultures n'a pas encore pour effet de faire s'écrouler la linguistique canonique. Il est bien moins clair que les spécialistes de la littérature se soient aperçus de quoi que ce soit: pour l'instant, la stabilité de leurs constructions n'est pas affectée du tout par le monde dans lequel nous vivons. Il conviendra d'étudier si la confiance dans les mondes traditionnels de la littérature est due à la stabilité des traditions littéraires ou à la perception qu'en maintiennent les experts des lettres. Serait-ce le résultat d'une illusion d'optique sans doute bien académique, ou la solidité de l'approche du phénomène littéraire serait-elle évidente?

Avant d'engager la discussion, il convient de creuser quelques modalités de la mobilité des personnes et des communications, notamment pour déterminer s'il s'agit vraiment d'une mobilité des cultures plutôt que des individualités et si les traditions littéraires feraient partie des programmes de mobilité échafaudés par les décideurs contemporains.

Au moment où les nations entreprenantes recommandent la mobilité de l'individu, et surtout de l'apprenant (c'est nettement le cas en Europe occidentale, mais dans quelle mesure les autres continents suivent-ils la même politique?), le monde européen ne manque pas de s'armer contre les immigrations massives. La mobilité n'est visiblement pas une valeur absolue, comme l'illustrent les accords de Schengen et les innombrables conflits à l'intérieur des nations entre les candidats à l'immigration et les différentes autorités. Des programmes de coopération et de mobilité sont censés organiser de façon panoramique les interactions entre les sociétés établies. C'est chaque fois que des mouvements collectifs se dessinent que des signes d'alerte deviennent visibles et que les organisations internationales sont appelées à la rescousse : c'est évidemment à la suite de guerres, de violations collectives des droits de l'homme, de séismes, que des groupes entiers de personnes se mettent en mouvement, puis que les sociétés voisines se rebiffent contre ce qu'elles envisagent comme une invasion. Les mêmes États qui font la promotion de la mobilité des individus se défendent contre la mobilité de larges collectivités, *a fortiori* lorsqu'elle est rapide et désorganisée. Comme le montre la politique face aux étudiants, il est bien plus confortable d'envoyer ses citoyens ailleurs que d'en accueillir, à condition d'ailleurs que les citoyens en voyage soient *en mission* et qu'ils n'oublient point de retourner au pays. Il semble bien que la mobilité soit un bien, à condition de ne pas échapper aux contrôles. C'est un bien pour ceux qui décident délibérément de voyager, et souvent beaucoup moins pour ceux à qui le déplacement est imposé, tels les *displaced persons* d'antan. Ce sont les mêmes pays qui soutiennent l'idéal de la mobilité qui, sur un autre plan, rendent de plus en plus sophistiquée leur administration bureaucratique des entrées et sorties des personnes, et c'est dans les mêmes pays que des stratégies de contrôle culturelles — souvent très maladroites par ailleurs — portent également sur la mobilité de la communication par le biais des médias. Les cultures qui ont cultivé l'imprimé, la radio, l'avion, la communication électronique sont donc bien soucieuses de suivre de près l'administration des déplacements internationaux, et elles ont bien du mal à reconnaître les cultures de la mobilité représentées par l'apatride moderne ou par des groupes nomades, instables par définition. Bref, si la mobilité est devenue une évidence pour l'homme moderne et pour l'institution moderne, il semble aussi qu'elle soit en maintes occasions une obsession, peut-être même pour des raisons plus fondamentales que dans les sociétés d'avant la culture de l'écrit.

C'est au moins pour des raisons de principe qu'il s'impose de se demander si, et dans quelle mesure, le phénomène de la mobilité croissante des cultures exerce un quelconque impact sur les littératures et sur les sociétés littéraires. La question est devenue inévitable, du point de vue des sociétés, alors qu'elle est quasiment inexistante à l'intérieur de la société académique. La littérature serait-elle à l'abri de la mobilité des sociétés ou serait-elle rendue immobile par le regard de l'*homo academicus*? On imagine mal que les littératures puissent échapper tout à fait aux mobilités de toute sorte, dans la mesure où les traditions littéraires sont entre les mains de personnes, de populations, de sociétés, et ne dépendent d'un «territoire» que pour autant que les populations s'y rattachent. L'idée traditionnelle du lien entre le territoire (ou la nation), la langue, le peuple (et la littérature) est le fait de sociétés qui se sont efforcées de s'ancrer dans un lieu déterminé, dans des «terres» ou un «terroir». Notre représentation traditionnelle des littératures nous fait supposer que les «littératures en exil» ou les «littératures (francophones, les anglophones aussi?) d'Amérique» constituent des exceptions, des anomalies. Il s'agirait de traditions coupées de leurs origines. Est-ce vraiment le cas, et les traditions dépendraient-elles vraiment des langues, uniquement des langues? Si c'était le cas, comment expliquer que les lettres de l'Amérique latine aient conquis le monde entier, au point de supplanter l'Espagne littéraire, ou que les modes littéraires de l'Amérique du Nord menacent le prestige des auteurs britanniques ainsi que leurs traditions linguistiques?

À supposer que la question fondamentale soit prise au sérieux, elle soulèvera des difficultés conceptuelles et structurelles qu'il convient de noter. Les paramètres d'une telle conception du phénomène littéraire n'ont pas (encore) été mis au point, et nous risquons d'être aveuglés par nos propres structures mentales, héritières des modèles nationaux. Or une série d'observations bien élémentaires confirment le bien-fondé (l'urgence) de l'entreprise. Notre monde quotidien des lectures — même traditionnelles — est envahi par ladite «circulation internationale»: les best-sellers, les livres de poche, les prix littéraires et même la dynamique des genres illustrent la nécessité d'examiner sur des bases nouvelles les principes de la circulation littéraire tout court. Il était sans doute rare, autrefois, de trouver des audiences de lecteurs qui, tels ceux de la Belgique, copiaient leurs lectures sur celles d'un autre pays (en l'occurrence: la France). De nos jours, la sélection des lectures peut être en grande partie structurée à partir de genres et d'écrivains internationaux. C'est donc au niveau du lecteur quotidien, confortablement installé dans son fauteuil, d'où il voit peut-être aussi la télé, que le changement devient perceptible. Un tas d'innovations dépassent, et de loin, le niveau de la production, de la reproduction et de la distribution traditionnelles, dans la mesure où l'écrit est concurrencé par des formules médiatiques nouvelles et par des réseaux organisateurs d'un type nouveau. C'est l'institution de la littérature qui est en train de glisser de mondes traditionnels vers des mondes nouveaux. Le passage tout récent de la maison d'édition Casterman, siège de la bande dessinée, dans un réseau installé à Paris est apparemment un événement quotidien : en fait, c'est un des symboles de l'activité éditoriale et littéraire de la Belgique francophone qui change non pas uniquement de lieu, mais également d'identité, et sans le moindre regret à en croire les hommes clefs de l'opération. Internet, la télévision et beaucoup d'autres circuits jouent au moins un rôle parmi les nouvelles instances de canonisation.

Il serait assez surprenant de lire, au début de nos travaux de synthèse sur les différentes traditions littéraires auxquelles nous nous intéressons, des considérations sur les types de société où s'installent les littératures, ou sur la population, l'évolution démographique, les technologies de communication connues et canonisées, la concurrence entre l'oral, l'écrit ou… les médias. C'est le monde tout à fait contemporain qui nous révèle brusquement que les principes traditionnels de la communication littéraire (ou autre) sont en train de changer rapidement et que la lutte pour la canonisation entre différents circuits de canonisation a des chances de redéfinir notre paysage littéraire et même linguistique. Nous faisons nous-mêmes partie d'une culture de la société déterminée, ce qui nous empêche de voir à quel point nous respirons l'institutionnalisation de certaines technologies et communications plutôt que d'autres. C'est grâce à la prolifération de communications nouvelles, venant d'ailleurs, dues à des partenaires nouveaux, établies selon des règles nouvelles, que nous réalisons que certains mondes pourraient peut-être changer ou — peut-être — s'écrouler.

En fait, la prise en considération de ces éventualités n'est pas tellement nouvelle ou sensationnelle (certainement pas au pays de McLuhan), mais nous ne savons trop comment l'exploiter dans nos vues sur la littérature. Bien sûr, nous savons que nos livres nous parviennent souvent d'autres continents ; nous n'ignorons pas que le monde entier nous est accessible sur des bases quotidiennes et que même les différentes langues nationales sont entrées dans un tourbillon international. À l'instar de la littérature, la langue est soumise à de multiples redéfinitions, notamment dans sa compétition avec l'audiovisuel, qui est souvent censé être moins local. Avec sa langue et ses langues, le citoyen contemporain est devenu le citoyen de plusieurs sociétés en même temps, et les attributs de l'identité nationale risquent de perdre une part de leur tranchant. D'où précisément des réactions spectaculaires en faveur d'un retour au modèle national, visible également dans le monde entier, comme un sursaut des identités d'antan.

Il semble que, face au monde moderne, la recherche littéraire (ou serait-ce, de manière générale, l'ensemble des sciences humaines ?) ne sache trop sur quel pied danser. La théorie de la littérature et l'ensemble des spécialistes de la littérature aiment, de nos jours, emprunter aux spécialistes de la communication quelques concepts clefs, à commencer par «communication» ou «récepteur» ; ils savent que la littérature ne peut plus être cernée en termes de «textes» uniquement. Mais, en gros, la recherche littéraire moderne s'est surtout concentrée sur les lettres occidentales depuis la Renaissance, et elle ne sait plus très bien où placer la littérature qui n'est pas imprimée ou qui n'entre pas dans les traditions occidentales. L'illustration par excellence de cette réduction pourrait être fournie par l'énorme entreprise, par ailleurs très intéressante, de l'ICLA, qui exclut de sa synthèse des littératures celles qui ne sont pas écrites dans les «langues européennes» (on n'est pas surpris de constater que l'ICLA oublie d'y ajouter les traditions orales, ou les nouvelles littératures médiatisées). Il est vrai que l'entreprise a paru révolutionnaire au moment de sa naissance, dans les années 60. Si elle était à relancer, elle refléterait sans doute des mondes différents. En attendant, elle porte (relativement bien) son âge.

C'est l'ensemble des questions énumérées ci-dessus qui a donné lieu à des programmes d'enseignement et de recherche dans le cadre de projets d'enseignement à distance lancés par l'Union européenne, en particulier dans EUROLITTERATURE <http://www.euroliterature.uib.no>. Une confrontation globale entre chercheurs et audiences a eu lieu au début et elle a permis de jeter les bases d'un programme à moyen terme. Une des principales constatations mises en évidence dès le début des débats a été la relative ténacité des traditions nationales en littérature. Bref, le modèle national n'a nullement disparu, et la littérature fonctionne encore, semble-t-il, comme un des lieux sacrés de l'identité nationale. Faudrait-il s'en étonner, ou voir plutôt — dans une telle constatation — la confirmation du lien fondamental entre certaines cultures et leurs modèles de communication, d'une part, et les nouvelles «sociétés de la communication» (Lambert, 1998), d'autre part? S'il est vrai que l'analyse systématique de la prolifération et de la coexistence des différentes traditions littéraires, puis de leurs éventuelles combinaisons et interactions, exige la mise en place d'instruments de recherche nouveaux, on n'échappe pas à des constatations flagrantes et relativement spectaculaires (étaient-elles prévisibles?): à l'intérieur de certains pays, telle l'Espagne, de toutes nouvelles traditions littéraires s'établissent depuis la mort de Franco et, dans leur canonisation progressive, c'est notamment la télévision qui fournit son secours à l'installation de la nouvelle langue «nationale». Bref, la compétition entre les modèles littéraires ne se limite certainement pas au dilemme national/international, et un «comparatisme interne» (Susan Bassnett), c'est-à-dire concentré sur les dynamiques au sein des traditions nationales, mérite d'être mis au point, pour l'Espagne et le Canada comme pour la Belgique ou les mondes britannique et anglo-saxon.

L'historien des littératures sait fort bien que de telles configurations sont bien moins nouvelles dans l'histoire des lettres et des sociétés qu'on ne pourrait le croire. Bref, si les littératures se révèlent en effet mobiles, le seraient-elles vraiment davantage que les littératures du passé? À elle seule, la question constitue tout un programme pour l'étude des littératures, car elle compromet une fois pour toutes l'idée d'une cartographie des littératures fondée sur l'unique principe des littératures nationales.

Reste la question elle-même. En quoi les littératures et les activités littéraires du monde contemporain seraient-elles marquées — plus qu'auparavant — par ladite mobilité? Serait-ce une question de quantités, de pays?

Il semble que le principe de l'institutionnalisation puisse encore offrir une part des solutions. Outre la multiplication des circuits de communication, où les circuits traditionnels survivent parmi les nouveaux, outre la multiplication des ressources et des possibilités chez le lecteur-consommateur individuel (qui peut décider de lire des auteurs de chez lui ou des auteurs exotiques) comme chez l'écrivain (qui peut s'inspirer de la télé comme de ses voyages dans le tiers monde), c'est la redéfinition du prestige et de la canonisation qui semble redessiner le paysage littéraire. Les instances qui organisent et qui canonisent ne se situent plus nécessairement dans la société traditionnelle («nationale?» sans doute), elles ne recourent plus nécessairement ni aux principes linguistiques ni aux systèmes des genres ou des valeurs culturelles qui nous étaient familiers. Bref, les principes sous-jacents de la communication littéraire ont au moins été mis en branle. Il n'est pas difficile de désigner les lieux clefs pour une observation et une analyse sur le plan de la recherche. Il sera bien plus difficile d'entamer des recherches dignes de ce nom, en partie en raison des monopoles de la recherche, qui, comme le dit l'Union européenne, est du ressort de l'institution nationale. Les dés sont quelque peu pipés.

On échappe difficilement à une autre étape dans le raisonnement, capitale pour l'ensemble des sciences humaines. Il semble bel et bien que la nouvelle communication littéraire subit l'impact des sociétés nouvelles, dites «sociétés de la communication». Les sociétés traditionnelles auxquelles se référaient jusqu'ici la littérature et l'étude de la littérature se maintenaient tant bien que mal dans les frontières d'une nation, voire d'un territoire. Or, depuis l'essor des moyens de communication électroniques, les interactions socio-culturelles se développent en série entre des partenaires qui ne se sont jamais rencontrés, qui ne peuvent pas se toucher ou se voir en tant que personnes grâce à la proximité physique : en dehors des multinationales, qui ont depuis longtemps rendu routinières les communications multinationales, les «sociétés virtuelles» constituent une réalité quotidienne, et elles installent des règles de communication — notamment linguistiques — d'une ère nouvelle. Les membres desdites sociétés font partie d'au moins deux sociétés (leur propre société traditionnelle, une ou plusieurs sociétés «nouveau style»). Leurs meilleurs partenaires sont de moins en moins leurs voisins qui habitent la même rue ou qui travaillent dans le même bureau, mais ceux qui participent à leurs projets. L'individu actif et entreprenant, qui décide lui-même de ses options et de son avenir, a de bonnes raisons de cultiver ses propres projets au-delà de tout ce que les contraintes de la vie quotidienne lui imposent. Les sociétés nouveau style se définissent notamment dans et par un accord en ce qui concerne les objectifs à réaliser. Dans les sociétés traditionnelles, les objectifs à réaliser étaient en général fonction de la cohabitation dans un lieu et un moment que l'individu n'avait guère le loisir de choisir lui-même. Qui ne rêverait d'échapper de temps en temps aux contingences du moment? À l'instar de l'utilisateur d'Internet, le membre des sociétés de l'information, malgré son illusion d'une autonomie individuelle croissante, est sans doute, lui aussi, plus fortement conditionné par certaines institutions qu'il n'aimerait l'admettre et qui le ramènent aux conditions de la vie (littéraire et) traditionnelle d'antan. Raison de plus d'imaginer, peut-être aussi de créer, des mondes nouveaux.

La question a toujours été, elle reste et restera sans doute : quelle sera la cohabitation ? Qui au juste est mon voisin, bref, mon concurrent ? Dans une perspective plus moderne, moins éternelle, la question devient : où est-il établi au juste ?

BIBLIOGRAPHIE

ANDERSON, Benedict (1993), *Imagined Communities*, Londres et New York, Verso, 1983.

BOURDIEU, Pierre (1982), *Ce que parler veut dire : l'économie des échanges linguistiques*, Paris, Fayard.

CAPELLE, Annick et Reine MEYLAERTS (1995), « Interactions littéraires entre la Flandre et la Wallonie », *Liber. Revue internationale des livres*, 21-22 (mars), p. 30-31.

COULMAS, Florian (1991), *A Language Policy for the European Community. Prospects and Quandaries*, Berlin, Mouton de Gruyter.

DANAN, Martine (1991), « Dubbing as an Expression of Nationalism », *Meta*, vol. 36, n° 4, p. 606-614.

DANAN, Martine (1996), « À la recherche d'une stratégie internationale : Hollywood et le marché français des années trente », dans Yves Gambier (dir.), *Les Transferts linguistiques dans les médias audiovisuels*, Villeneuve d'Ascq, Presses universitaires du Septentrion, coll. « Acquisition et transmission des savoirs ».

DIRKX, Paul (1996), « Une douce violence : étude des pratiques discursives ayant trait aux littératures de Belgique dans trois hebdomadaires français : Les Lettres françaises, Le Figaro littéraire et Les Nouvelles littéraires 1944-1960 », dissertation, Katholieke Universiteit Leuven.

EVEN-ZOHAR, Itamar (1997), « FORUM. The Making of Culture Repertoire and the Role of Transfer », *Target*, vol. IX, n° 2, p. 373-381.

EVEN-ZOHAR, Itamar (1998), « FORUM. Some Replies to Lambert and Pym », *Target*, vol. X, n° 2, p. 363-369.

FISHMAN, Joshua A. (1993), « Ethnolinguistic Democracy : Varieties, Degrees and Limits », *Language International*, vol. V, n° 1, p. 11-17.

DE GEEST, Dirk (1996), *Literatuur als systeem, Literatuur als vertoog. Bouwstenen voor een functionalistische benadering van literaire verschijnselen*, Leuven, Peeters, coll. « Accent ».

GROSS, Stefan et Johannes THOMAS (1989), *Les Concepts nationaux de la littérature. L'exemple de la Belgique francophone. Une documentation en deux tomes : 1850-1880 ; 1880-1980*, Aix-la-Chapelle, Alano.

GRUTMAN, Rainier (1988), « Babel en Belgique : bilinguisme et diglossie en littérature », mémoire de licence, Katholieke Universiteit Leuven.

GRUTMAN, Rainier (1997), *Des langues qui résonnent. L'hétérolinguisme au XIXe siècle québécois*, Fides, Saint-Laurent (Québec), coll. « Nouvelles études québécoises ».

HERMANS, Theo (1999), *Translation in Systems. Descriptive and Systemic Approaches Explained*, Manchester, St. Jerome, « Translation Theories Explained », 7.

HOBSBAWM, Eric J. (1990), *Nations and Nationalism Since 1790 : Programm, Myth, Reality*, Cam-bridge et New York, Cambridge University Press.

HOBSBAWM, Eric J. (1996), « Language, Culture, and National Identity », *Social Research*, vol. 63, n° 4, p. 1065.

HOBSBAWM, Eric J. et Terence RANGER (dir.) (1996), *The Invention of Tradition*, Cambridge, Cambridge University Press.

HOFSTEDE, Geert (1994) *Vivre dans un monde multiculturel : comprendre nos programmations mentales*, Paris, Les Éditions d'Organisation.

IGLESIAS SANTOS, Montserrat (dir.) (1999), *Teoría de los polisistemas. Estudio introductorio, compilación de textos y bibliografía*, Madrid, Arco/Libros.

KLINKENBERG, Jean-Marie (1981), « La production littéraire en Belgique francophone », *Littérature*, vol. 44, décembre, p. 33-50.

KLINKENBERG, Jean-Marie (1992), « Lectures du "Manifeste du Groupe du Lundi" (1937) », dans Raymond Trousson et Léon Somville (dir.), *Lettres de Belgique : en hommage à Robert Frickx*, Cologne, Janus, p. 98-124.

KLINKENBERG, Jean-Marie (dossier dirigé par) (1999), *L'Institution littéraire*, Bruxelles, Le Cri, coll. « Textyles », 15.

LAMBERT, José (1983), « L'éternelle question des frontières : littératures nationales et systèmes littéraires », dans Christian Angelet *et al.* (dir.), *Langue, dialecte, littérature. Études romanes à la mémoire de*

Hugo Plomteux, Louvain, Leuven University Press, p. 355-370.

LAMBERT, José (1985), « Literature in South Africa : Suggestions for Systemic Research », *Journal of Literary Studies*, vol. I, n° 2, p. 34-42.

LAMBERT, José (1986), « Les relations littéraires internationales comme problème de réception », dans Janos Riesz *et al.* (dir.), *Sensus communis. Festschrift für Henry H.H. Remak*, Tübingen, Gunther Narr ; p. 49-63. Également dans *Œuvres et critiques*, vol. XI, n° 2 (1986), p. 173-189.

LAMBERT, José (1990), « À la recherche de cartes mondiales des littératures », dans Janos Riesz et Alain Picard (dir.), *Semper aliquod novi. Littérature comparée et littératures d'Afrique. Mélanges offerts à Albert Gérard*, Tübingen, Gunter Narr. En anglais : « In Quest of Literary World Maps », dans Harald Kittel et Armin Paul Frank (dir.), *Interculturality and the Historical Study of Literary Translations*, Berlin, Schmidt, 1991, p. 133-144, « Göttinger Beiträge zur internationalen Übersetzungsforschung », 4. En espagnol : « In busca de mapas mundiales de las literaturas », dans Lisa Block de Behar (dir.), *Terminos de comparacion : los estudios literarios entre historias y teorias*, Montevideo, Academia Nacional de Letras, 1991, p. 65-78. (Academia Nacional de Letras. Segundo Seminario Latinoamericano de Literatura Comparada, Montevideo, agosto de 1989).

LAMBERT, José (1994), « Ethnolinguistic Democracy, Translation Policy and Contemporary World (Dis)Order », dans Federico Eguiluz, Raquel Merino *et al.* (dir.), *Transvases culturales : literatura, cine, traduccion*, Vitoria, Universidad del Pais Vasco, Departamento de Filologia inglesa y alemana, p. 23-36.

LAMBERT, José (1995a), « L'internationalisation et la question de l'espace dans les littératures contemporaines », dans *Gli Spazi della diversità. Rinnovamento del codice narrativo in Italia dal 1945 al 1992*, Rome, Bulzoni ; Louvain, Leuven University Press, vol. II, p. 55-67.

LAMBERT, José (1995b), « Literatures, Translation and (De)Colonization », dans Theresa Hyun et José Lambert (dir.), *Translation and Modernization. Proceedings of the XIIIth Congress of the International Comparative Literature Association*, vol. IV. de E. Miner *et al.* (dir.), *The Force of Vision*, Tokyo, University of Tokyo Press, p. 98-117.

LAMBERT, José (1996), « Literary Theory and the Dynamics of the Media Age : Static vs. Dynamic Models », dans H. Hendrix, J. Kloek, S. Levie et W. van Peer (dir.), *The Search for A New Alphabet : Literary Studies in A Changing World. In Honour of Douwe Fokkema*, Amsterdam et Philadelphie, John Benjamins, p. 129-134.

LAMBERT, José (1998), « FORUM. « "Communication Societies" : Comments on Even-Zohar's "Making of Culture Repertoire" », *Target*, vol. X, n° 2, p. 353-356.

LAMBERT, José (1999), « Aproximaciones sistémicas y la literatura en las sociedades multilingües », dans Montserrat Iglesi Santos (dir.), *Teoría de los polisistemas*, Madrid, Arco/Libros, p. 53-70.

MEYLAERTS, Reine (1999), « La construction d'une identité littéraire dans la Belgique de l'entre-deux-guerres », dans J.-M. Klinkenberg, *L'Institution littéraire*, p. 17-32.

MEYLAERTS, Reine (1998), *L'Aventure flamande de la Revue belge : langues, littératures et cultures dans l'entre-deux-guerres*, dissertation, Katholieke Universiteit Leuven.

ONG, Walter (1993), *Orality and Literacy : The Technologizing of the Word*, Londres, Methuen, 1982.

PYM, Anthony (1992), *Translation and Text Transfer : An Essay on the Principles of Intercultural Communication*, Francfort-sur-le-Main, Peter Lang.

PYM, Anthony (1998), « FORUM. Note on a Repertoire for Seeing Cultures », dans *Target*, vol. X, n° 2, p. 357-361.

SÁNCHEZ-MESA MARTÍNEZ, Domingo, Daniel APOLLON, José LAMBERT et Jef VAN DEN BRANDEN (dir.) (1997), « Multilinguism and Language Transfer in Open Distance Learning. New Communicative Patterns in a European Virtual Society », dans Domingo Sánchez-Mesa Martínez *et al.*, *Crosscultural and Linguistic Perspectives on European Open and Distance Learning*, Grenade, University of Granada Press, TRANSCULT, I.

STAËL, Germaine de (1991), *De la littérature considérée dans ses rapports avec la société*, édition établie par Gérard Gengembre et Jean Goldzink, Paris, Flammarion, 1800.

SWAAN, Abram de (1993), « The Emergent Global Language System », *International Political Science Review*, 14.

VAN DEN BRANDEN, Jef et José LAMBERT (1999), « Cultural Issues Related to Transnational Open and Distance Learning in Universities : A European Problem ? », *BJETT* (*British Journal of Technology*), vol. 30, n° 3, (juillet), p. 251-260.

Internet

<http://www.euroliterature.uib.no> (programma EUROLITERATURE, plus verwijzingen en bibliografie)

NOTES

1. L'idée d'un métissage linguistique, destiné à marquer l'identité « belge » (flamande) plutôt que française ou néerlandaise, ne semble se manifester qu'au XXᵉ siècle, sans doute en raison de la date relativement récente des efforts d'intégration linguistique dans la langue standard, néerlandaise ou française. La nécessité d'un démarquage par rapport au pays voisin, du nord ou du sud, ne prend évidemment forme qu'au bout de quelques décennies d'une évolution linguistique vers des normes communes, au sein du néerlandais comme du français.

2. Un aspect important du métissage, à savoir l'hétéroglossie à l'intérieur des lettres d'expression française, tend ainsi à être ignoré. Il y aurait et il y aura lieu d'étendre l'examen aux lettres néerlandaises en Belgique et d'examiner si des efforts de métissage linguistique y remplissent les mêmes fonctions.

3. Anecdote circulant autour de 1965 dans les armées européennes au sujet des visites d'officiers allemands à leurs collègues britanniques : c'étaient les premières visites depuis la Seconde Guerre mondiale.

PARABOLES DE LA COMMUNAUTÉ

François Paré
Université de Guelph

Le texte que je vous offre aujourd'hui est formé de quatre paraboles. Deux de ces paraboles sont des récits, tandis que les deux autres sont des figures plus argumentatives. Les deux premières ouvriront et clôtureront mon texte. Les deux autres en formeront le centre plus volontiers théorique. Quatre paraboles, quatre lieux de réflexion, quatre œuvres nourricières, du Congo de Sony Labou Tansi à l'Ontario français d'Andrée Lacelle, en passant par la Martinique d'Édouard Glissant et le Québec de Daniel Jacques.

Ma réflexion sur la rêverie du communautaire dans les sociétés minorisées comprendra donc, d'emblée, une brève explication sur la figure parabolique qui me servira ici de soutien. Cette figure, associée aujourd'hui à la diffusion et à la réception des messages, m'intéresse de multiples façons. D'abord, la parabole exprime une ouverture relative (elle se profile comme une gigantesque main ouverte en attente des signes du monde extérieur), mais elle n'échappe jamais à l'autorité de ses points fixes. Son foyer et la ligne extérieure contre laquelle elle se pose par définition lui servent d'ancrage et de limite réelle. Elle ne rompt jamais avec le destin de son origine : ainsi se conçoivent son ouverture et son écoute sur le monde. On peut donc imaginer qu'une société « parabolique » puisse être conceptuellement à la fois fermée, c'est-à-dire liée à des exigences de rassemblement et de mémoire collective, et ouverte, c'est-à-dire porteuse d'accueil et nourrie du désir de communiquer avec les autres. Ainsi, dans les conditions de vulnérabilité et d'accommodement qui caractérisent aujourd'hui les sociétés minoritaires, une telle condition de minorité ne peut être que transposée dans la figure de la parabole et portée par son langage.

Il s'agit d'un très vaste contexte. Depuis une vingtaine d'années, en effet, il me semble que nous assistons à la dislocation des appartenances communautaires dans le monde. Du moins est-ce ainsi que cela se présente dans un certain discours qui vise à interpréter notre modernité. Cette dislocation survient, il faut le dire, dans le contexte de l'occidentalisation croissante des cultures humaines et de l'émergence dans le discours de notions paradoxalement globalisantes comme la fragmentation et l'arbitraire. D'aucuns se réjouiront de ce déclin apparent de la vie collective et théoriseront avec empressement la mise en œuvre de formes d'identité dites « civiques », affirmant par là la primauté des droits individuels et l'arbitraire des lieux d'appartenance. D'autres, comme moi, s'en préoccuperont, car ils verront dans la dissolution des espaces communautaires et des métarécits qui les soutiennent (la poésie notamment) la perte de solidarités fondamentales.

Certes, l'histoire en témoigne, l'indifférenciation à laquelle mène souvent la vie des collectivités peut être oppressive. Mais les solidarités sont-elles toutes indifférenciatrices ? Une communauté, même dans ses convergences les plus profondes, représente un noyau de tensions et d'ambiguïtés, de telle sorte que cette communauté, pour assurer son efficacité et sa survie, exige une constante réaffirmation. La réflexion québécoise actuelle sur les concepts de nation et de « peuple », bien que sinueuse, nous est très utile à cet égard. Ainsi, comme l'écrit Gérard Bouchard, l'État politique « doit maintenant s'atteler à la tâche de reconstruire des appartenances, des cohésions symboliques, des solidarités à distance (et le plus loin possible de l'ethnicité), au-delà des particularismes jadis érigés en normes, et parfois en universaux[1] ». Il nous faut donc recourir aujourd'hui à la diversité sous toutes ses formes, en sachant que cette diversité peut être mise en commun ; par là, construire dans l'expression de la différence les éléments d'une mémoire (de multiples mémoires) et d'un temps continu (de multiples continuités). Il me semble qu'on doit donc craindre un monde où il n'y aurait plus d'inintelligibilité et où, banalisées à l'infini, les cultures humaines, même les plus infimes, auraient perdu le vecteur d'étrangeté qui les anime au plus profond d'elles-mêmes et qui constitue leur plus grande richesse.

Parabole de la marmaille

Je fais appel en premier lieu à l'Afrique. C'est d'elle que nous partirons, première figure aujourd'hui de la parabole. Dans *Les Yeux du volcan*, roman de l'écrivain congolais Sony Labou Tansi, le concept de solidarité représente aux yeux du narrateur le seul engagement possible devant les vicissitudes de la modernité politique africaine[2]. C'est que, parmi toutes les formes complexes de l'affirmation, le principe désorganisé de la foule, de la « marmaille », issu pour Labou Tansi de l'héritage des anciennes civilisations de l'Afrique, constitue la matière première de la conscience libératrice. Si l'individu est suspect, comme le seront tous ceux en position d'autorité dans ce roman, c'est que sa suprématie par rapport à la souffrance collective risque toujours de verser dans la tyrannie et l'oppression.

Les Yeux du volcan est une œuvre extrêmement riche. On se rappelle les grands traits de ce roman. Un homme, figure christique à peine déguisée, fait son entrée à dos de bête dans une grande ville non loin de la capitale. La foule le suit, soulevée par l'atmosphère de carnaval qui entoure ce personnage imposant surnommé « le colosse » ou « l'homme-éléphant ». Elle verra bientôt en lui, au grand désespoir des autorités civiles, du maire de la ville notamment, un sauveur de la patrie. Au début, le narrateur du roman dénonce d'entrée de jeu la corruption et le déclin des « Autorités » ; il semble alors favorable à l'arrivée du colosse, car autour de lui les valeurs autrefois associées à l'ordre collectif semblent s'être dissipées. « Pour nous, tout était clair, nous vivions dans un bordel dont les Autorités étaient au-dessus des

lois. Nous pensions même que nos Autorités étaient devenues "légivores" »
(p. 20). Ce rejet des « Autorités » est aussi, il est important de le souligner,
celui du nationalisme, dont le concept de Patrie (lettre majuscule chez Labou
Tansi) constitue un avatar. « Il ne restait de la Patrie qu'un ramassis d'inten-
tions clamées tambour battant sous les yeux rouges d'un drapeau malheureux qui perdait ses trois couleurs d'antan » (p. 20). Ainsi, un certain nombre
de structures mentales, héritées du passé colonial, sont l'objet d'une critique
constante, acte d'une conscience inscrite parmi les forces de renouvellement
et d'affirmation.

Cette œuvre de discernement propre à l'écrivain passe néanmoins, chez
Sony Labou Tansi, par un retour aux sources archaïques de la vie collective.
C'est pourquoi, bien qu'adulé par les foules en délire voyant en lui un libéra-
teur, le colosse ne peut pas être envisagé comme un agent du changement.
Au contraire, le colosse arrive mal à se distinguer des « Autorités », car il n'a
trop souvent gardé de la figure christique qu'un destin solitaire, qu'une histoire personnelle. C'est par cette singularité, toujours suspecte dans le contexte africain, qu'il perd aux yeux du narrateur toute sa valeur heuristique.

Le roman de Sony Labou Tansi me paraît ainsi exemplaire à l'orée de cette
réflexion en quatre temps sur le lien communautaire. Il oppose à la fois aux
structures politiques coloniales et à l'individualisme migrant occidental une
troisième voie, plus archaïque et surtout plus profondément enracinée dans
la pluralité. Cette troisième voie, celle d'une pluralité anarchique, s'oppose à
la patrie ; elle évoque les aspects les plus déréglés de la vie collective. Le
colosse n'ignore pas ces forces qu'il tente de canaliser en sa faveur : « Je suis
là », s'exclame-t-il, « pour que la marmaille désencule » (p. 157). Mais, cela dit,
la « marmaille » s'offre au sauveur lui-même comme un lieu vibrant de résistance passive : « Nous sommes nés pour faire la gueule. Nos silences sont des
paroles. La terre, avec ses pierres ardentes, ses vallons, et ses lacs, son ciel
cousu bleu, sa verdure majuscule du côté de Wambo et l'aridité dure du pays
des Yogons, nous enseigne à conspuer la foutaise et les agissements des nains
d'esprit » (p. 176). Ainsi, chez Labou Tansi, le renouvellement ne viendrait
pas tant de l'émergence d'une conscience singulière, d'une pensée-phare,
détachée des formes archaïques de sa communauté d'origine. Au contraire,
cette conscience s'abolit dans ces formes archaïques de la culture. Elle se fait
transparente devant l'agitation anarchique de la foule (mot fort chez Labou
Tansi), plurielle, mouvante, imprévisible. Le sujet individuel s'efforce de
céder la place aux forces éruptives, si proches de la terre elle-même.

« Le maître », conclura le narrateur, « n'est pas celui qui commande, ce
n'est même pas celui qui a raison. Le chef, c'est celui qui invente la générosité
des autres. De cette manière, il participe aux enjeux de son époque » (p. 179).
S'il y a dans la pensée occidentale actuelle une profonde suspicion à l'égard de
l'affirmation des valeurs collectives, conçues comme uniformisantes et oppres-
sives, cette suspicion ne peut avoir cours ici. Dans le roman de Labou Tansi,
tant l'individu, désireux de dominer sa propre société, que la « Patrie » elle-
même font l'objet de sarcasme. Mais n'empêche ! Le « nous », lui, souverain,

carnavalesque, délirant, excessif, à l'image même de la jungle débridée, conserve dans *Les Yeux du volcan* toute sa valeur rédemptive. Et ainsi les bruits apparemment confus de la «marmaille» s'apparentent au «chant contagieux des dieux Kongo» (p. 54).

Parabole des lieux communs

Dans son *Introduction à une poétique du divers*, Édouard Glissant attribue à la poésie une fonction très noble, celle de renouveler la morale universelle qui doit régir les rapports entre humains[3]. C'est pourquoi Glissant refuse de s'attarder à ce qui n'est pour lui que l'effet d'une différence ou d'un particularisme local. Interrogé par Gaston Miron sur la disparition à plus ou moins long terme de la diversité linguistique dans le monde — une question qui intéressait beaucoup Miron durant les dernières années de sa vie —, Glissant répond de façon catégorique : il faut faire appel dorénavant, non plus aux particularités locales, mais à une ouverture sur l'universel, où se donnent à comprendre d'un seul geste la différence et le même. On conçoit donc qu'il y ait au Québec ou à la Martinique des combats locaux à mener, explique en substance Glissant dans sa réponse à Miron, mais «ces combats culturels ou politiques que nous avons tous menés et que nous continuons de mener s'insèrent dans un contexte mondial» où chaque être humain est appelé à s'ouvrir à «une pluralité consentie comme telle» (p. 56). Il est à noter que Glissant ne traite pas ouvertement la question de l'injustice, de l'étrangeté à soi-même, de la hiérarchie (comme dans le roman de Labou Tansi), de la minorisation. Cette conscience d'une oppression locale et sans grande envergure semble appartenir à des luttes menées il n'y a pas si longtemps, luttes aujourd'hui usées et surtout excentriques. Ces luttes, qui ont été celles de Fanon et de Césaire — celles de Miron peut-être — n'ont plus tout à fait cours. Ou plutôt elles se sont déplacées chez Glissant dans l'ordre du discours symbolique, à l'échelle d'un imaginaire élargi à l'ensemble des cultures humaines.

C'est à ce titre qu'*Introduction à une poétique du divers* est d'une importance capitale. Dans ces textes, Glissant ne se laisse pas complètement absorber, comme il le fait ailleurs, par une conception magique ou alchimique de la «créolisation» dont le monde actuel serait pour lui le laboratoire incessant. Les lieux de tensions, qui font la richesse de la pensée de Glissant, continuent d'affleurer — peut-être est-ce l'effet de l'auditoire québécois auquel le poète martiniquais s'adresse alors. Le «pays», si souvent évoqué dans les textes poétiques de Glissant, n'existe pas seulement ici dans l'évidence prophétique de sa dissolution. Il conserve une forme mémorielle qui est l'histoire de sa différence propre, sans quoi le ressourcement du concept d'universalité que souhaite ici Glissant se tarirait aussitôt, emporté par l'abolition à plus ou moins long terme de toutes les différences. C'est donc dire qu'il ne peut y avoir de respect de la pluralité sans combat acharné pour le maintien de la différence. Chez Glissant, cette condition différentielle des cultures dans le monde n'est pas clairement définie, car elle porte entrave à la notion d'universalité. Mais elle doit nous importer plus que jamais, nous, qui sommes à l'œuvre, ici en Amérique du Nord, dans des collectivités fragiles, poreuses, soumises à des forces d'uniformisation extraordinairement puissantes. Qu'on le veuille ou non, la découverte de la pluralité passe par ce lieu frontalier qu'est la langue, ce texte et cette voix indéchiffrables qu'est l'autre quand il se présente à moi dans son étrangeté linguistique et que moi, interdit, je ne le comprends pas.

Édouard Glissant rêve d'un «cri poétique» qui aurait précédé le bannissement babélien, la dispersion de la voix commune, la déportation aux quatre coins de la terre, la différenciation, l'exil. Mais ce «cri» naïf fait appel à des notions périmées de la communauté. «C'est à partir de ces poétiques communautaires que les formes différenciées de la littérature s'établissent [...] Toutes ces variétés commençantes de cri poétique rassemblent, pétrissent la matière d'une communauté menacée» (p. 35-36). Or, aujourd'hui, explique Glissant — c'était là le sens de sa réponse à Gaston Miron —, le sujet est angoissé, car il sait que même menacée sa communauté ne peut plus être «excluante» et qu'il n'accède plus à l'identité sans que son histoire soit celle d'une «déportation», s'inscrivant dans la pluralité chaotique et foisonnante de la modernité.

Plus que tout autre penseur de notre temps, Édouard Glissant met en jeu une conscience du vacillement qui serait propre aux cultures frontalières, aux marginalités plus fragiles. D'une part, «l'homme a besoin de toutes les langues du monde» (p. 41), mais ces langues doivent être restituées à leur intelligibilité propre, dépouillée de cette «pensée continentale» qui «a failli à prendre en compte le non-système généralisé des cultures du monde» (p. 43). Cette merveilleuse pensée non totalisante chez Glissant s'interroge paradoxalement sur la totalité, sans chercher à en réduire la complexité. Elle ne renie jamais les lieux communs. Et pourtant, elle est essentiellement un lieu d'accueil. Glissant ne résout pas toutes les contradictions. Là est justement l'importance de sa «poétique du divers». Il n'est pas dit qu'une conscience généralisée de la diversité parviendrait aujourd'hui, sur le plan de l'imaginaire, à enrayer l'uniformisation désolante de la multiplicité des langues et des cultures dans le monde. L'échange économique deviendra peut-être à notre insu la matrice de tous nos rapports avec les autres. Mais, chez Glissant, l'intégration théorique du non-systématique doit constituer pour nous une référence et un engagement. Et pour nous encore, ici en Amérique du Nord, si près de l'épicentre, que les cultures que nous habitons et que nous continuons de défendre deviennent des francophonies à la rencontre de la communalité et de la fragmentation, des points de convergence absolument nécessaires dans l'indifférenciation de l'hétéroclite.

Parabole de la nation

Dans le dernier livre de Daniel Jacques, *Nationalité et modernité*, un livre remarquable à bien des égards, nous nous trouvons plongés dans un tout autre discours. Jacques s'interroge ici sur la pertinence du concept de nation, concept apparu selon lui à l'aube de l'époque moderne, mais qui paraît privé, « en cette fin de siècle », de « légitimité morale »[4]. « Les nations existent, les politiques s'ordonnent à leur mesure, mais nul ne semble désormais capable de rendre raison de cette division de l'Humanité » (p. 215). Bien qu'elles semblent avoir perdu aujourd'hui toute pertinence théorique, les nations ont une existence dans le champ du réel et, parmi toutes les formes de l'appartenance communautaire, elles ont joué et continuent de jouer un rôle décisif. Que faire d'elles sur le plan conceptuel ?

Dans un chapitre important de *Nationalité et modernité*, intitulé « Politique de la nation », Daniel Jacques aborde cette question du collectif par le biais d'une pensée de l'individuel, dont il esquisse l'histoire depuis les premiers écrits du christianisme. Ce n'est pas mon propos dans le cadre de cette communication de remonter à une époque aussi lointaine, mais il convient de préciser que les quelques éléments que j'emprunte ici au livre de Jacques ne rendent pas justice au vaste effort de contextualisation historique qui permet de comprendre le concept de nation et que le livre reprend et scrute sous toutes ses formes. D'un côté, Jacques cherche à saisir un premier paradoxe. La pensée de la Modernité (majuscule dans le texte) a mené à une fragmentation de plus en plus grande des appartenances collectives et à une appropriation de l'universel par les individus seuls. Cette différenciation extrême, d'autre part, semble conduire le monde actuel à une indifférenciation de plus en plus aiguë des cultures, à un appauvrissement irréversible du patrimoine collectif de l'humanité. C'est ce dernier aspect, prémisse fort importante chez Daniel Jacques, qui se trouve présentement occulté par un discours théorique qui voit dans la multitude des identités individuelles, librement consenties, une illusion de diversité, une pluralité enfin consciemment assumée. « Ce que dissimulerait cette présomption de liberté, ce parti pris dogmatique en faveur de la diversité apparente, pour ne pas dire superficielle, ce serait une société en perte de culture qui risque, d'une génération à l'autre, de s'enfoncer dans une insignifiance et une vulgarité toujours plus grande » (p. 220). Ainsi, on le voit, la « dislocation de l'espace commun » (p. 220) semble avoir enclenché un déclin généralisé, non seulement de la diversité culturelle, mais de ce qui fait la grandeur morale de l'humanité tout entière. « Autrement dit, le projet des Modernes serait porteur, en son fond, d'une disqualification virtuelle de toutes les coutumes et de toutes les traditions particulières, laissant ainsi l'individu à lui-même, sans autre profondeur que celle qu'il saurait se créer par sa propre activité » (p. 221). À l'horizon de ce « pur cauchemar », Daniel Jacques tente de restituer au concept de nation et aux appartenances collectives une fonction épistémologique et morale qui viserait à contrer l'avènement de « la culture la plus homogène et la plus tyrannique qui soit » (p. 221).

Mais la pensée de Daniel Jacques ne m'intéresserait pas autant si elle s'arrêtait à cette critique décapante de l'individualisme contemporain. En fait, Jacques oppose à la primauté absolue de l'individu un décentrement du concept de nation, en tant que «communauté d'histoire et de culture». Il restitue donc, ce qui est essentiel dans le cas des sociétés minorisées ou dominées, la pertinence de la mémoire collective. Ces sociétés ne sauraient être uniquement aujourd'hui constituées par un discours de l'arbitraire, car justement, au cours de leur histoire toujours résiduelle, elles ont été la proie de cet arbitraire même. Jacques envisage donc une perspective individuelle, nourrie de ses rapports, difficiles mais nécessaires, avec la mémoire. Et c'est ainsi que l'individu peut être appelé à prendre part aux luttes collectives et à participer au corps politique. Bien sûr, cette collectivisation du sujet représente un risque pour le maintien des libertés individuelles, mais le risque de voir disparaître tout engagement de ce même sujet, désenclavé, dans l'espace communal est mille fois plus grand.

En effet, «il paraît non seulement souhaitable mais nécessaire de chercher à limiter certains effets néfastes de la modernisation, dont bien sûr l'homogénéisation culturelle» (p. 226). Or, réinséré dans l'histoire de ses appartenances collectives (en réalité, y avait-il vraiment renoncé?), l'individu redevient selon Jacques un véritable *sujet* à part entière, investi de ses responsabilités envers sa propre culture et la pluridimensionnalité de l'universel; il ne saurait plus être réduit à un *moi* dont le capitalisme libéral ne serait que la matrice indifférenciatrice. Ce *moi*, désincarné et indifférent, ne peut nous satisfaire; il doit être pris en charge par un renouvellement du *sujet* politique, qui serait à l'œuvre au sein de collectivités nationales ou autres, dépourvues de leurs exclusivités.

Ces réflexions théoriques ont-elles une importance pour nous aujourd'hui en Ontario français, en Acadie, au Québec ou ailleurs dans les espaces de la francophonie? Indéniablement! Car le défi pour nous est d'inscrire nos combats quotidiens pour la différence, conçue pleinement comme une valeur collective — celle de la langue française notamment — dans un contexte élargi et plus généreux où ces valeurs peuvent encore avoir cours. En fait, nous détenons plus que jamais, nous les minoritaires, les lieux de contacts et de frontières, la clé d'un renouvellement de la pensée communautaire. Démarche difficile et vacillante, cette évolution de l'histoire devrait permettre à la fois la préservation des formes archaïques de la culture et l'ouverture à la diversité radicale contenue dans le concept composite d'universalité.

Parabole de la femme vigie

«Tout est chemin», ainsi s'ouvre sur l'«ardeur migrante», sur «l'«absolu fragmentaire» le superbe recueil d'Andrée Lacelle, *La Voyageuse*[5]. Cette œuvre prend la forme d'une marche initiatique dans laquelle la «voyageuse», d'abord étrangère à elle-même et au monde, accède enfin au lieu liminal où sa différence, affirmée, lui permet de renouer ses liens avec le monde. Cette quête s'accomplit avant tout ici sous le signe de la pluralité. En fait, elle repose entièrement et radicalement sur cette pluralité. Le personnage en marche vers l'affirmation de sa différence (et de *la* différence dans son sens herméneutique) ne se dissocie pas du désir de communalité. Car être dans la singularité de sa différence propre, l'affirmer enfin au terme d'une longue marche, c'est déjà être à la frontière de l'autre.

Rejetant la fermeture qu'elle associe peut-être au passé — mais cela n'est pas dit —, la femme en marche cherche pourtant la «tendresse» de l'espace «claustral» où elle rêve de se blottir. En même temps, son «ardeur migrante» la frappe déjà d'étrangeté; étrangeté elle-même depuis toujours, elle n'est que cela partout où elle va. Elle n'est ni l'un ni l'autre. Littéralement un chemin: «elle avance dans l'entre-deux» (p. 29). Et cette dissociation de l'espace, ce «perpétuel décalage entre le monde et soi» (p. 31), est justement ce qui fait naître chez cette femme la nécessité de la différence. Mais où donc trouver la communauté que cette exigence traverse? Il y a, chez Andrée Lacelle, une conscience archaïque, qui se manifeste dans l'écriture poétique par le recours à des signes cryptiques et à des éléments mythiques. Cette conscience de la mémoire ancienne est justement ce qui permet à la différence vivante qu'est la figure de la femme de s'inscrire à son tour dans le renouvellement du communautaire.

Dans *La Voyageuse*, la femme donne naissance à la pluralité. Cela lui est spécifique. C'est sa condition existentielle la plus fondamentale: «Une femme lente et longue peuple le temps profond» (p. 35). Elle enfante l'«absolu fragmentaire». Mais cette naissance en elle du divers ne la conduit pas, je le répète, à l'indifférence. Au contraire, «femme vigie», elle veille sur le monde par sa différence même: «Attentive au pays qui se tait elle veille des collines sans histoire» (p. 43). Mais ce pays-là qu'elle veille ne l'enferme pas. Cette femme est à la fois un univers «claustral» (matriciel) et une ouverture absolue, par laquelle elle engendre la multiplicité.

Cette œuvre d'Andrée Lacelle, l'une des plus achevées de la littérature franco-ontarienne récente, offre donc une quatrième et dernière parabole de la communauté. Par son affirmation de la différence, par sa découverte des formes archaïques permettant un rapport au monde dans la diversité et la multiplicité des naissances, l'écriture d'Andrée Lacelle nous conduit à déplacer légèrement le règne de l'individuel dans un monde que «la discordance désenchaîne» (p. 56). Le personnage féminin en veille et bienveillant, claustral et pourtant enfantant le divers, me semble porteur d'une vision renouvelée de la communalité.

Conclusion

Qu'en est-il au terme de ces quatre paraboles (de la marmaille, du lieu commun, de la nation et de la femme vigie) de cette pensée de l'engagement qu'évoquait si lucidement Linda Cardinal dans un ouvrage récent[6]? Bien entendu, les cultures francophones minoritaires au Canada ont été et sont plus que jamais des lieux de métissage et d'hybridation. Elles sont déjà investies d'une pensée du multiple. Mais, en même temps, elles ne peuvent permettre que cette multiplicité devienne à son tour une source d'indifférenciation et d'aliénation. Car il est tout à fait possible qu'une culture entière, dans sa réalisation quotidienne, puisse s'abolir dans le multiple. Arrivées à la parole trop récemment, encore si souvent coupées de l'espace public, les francophonies minoritaires doivent poursuivre une action politique qui est la leur en propre: celle de réinscrire la diversité dans la continuité de la mémoire collective et d'un présent qui n'a pas de sens sans elle, celle de faire du *sujet* fragilisé de la culture, soumise aux dissociations du conventionnel, le lieu d'émergence de nouvelles solidarités, d'un nouveau rayonnement.

NOTES

1.   Gérard Bouchard, *La Nation québécoise au futur et au passé*, Montréal, VLB Éditeur, 1999, p. 17. Voir aussi Michel Seymour, *La Nation en question*, Montréal, L'Hexagone, 1999 ; Fernand Dumont, « Essor et déclin du Canada français », *Recherches sociographiques*, XXXVIII (sept.-déc. 1997), p. 419-467 ; et le livre de Daniel Jacques dont nous traitons plus loin dans le présent essai.

2.   Sony Labou Tansi, *Les Yeux du volcan*, Paris, Éditions du Seuil, 1988.

3.   Édouard Glissant, *Introduction à une poétique du divers*, Paris, Gallimard, 1996 [Montréal, Presses de l'Université de Montréal, 1995].

4.   Daniel Jacques, *Nationalité et modernité*, Montréal, Boréal, 1998, p. 215.

5.   Andrée Lacelle, *La Voyageuse*, Sudbury, Prise de Parole, 1995.

6.   Linda Cardinal, *L'Engagement de la pensée. Écrire en milieu minoritaire francophone au Canada*, Ottawa, Le Nordir, 1997, p. 12.

LES « JE » DANS LA CHAMBRE AUX MIROIRS

Jean Lafontant
Collège universitaire de Saint-Boniface[1]

Considérations théoriques liminaires

L'identité sociale ou culturelle[2] est un sujet d'étude à la mode. Dans ce domaine, essentiellement symbolique, les objets théoriques de la discussion sont d'autant plus divers (hétéroclites) que la notion même d'identité se caractérise par la polysémie et la créativité de chacun. Personnellement, je considère que l'on devrait limiter l'emploi théorique de la notion d'*identité* à l'appréhension de la singularité subjective, c'est-à-dire à la conscience qu'un sujet[3] a de sa personne dans le monde.

Dans les sociétés libérales actuelles (dites postmodernes), les sujets ou acteurs sociaux observés longitudinalement, c'est-à-dire au cours des diverses phases de leur vie, et transversalement, c'est-à-dire dans la trame diverse et complexe de leur rapport à autrui, ne se définissent pas seulement en fonction des catégories collectives d'appartenance. En effet, les référents[4] de l'identité personnelle sont multiples. On peut les distribuer sur un continuum le long duquel les divers degrés marquent des choix plus ou moins collectivisants ou singularisants du discours sur soi. Au pôle (idéal-type) collectivisant, où le sujet se définirait strictement par rapport à un *Nous* généalogique[5], prédominent les référents tels que le Territoire, le Sang, la Mémoire (la Tradition ou ce que Régine Robin (1994) a appelé le « roman mémoriel »), bref les *idoles* du groupe (Isaacs, 1975), tandis qu'à l'autre pôle, où le sujet se définirait strictement au « Je », prédominent les référents singularisants : la constellation des sentiments, des goûts et des choix, les rapports plus ou moins exclusifs à d'autres sujets singuliers, bref la *biographie* dans ce qu'elle a d'unique. Entre ces deux pôles se situent des référents mixtes dans lesquels entrent, en proportions variables, l'adhésion à un ou à des *Nous* plus ou moins assignés et définis, d'une part, *et*, de l'autre, l'adhésion résultant d'options davantage personnalisées et réfléchies. Ces référents mixtes sont ceux associés *a)* aux groupes volontaristes (partis politiques, groupes de pression en matière de droits à gagner ou à défendre, corporations professionnelles), et *b)* aux catégories de style de vie, dont les référents sont proposés ou non par le marché, tels les clubs de loisirs, les réseaux de « relations », etc.

En ce qui concerne en particulier les jeunes, les référents identitaires collectivisants de type « vertical » (généalogique), proposés surtout par la famille et l'école, sont en concurrence avec des référents « horizontaux » relevant du *marché* (mode, consommation de signes générationnels et statutaires

53

distinctifs) et de l'*action étatique*, soit, entre autres, les lois et règlements déterminant les seuils d'âge, en fonction de l'exercice de : l'apprentissage scolaire,
la sexualité (partenaires légitimes), la consommation de certains produits
(alcool, pornographie légitime), les conditions d'exercice de l'appareil de justice. Ces référents horizontaux produisent symboliquement une certaine
compartimentation générationnelle (les «enfants», les «jeunes», les «étudiants», les «mineurs») et contribuent à servir d'appui sociologique au processus psychologique d'acquisition de l'autonomie morale. Il se peut même
que des jeunes conçoivent comme nécessaire la rupture par rapport à certains référents traditionnels afin de s'adapter à de nouveaux référents identi-
taires/moraux, en vigueur parmi leurs pairs (Perlmutter et Shapiro, 1987).

Le choix des référents identitaires qui s'offrent au jeune dans la construction de sa personnalité n'est pas seulement entre les panoplies de référents
collectivisants, singularisants et mixtes. En effet, des espaces seconds se
créent dans la délibération entre ce que le sujet pense et choisit pour lui-
même et ce qu'il croit que les autres pensent de lui. Ce jeu de miroirs est intéressant. Il indique que le mécanisme des choix identitaires n'est jamais
simple (qu'il est difficilement réductible à la simple transmission d'un «héritage»). L'héritier peut choisir de conserver l'ensemble du legs, ou encore
l'examiner sous tous les rapports, le décomposer en éléments épars et, en fin
de compte, se défaire, quand bon lui semblera, d'un élément ou l'autre, ou
encore, à la limite, faire un pied de nez au testateur.

Dans cette communication, j'exposerai les choix que font les jeunes Manitobains francophones, quand on leur propose pour eux-mêmes des étiquettes
identitaires collectives telles que «Franco-Manitobain», «Canadien français»,
«Canadien»; le sens qu'ils donnent à ces étiquettes, la façon dont ils croient
que les autres les perçoivent (la parenté, les amis — proches ou non — ou
autrui en général).

Quelques indications méthodologiques

La recherche d'où sont tirées les données que nous exposons porte sur un
échantillon aléatoire stratifié de jeunes Manitobains (91% sont nées au
Manitoba et 97% ont entre 17 et 18 ans d'âge) en classe terminale du cycle
secondaire dans six établissements majeurs de la Division scolaire franco-
manitobaine (DSFM)[6]: le Collège Louis-Riel, le Collège Saint-Jean-Baptiste,
le Collège régional Gabrielle-Roy, l'École Pointe-des-Chênes, l'École Saint-
Joachim et l'Institut collégial Notre-Dame. Deux cent dix-sept finissants (en
vue de la remise des diplômes de 1998) de ces établissements ont été soumis
à un *questionnaire* (72 questions à choix fermés) portant sur leur pratique linguistique et leur perception quant à leur identité culturelle et quelques
dimensions de leur vie, l'intérêt théorique étant ici d'évaluer le sens et
l'importance relative qu'ils leur accordent.

Par la suite, des 217 répondants au questionnaire, 31 ont été choisis au
hasard pour fin d'entrevue. C'est très précisément sur ce sous-échantillon de

31 interviewés que porte cette communication-ci. Les questions posées au cours des entrevues semi-dirigées visaient à clarifier, par l'analyse d'un discours plus complexe, les réponses quelque peu elliptiques au questionnaire.

Cette communication ne prendra en compte que les réponses aux questions suivantes formulées par l'interviewer : « Parfois, on définit les gens (ou les gens se définissent eux-mêmes) par des termes comme "Canadien", "Franco-Manitobain", "Canadien français", "minorité... *or community so and so*", etc. Toi-même, comment te définis-tu personnellement ? (Élabore un peu.) À ton avis, comment les autres te perçoivent-ils : ta parenté ? tes amis proches ? tes connaissances (*casual buddies*) ? de simples quidams (par exemple, la personne de service, quand tu vas au restaurant) ? »

La codification des déclarations identitaires des jeunes n'a pas été chose facile. Au cours de l'entrevue, en réponse à des questions subséquentes, plusieurs jeunes sont revenus sur leur déclaration à la première question (énoncée au paragraphe précédent), afin de la nuancer, voire de la modifier. Si, au lieu de s'en tenir à la première question (laquelle les invitait à déclarer et à préciser le sens de leur identité culturelle), on considère l'ensemble de l'entrevue, on note que 13 jeunes sur 31 se sont attribué plus d'une étiquette identitaire. Ces hésitations semblent indiquer le flou des seuils des catégories identitaires les plus communes qui leur sont offertes et, pour ainsi dire, la perméabilité de celles-ci.

Résultats

DÉCLARATIONS IDENTITAIRES FAITES PAR LES JEUNES

Dans le décompte que nous offrons ici, nous avons tenu compte des déclarations à la première question.

Tableau 1
Identité culturelle déclarée par les jeunes dans les entrevues

Référent identitaire	Nombre de jeunes
Franco-Manitobain, Franco-Manitobaine	5
Canadien français, Canadienne française	11
Canadien, Canadienne	9
« Je suis moi-même » / « Autre »	6
Total	31

Il s'agit maintenant d'analyser le contenu sémantique que les jeunes interviewés donnent à l'étiquette identitaire qu'ils énoncent eux-mêmes. Dans la mesure où, à une question ouverte, ils se choisissent et se déclarent tel ou telle, quel contenu et quelles raisons donnent-ils à ce choix ? Évidemment, il n'est pas question ici de reproduire les réponses *in extenso*, selon la dynamique concrète de l'entrevue. Nous proposons au lecteur des extraits significatifs de réponses afin de déterminer ce que le sujet veut dire, pour l'essentiel. Nous allons donc, pour les étiquettes identitaires «Franco-Manitobain», «Canadien français» et «Canadien», telles qu'elles ont été librement énoncées par les interviewés, exposer *verbatim* de courts extraits des réponses et les commenter.

Qu'est-ce qu'être un «Franco-Manitobain»?

Entrevue n° 3: «Franco-Manitobain. Une personne qui est capable de communiquer et d'être reçue dans la langue française.»

Entrevue n° 6: «Eum. Ben... J'me définis comme personne franco-manitobaine qui connait le français puis j'suis fière de ça parce que t'sais... y'en a pas beaucoup, comme, dans la province... ben, au Canada maintenant, puis juste au monde, qui parlent le français. Pis, c'est une langue vraiment vive dans les provinces, dans les pays, comme... So, c'est ça que j'pense...»

Entrevue n° 19: «J'essaye de vivre le plus possible en français, à l'intérieur de ma Province, et j'essaye de représenter ça quand je sors de la province.»

Entrevue n° 20: «Ben je sais pas... que je vis au Manitoba puis que je suis français pis je vas à une école française».

Entrevue n° 29: «Ben, c'est... c'est vraiment... J'suis vraiment fière d'être Franco-Manitobaine parce que... c'est... Comme, le Québec, j'aime me séparer du Québec parce que y pensent toujours qu'y sont les meilleurs... 'pis, là que je dis que je viens d'une autre province du Canada qui est une minorité francophone, c'est vraiment bien pour moi... comme... ça... c'est vraiment... ça démontre ma fierté.»

Chez les cinq jeunes qui se sont définis comme «Franco-Manitobains», la conscience de l'utilité du français, explicitement exprimée dans un cas (n° 3) mais sans doute implicite dans les autres, est massivement doublée de la conscience d'«être» un Français d'ici (du Manitoba), c'est-à-dire de la représentation de soi par rapport à divers autrui (les Français d'ailleurs, les non-Français). Cette conscience d'«être» s'exprime par un sentiment de fierté, entendue dans le sens de la confirmation d'un héritage culturel (n°s 6, 19, 20, 29).

Qu'est-ce qu'être un «Canadien français»?

Entrevue n° 1: «Je suis au Canada et je connais comment parler en français.»

Entrevue n° 2: «Le terme «Canadien» est trop vaste. Canadienne française, c'est ce que je me considère personnellement. Le problème avec «Canadien», c'est que le Canada c'est toutes sortes de cultures. Alors, si moi je dis que suis Canadienne française, eh bien, je suis Canadienne avec ma petite branche de français. C'est comme tout le monde autour avec leur propre, par exemple un Canadien écossais, il peut se dire Canadien avec sa propre petite branche.»

Entrevue n° 10: «Oh, boy! Heu... Je dirais probablement Canadien français. Ou bilingue, peut-être.»

Question: «Canadien français et bilingue. Pourquoi est-ce que tu penses à ces deux termes-là?»

Réponse: «Pourquoi? C'est une bonne question. Je suis bilingue, so je peux me mettre dans cette catégorie.»

Question: «Disons, préfères-tu le terme "Canadien français" ou "bilingue" ou les deux? Et pourquoi?»

Réponse: «Les deux me représentent.»

Question: «En comparaison avec des termes comme "Franco-Manito-bain", "Canadien", "minorité", etc., pourquoi choisis-tu ces termes surtout?»

Réponse: «Oh, boy! Canadien français? Ça veut dire... Oh, man!... Ça veut dire francophone, mais... vivre dans une société française.»

Question: «Être francophone, puis vivre dans une société ... au Canada français?»

Réponse: «Yeah.»

Entrevue n° 15: «Canadienne française. Je suis fière, très fière d'être française. Je suis quelqu'un ça va l'aider beaucoup dans le futur avec être bilingue. Moi, des fois, je prends acquis que tout le monde il l'a. C'est le contraire, t'sais. Je suis née au Canada aussi, so...»

Entrevue n° 18: «Eum... personnellement comme individu j'm'identifierais probablement comme Canadien français. Vraiment ça dépend de la situation. Si j'vais me définir dans mon groupe, j'me définirais comme probablement parlant... au groupe des Canadiens français, mais moi-même... j'suis prêt à élaborer plutôt dans, comme... individuel... dans des cas *individual*... Mais, comme groupe, j'dirais qu'j'appartiens au groupe Canadien français.»

Onze interviewés se sont déclarés «Canadiens français». Selon les réponses, quelques-uns n'arrivent pas à faire une différence entre «Franco-Manitobain» et «Canadien français», excepté sur le plan d'une délimitation territoriale de type administratif, distinction qui pour eux ne semble pas très importante. Par contre, d'autres interviewés voient une différence dans le caractère plus général, plus inclusif du référent «Canadien français». Ceux-là choisissent donc explicitement le référent «Canadien français», précisément pour cette raison. Dans l'ensemble, la connaissance de la langue française comme ressource linguistique personnelle est le contenu le plus souvent cité de l'étiquette identitaire «Canadien français». Cependant, trois interviewés réfèrent surtout à un sentiment de filiation, d'appartenance territoriale et de fierté, dans un sens similaire à celui avancé plus haut par les «Franco-Manitobains». Enfin, deux sont restés cois devant l'invitation d'attribuer un contenu à leur auto-définition de «Canadien français»: l'une ne sachant que répondre, l'autre estimant superficielles les catégories identitaires collectives et «plus véridique de dire que je suis moi-même».

Qu'est-ce qu'être un « Canadien » ?

Entrevue n° 4 : « Je me définis comme quelqu'un qui fait partie de la communauté canadienne. On est minoritaire mais je me vois pas… je vois pas… je veux pas penser que je suis plus spéciale à cause de cela ou que je devrais avoir des… des affaires… plus spéciales à cause que je suis minoritaire. »

Entrevue n° 12 : « Il faudrait que je dise Canadien parce que je trouve que dire d'une personne comme ça ou comme ça, je sais pas, c'est juste trop spécifique. J'aime mieux généraliser tout le monde. »

Entrevue n° 13 : « *Canadien*. Je ne suis pas forte sur le français à la maison, so je suis juste *Canadien*. »

Entrevue n° 16 : « Ben, j'sais pas… mon père y'est français 'pis ma mère est anglaise, d'abord… »

Question : « O.K., donc toi-même… ? »

Réponse : « Manitobain, vraiment. »

Question : « Manitobain ? »

Réponse : « Canadien. »

Entrevue n° 25 : « J'dirais Canadienne. »

Question : « O.K… Qu'est-ce que tu entends par Canadienne ? »

Réponse : « … La liberté… I don't know… Comparé à les Américains… Je nous compare tout le temps à les Américains… »

Entrevue n° 27 : « Comme, moi j'dirais Canadien… Comme, avant tout. 'Pis ensuite, j'dirais peut-être comme… J'dirais comme, un Canadien qui par chance parle français. Comme… qui se trouve au Manitoba. Comme, j'dirais pas Franco-Manitobain. J'sais pas, c'est juste que je trouve que des fois y'a des… J'suppose, comme… J'veux pas faire partie comme d'un mold, disons… Comme, j'veux pas faire partie d'un type de personne. So j'dis juste Canadien, 'pis ensuite… you know, qui parle français 'pis qui vit au Manitoba. …'Pis ensuite à Winnipeg. Pis… you know, pis… »

Neuf interviewés se sont déclarés « Canadiens ». Certes, quelques-uns (entrevues n°s 25, 26 et 31) accordent un contenu positif explicite à cette appartenance : le Canada est un pays respecté où règne beaucoup de liberté et d'égalité et il soutient avantageusement les comparaisons internationales, même par rapport aux États-Unis. Cependant, la raison principale (mentionnée par quatre interviewés) est que, en choisissant une catégorie aussi large, on *évite d'exclure* qui que ce soit. Trois interviewés, issus de mariages « mixtes » (anglais-français), voient dans la catégorie « Canadien » un espace symbolique où la diversité de leur origine peut s'insérer facilement[7]. Cette position est assez proche de celle des interviewés qui se sont déclarés Canadiens français, le prédicat « français » étant perçu comme un des rameaux du tronc « Canadien[8] ». Enfin, pour une interviewée (n° 13), la catégorie « Canadien » masque une perte ou du moins un manque (« je ne suis pas forte sur le français »). Ainsi, que les raisons en soient positives ou résiduelles, les interviewés qui se déclarent « Canadiens » semblent trouver dans ce référent un champ symbolique sécuritaire, lieu d'une inclusion générale ou, du moins, un lieu de neutralité.

Les «Autres»

Six interviewés ont déclaré une identité culturelle que nous avons décidé de classer à part («Autres»). Trois types de déclaration s'y retrouvent. D'abord, les déclarations référant à une *autre identité franco-provinciale* que celles que la question proposait à titre d'exemples, ou encore à une combinaison de celles-ci (n°s 5 et 24). Ensuite les déclarations *absolument relatives* à l'interlocuteur auquel on s'adresse (n°s 8 et 9); nous les citons ci-après. Enfin les déclarations *absolument subjectives* (n°s 11 et 17), également citées ci-après.

> Entrevue n° 8: «J'ai pensé à ça la semaine passée, je me rappelais du sondage. Ça dépend où que je suis. C'est parce que j'étais au Québec il y a une couple de semaines, 'pis là j'étais Manitobain, parce que tout le monde qui était là était francophone, j'avais pas besoin de dire que j'étais Franco-Manitobain; je parlais français, so j'étais Manitobain. Si j'irais en Europe, je serais un Canadien. Au Manitoba, je suis un Franco-Manitobain. Ça dépend, ça dépend...»

> Entrevue n° 9: «Ça dépend... ça dépend à qui je parle. D'habitude c'est Canadien. Mais c'est aussi Franco-Manitobain at the same time. Pretty much so. À des Anglais, Canadien, obviously; mais si je parle à des Français, c'est Franco-Manitobain.»

> Entrevue n° 11: «Moi, je me définis plus par ma famille. Je vais dire que je suis un [l'interviewé donne son nom de famille], parce que je pense que ma famille, c'est plus important... toute l'histoire de ma famille.»

> Question: «Donc, les termes comme "Canadien", "Franco-Manitobain", "Canadien français", "minorité... *or community so and so*" te semblent trop éloignés de toi?»

> Réponse: «Oui, ça me semble plus comme.... un système différent, plus pour séparer les personnes, ségrégation. Ça sonne juste comme si ils se ressemblent pas. So...»

> Entrevue n° 17: «Hum... Hum, Française puis, si je dois me définir, je suis comme... moi-même, à cause que je suis un hard ball dans ma classe. Je m'habille pas comme... Comme la semaine passée, j'ai passé à travers du hippy stage, puis après j'ai passé à travers du... du stage normal, puis là ben, je suis dans le stage de l'armée.»

> Question: «Et ça te dure combien de temps?»

> Réponse: «Ça dépend des fois. Ça peut être quelques mois, des fois ça peut être quelques jours. But... tout le monde, il me définit pas comme... comme mon ami ou whatever, juste comme la hard ball de la classe, la weirdo de la classe, puis ça me dérange pas. J'aime ça, je veux être moi-même, je veux pas être comme les autres. So, je me définis plus comme moi-même.»

Discussion théorique des déclarations identitaires faites par les jeunes

Lorsqu'on analyse les discours qu'offrent les jeunes pour étayer leur réponse à la demande de déclaration d'identité culturelle, le *Nous généalogique* constitue un référent subjectivement assumé pour la moitié des répondants. Or, bien que plusieurs jeunes de l'autre moitié aient également fait usage de catégories collectives pour se définir, le référent réel n'est pas le *Nous généalogique* mais l'espace public, le cercle universel des citoyens. Pour cette seconde moitié de répondants, et bien que les déclarations identitaires puissent référer à des catégories collectives, les discours qui accompagnent ces déclarations s'articulent autour de l'une ou l'autre des positions centrales suivantes : 1) tous sont invités à s'inclure ; 2) l'admission dans le cercle collectif n'est pas assignée et contrôlée, mais résulte de la performance d'un apprentissage possible pour tous ; 3) « je suis qui je suis, par héritage et par choix subjectif, mais cela ne me donne pour autant aucun privilège particulier ». Pour cette seconde moitié de répondants, il y a donc refus des référents collectifs *essentialistes*. Du reste, il en va de même du premier groupe : l'assomption de l'héritage culturel français à travers la famille n'est pas conçu comme une châsse précieuse à conserver et à transmettre intacte, mais comme une série d'éléments originaux et utiles, de l'ordre du *supplément* (exemple : la connaissance d'une deuxième langue) dont on se pare à l'occasion dans ses rapports à autrui. Cette position identitaire correspond à ce que l'on a appelé l'*identité à la carte* (Waters, 1990 ; Hollinger, 1995). En effet, très semblables aux jeunes des autres groupes descendants de colons établis au Manitoba de longue date (par l'*invisibilité* somatique, l'apprentissage scolaire et la culture marchande), les jeunes francophones perçoivent — et ont un intérêt pragmatique[9] à percevoir — leur particularité comme un atout supplémentaire, position que promeut d'ailleurs, en symboles et en programmes, la politique fédérale en matière de bilinguisme et de multiculturalisme. Si la catégorie culturelle « Canadien français » (du Manitoba) a pu, sous l'effet de la discrimination (à l'école, par exemple), être autrefois considérée comme une identité discréditée ou discréditable, ce n'est certainement plus le cas de ces jeunes « enfants de Trudeau ».

Les « Je » dans la chambre aux miroirs

Après que le jeune eut déclaré son identité culturelle et décliné le sens et les raisons de ce choix, nous lui avons demandé comment ses parents le percevaient. Une fois la réponse obtenue, nous l'avons interrogé au sujet de la perception que ses « amis proches », ses « relations plus lointaines » (« *social acquaintances* ») et les « gens en général » avaient de son identité.

Perception des jeunes par rapport à celle de leurs parents

Selon les jeunes interviewés, leurs parents ont en général (proportionnellement, 5,5 fois sur 10)[10] tendance à les définir comme des Franco-Manitobains ou des Canadiens français.

Le tableau 2 indique aussi que plus le jeune définit son identité par rapport aux catégories collectives généalogiques (« Franco-Manitobain » et « Canadien français »), plus il perçoit de cohérence entre son auto-définition et celle que ses parents ont de lui. *A contrario*, le jeune qui se déclare « Canadien » a davantage tendance à percevoir une non-concordance entre la défi-

Tableau 2
Jeu de miroirs : le jeune et ses parents

Le jeune se définit comme :	Les parents définissent leur jeune comme :					
	F.-M.	C. F.	Canadien	S/Autre*	«Ne sait pas»	N
Franco-Manitobain	3	–	–	1	1	5
Canadien français	3	5	–	2	1	11
Canadien	1	3	3	2	–	9
«Moi-même» ou Autre	2	–	1	2	1	6
N	9	8	4	7	3	31

* L'abréviation **S/Autre** signifie : le jeune est vu comme «soi-même», c'est-à-dire comme une personnalité originale (identité subjective radicale) ou comme autre (catégorie résiduelle).

nition qu'il donne de lui-même et celle que, selon lui, ses parents donnent de lui, une définition en général plus traditionnelle. Il en va de même pour le jeune dont la définition de soi est singulière ou classée dans la catégorie résiduelle «autre».

Perception des jeunes par rapport à celle de leurs amis proches (intimes)

La cohérence perçue par les jeunes interviewés entre la perception qu'ils ont d'eux-mêmes et celle d'eux-mêmes qu'ils attribuent à leurs amis intimes (dans l'entrevue, le terme utilisé était «amis proches»), est moindre que dans le cas des parents. En effet, le tableau 3 montre que cette cohérence n'est sensible que pour l'interviewé qui se déclare «Franco-Manitobain». Alors que, dans l'ensemble, 5,8 parents[11] sur 10 font erreur sur l'identité culturelle que choisit leur enfant, cette proportion augmente à 7,1 sur 10 dans le cas des amis proches. D'une façon générale, la moitié des amis proches ont tendance à percevoir les interviewés comme des «Franco-Manitobains» ou des «Canadiens français», l'autre moitié les percevant comme des personnalités originales, uniques ou «Autres», ou encore comme des «Canadiens».

Lorsqu'ils sont dans l'erreur, les amis intimes du jeune qui se déclare «Canadien français» ont tendance à accorder à ce dernier une étiquette identitaire plus large[12] que l'identité déclarée. Quant au jeune qui se déclare «Canadien», ses amis proches font *à tout coup* (donc 10 fois sur 10) erreur sur son identité culturelle et l'erreur va indifféremment dans le sens de la spécificité «canadienne française» ou dans l'autre, celui de la subjectivité radicale (personnalité unique). Enfin, le jeune qui se définit par des référents singularisants ou qui se dit «Autre» est deux fois sur trois incorrectement perçu par ses amis intimes, lesquels ont tendance à le croire «Franco-Manitobain».

Il convient de discuter davantage l'observation selon laquelle les amis intimes du jeune qui se déclare «Canadien» se trompent *à tout coup* sur son

Tableau 3
Jeu de miroirs : le jeune et ses amis proches

	Les amis proches du jeune le définissent comme :				
Le jeune se définit comme :	F.-M.	C. F.	Canadien	S/Autre*	N
Franco-Manitobain	3	–	1	1	5
Canadien français	–	4	1	6	11
Canadien	1	4	0	4	9
«Moi-même» ou Autre	3	–	1	2	6
N	7	8	3	13	31

* L'abréviation **S/Autre** signifie : le jeune est vu comme «soi-même», c'est-à-dire comme une personnalité originale (identité subjective radicale) ou comme autre (catégorie résiduelle).

identité culturelle. Diverses interprétations sont possibles, mais il s'agit d'en proposer une qui soit à la fois logique et appuyée par le corpus des discours.

L'interviewé qui se déclare «Canadien» appuie huit fois sur neuf cette déclaration en référence à une auto-définition misant sur sa singularité, son originalité personnelle, ou encore sur une position idéologique ouverte, un cercle où tous sont invités. Bien que le jeune interviewé qui se déclare «Canadien» tâche de donner à cette catégorie une certaine substance subjective (la «fierté», par exemple) ou objective (par exemple, le respect dans ce pays des libertés civiles, par comparaison à ce qui se passe dans d'autres pays), il demeure que la raison principale de son choix vise à éviter l'enfermement dans un moule trop étroit, trop «spécifique» (interviewé n° 12), position que l'interviewé n° 27 résume ainsi : «J'aime mieux généraliser tout le monde.» Se déclarer «Canadien», c'est donc surtout se reconnaître membre d'une politie. Ainsi, il ne vient pas à l'esprit de l'interviewé qui se choisit pareille étiquette que ses amis intimes puissent le définir comme «Canadien», dans la mesure où cela va de soi (nous sommes tous, formellement, de citoyenneté canadienne ou appelés à le devenir). En deçà de ce grand cercle inclusif, on risque de particulariser et donc d'établir *déjà*, entre les groupes, des distinctions socio-politiques, distinctions que récuse le jeune qui choisit pour lui l'étiquette de «Canadien».

Perception que les jeunes ont d'eux-mêmes,
par rapport à celle que leurs amis occasionnels ont d'eux

La non-cohérence relative affirmée par les jeunes interviewés entre la perception qu'ils ont d'eux-mêmes et celle d'eux-mêmes qu'ils attribuent à leurs amis occasionnels se chiffre, comme dans le cas des amis intimes, à 7,1 sur 10[13].

Cependant, en observant de plus près les catégories, on se rend compte de phénomènes nouveaux. Par exemple, un seul des cinq interviewés «Franco-

Tableau 4
Jeu de miroirs : le jeune et ses amis occasionnels

Le jeune se définit comme :	Les amis occasionnels définissent le jeune comme :					
	F.-M.	C. F.	Canadien	S/Autre*	«Ne sait pas»	N
Franco-Manitobain	1	1	–	2	1	5
Canadien français	1	5	3	1	1	11
Canadien	1	4	0	4	–	9
«Moi-même» ou Autre	2	–	1	3	–	6
N	5	10	4	10	2	31

* L'abréviation **S/Autre** signifie : le jeune est vu comme «soi-même», c'est-à-dire comme une personnalité originale (identité subjective radicale) ou comme autre (catégorie résiduelle).

Manitobains» croit que ses amis occasionnels perçoivent correctement son identité culturelle. Par contre, les interviewés «Canadiens français» et ceux qui se définissent comme «eux-mêmes» ou «autre» semblent percevoir une plus grande cohérence entre la perception qu'ils ont d'eux-mêmes et celle qu'ont d'eux leurs amis occasionnels. En ce qui concerne les «Canadiens», le même phénomène noté plus haut, au sujet de la perception qu'ont d'eux leur amis proches, se répète encore ici.

En résumé et dans l'ensemble, le répondant ne perçoit pas une cohérence très marquée entre son identité déclarée et celle qu'il croit que les autres ont de lui. Cette non-cohérence est surtout sensible au-delà du cercle de la famille. Certes, il existe des différences entre répondants, selon le type d'identité déclarée. Les «Franco-Manitobains» sont ceux qui perçoivent le plus que le regard de leurs familles et de leurs amis intimes est semblable à celui qu'ils portent sur eux-mêmes ; cependant, cette conviction s'estompe déjà au sujet du regard que portent les amis occasionnels. Les «Canadiens» sont ceux qui perçoivent le plus de non-cohérence entre leur identité déclarée et le regard d'autrui, celui des parents et amis. Cela peut s'interpréter en ce sens que leur déclaration identitaire est à forte composante politique (choix du large cercle de la citoyenneté et volonté de ne pas discriminer). Le référent ici est horizontal. La reconnaissance d'une généalogie linguistique et culturelle personnelle n'a pas pour conséquence, selon eux, le droit à des privilèges particuliers.

Perception des jeunes par rapport à celle de simples inconnus

Au-delà de sa famille et de ses amis plus ou moins intimes, toute personne est quotidiennement confrontée à d'autres personnes au sujet desquelles elle ne sait rien de particulier. Les relations commerciales, bureaucratiques, le cheminement dans une foule ou un groupe avec lequel on partage une situation aléatoire et passagère (par exemple, le fait d'être ensemble dans le même autobus ou le même avion pour un trajet donné), sont de ce type-là. Dans les grandes villes nord-américaines, le tissu social est essentiellement constitué de relations de ce genre. Dans ce contexte, le sujet se considérant de telle ou telle identité culturelle peut souhaiter dans une certaine mesure que les autres le reconnaissent comme porteur de cette marque héritée ou choisie, la refuser ou y être indifférent. Certes, pareil refus ou pareille indifférence ne sont possibles que dans la mesure où le sujet ne porte pas de marques visibles de son ou ses appartenances.

Nous avons donc voulu savoir jusqu'à quel point nos interviewés seraient prêts à prendre l'initiative de se faire *reconnaître* par une personne anonyme au sujet de laquelle ils auraient quelque raison de croire qu'elle est, elle aussi, « francophone ». La question posée se formulait donc ainsi : « Imagine que tu te trouves dans un restaurant de Winnipeg et que tu te rendes compte que la serveuse se nomme « Francine », d'après l'étiquette qu'elle porte sur sa robe. T'adresserais-tu à elle en anglais ou en français ? » Sur les 29 interviewés qui ont répondu à cette question, 19 ont répondu qu'ils s'adresseraient à la serveuse en anglais, 10 en français.

Puisque les deux tiers des interviewés ne prendraient pas l'initiative de se faire « reconnaître », dans une relation de face à face nullement menaçante, par des quidams appartenant probablement à la même communauté linguistique qu'eux, on peut supposer que les interviewés sont, pour la plupart, assez indifférents à ce que, dans la vie quotidienne, la « reconnaissance » de leur marque identitaire de « francophone » dépasse le cercle familial et celui des proches. Sur les cinq jeunes qui se définissent comme « Franco-Manitobains », trois (donc 60 %) prendraient l'initiative de s'adresser à la serveuse en français. Pour les « Canadiens français », cette proportion est de 18 %, alors qu'elle est de 33 % pour les « Canadiens ». Quant à ceux qui se définissent par leur propre subjectivité ou comme « Autre », la proportion est de 20 %. À cause des petits nombres, pareils résultats n'ont au plus qu'une valeur indicative. Néanmoins, il semble qu'il n'y ait aucun rapport entre l'identité déclarée (en début d'entrevue) et la volonté de la réclamer ou de la proclamer au-delà des cercles de personnes ou de situations familières[14], excepté dans le cas des jeunes qui choisissent l'étiquette de « Franco-Manitobain ».

Ainsi, face à cette hypothétique serveuse de restaurant dont le prénom, porté en étiquette sur la robe, serait « Francine », voici un échantillon de réponses concernant l'initiative des interviewés au sujet de la langue de contact :

Entrevue n° 2 : « Ça ne me fait pas rien devant les gens qui ne me comprennent pas. Je ne sais pas pourquoi. Comme, dans les magasins quand je suis avec ma mère ou quelque chose et qu'on se parle en français et eux autres ils ne parlent pas en français... J'aime ça qu'ils comprennent pas. [...] Non ce n'est pas important pour moi qu'ils me voient comme ça. »

Entrevue n° 11 : « Je dirais son nom en français. Après, si elle dit: "No it's Francine [prononcé à l'anglaise]", O.K., no problem. Parce que si ça dit

Francine, I'll assume… Ça me fait aucune différence si je suis dans une foule en anglais ou en français, comme ça.»

Question: «Donc tu lui parlerais directement en français?»

Réponse: «Je dirais… puis moi, I'll assume like… Si je dis Francine et qu'elle dit "Pas de problème", d'abord, je vais savoir que c'est Francine [prononcé à la française]. Si elle dit: "No it's Francine" [prononcé à l'anglaise], O.K., well. I'll just go back to English.»

Entrevue n° 15: «Ben moi je dis toujours: «Allô!». Ça fait rien si y est anglais, je lui parle, ben «Salut!» ou en anglais, mais je vas toujours commencer ma conversation en français. So si *elle* a va continuer à *me* parler en français, ben, good là, but… Elle, si elle va m'adresser en anglais, ben je vas l'adresser en anglais.»

Entrevue n° 31: «Yeah. Yeah. Comme… moi j'travaillais à un magasin de souliers avant. 'Pis si j'entendais du monde parler en français dans le magasin… comme, j'irais leur parler en français. J'dirais: "Oh allô! Comment ça va?" 'Pis y sont un peu surpris, mais y sont contents de savoir qu'il y a un service en français.»

Conclusion générale

Il n'y a pas, dans la perception des jeunes, de rupture fondamentale ou d'antinomie entre les divers groupes identitaires: «Canadien», «Canadien français», «Franco-Manitobain». Tout se passe comme si ces étiquettes se chevauchaient et constituaient chacune une facette différente d'une subjectivité que les jeunes considèrent complexe et difficilement réductible à une seule catégorie culturelle. Pour les répondants, les catégories identitaires «Canadien», «Canadien français», «Franco-Manitobain» ne constituent pas des entités cloisonnées, mais plutôt des repères, chacun pouvant passer d'une étiquette à l'autre en fonction des circonstances. En fait, et comme plusieurs le disent, toutes ces étiquettes font partie d'un même tout: l'identité canadienne, dont elles forment les différentes branches. Des branches que tous (sauf les cinq qui se déclarent Franco-Manitobains et affichent par là une appartenance culturelle spécifique) semblent considérer égales ou interchangeables. Dans le grand arbre canadien, la branche française n'est, aux yeux de ceux-là, qu'une branche parmi d'autres.

L'indécision des jeunes quant au choix d'une étiquette identitaire culturelle peut s'interpréter en fait comme l'*embarras du choix*. Dans ces circonstances, le choix peut devenir un jeu, variant selon l'humeur du sujet, l'interlocuteur du moment et les données de la situation (Martin, 1992). En effet, on peut supposer le plaisir ludique qu'éprouvent des jeunes à être, l'espace d'une interaction, différents de ce que leur interlocuteur croit qu'ils sont. Les possibilités de jeu sur la palette identitaire — et donc le pouvoir de mystification — croissent à mesure que se distancie le rapport de familiarité du jeune avec son interlocuteur. D'où le plaisir de celui-là de surprendre celui-ci (par exemple, un client qu'il aurait préalablement entendu parler français) en s'adressant à lui en français; ou encore, alors qu'on le croit anglophone, de recueillir les opinions que des anglophones lui adressent sur les francophones). Le motif du choix identitaire circonstanciel peut varier : la fidélité personnelle à un autre (lui faire plaisir en se reconnaissant comme faisant partie du même cercle que lui), l'intérêt social (le prestige relatif des divers groupes ethniques au Canada), la recherche d'un espace d'intégration au sein d'un groupe dont les origines seraient diversifiées, etc. Voilà une des raisons qui nous font dire que l'identité n'est pas un donné aux limites nettes, mais une réalité qu'on évalue mieux quand on la considère comme une action orientée.

Sur le plan théorique, quels liens peut-on établir entre nos résultats et les très nombreuses recherches en sociologie de l'identité sociale ? Quels auteurs évoquer ? D'abord George Herbert Mead (1963) et ses propositions quant à la construction sociale de soi dans la trame des divers moi qui le composent. Cependant, aux leçons fondamentales de Mead, il faut ajouter les recherches contemporaines sur la variété et la plasticité des moi en fonction des situations sociologiques : multiplication de l'Autre en une multiplicité d'autrui collectifs, souvent constitués à des fins « stratégiques » (Pal, 1993 ; Pross 1986) ; la segmentation des rapports de pouvoir, lesquels ont traditionnellement servi de terrain privilégié à la construction des « communautés » identitaires ; la ruse ou les jeux de ceux pour qui le choix identitaire se fait *à la carte* (Waters, 1990) par comparaison à ceux à qui ce choix est imposé.

En effet, pour les jeunes que nous avons interrogés — *white ethnics*, membres d'une minorité certes, mais *officielle*, partie de l'un des deux « peuples fondateurs » du Canada —, il n'y a aucun risque à se déclarer symboliquement, au moment opportun, Franco-Manitobain ou Canadien français. Très pareils aux autres *white ethnics*, et contrairement aux « minorités visibles », ces jeunes disposent en effet des moyens de passer « inaperçus ». Loin de concevoir (comme peut-être leurs grands-parents) leur appartenance culturelle comme une étiquette discréditée ou susceptible de l'être, ces jeunes « enfants de Trudeau » sont au contraire conscients que le statut officiel de leur groupe leur confère un prestige dont les autres groupes ethniques ne jouissent pas nécessairement. En situation minoritaire et particulièrement dans le « huis clos » relatif des régions rurales, ces avantages suscitent même chez plusieurs interrogés la crainte du ressentiment des anglophones, quand les francophones s'avisent de revendiquer trop bruyamment leurs droits constitutionnels. Cette crainte est d'ailleurs un indice que l'identitaire est moins un héritage qu'une injonction, effet des rapports de pouvoir conjoncturels : les revirements sont toujours possibles, qui font passer d'une catégorie à l'autre le porteur de marques. Comme le notent de nombreux observateurs, le véritable objet théorique n'est donc pas la marque elle-même, mais le sens politique qu'on lui accole.

À la complexité des situations et des rapports dialogiques synchroniques, il faut ajouter la dimension de la construction de soi dans le temps. En effet, du point de vue subjectif, il est permis de supposer que les empreintes psychologiques laissées par les rapports sociaux, les choix et les reformulations identitaires ne sont pas les mêmes, selon qu'ils se produisent aux divers âges de la vie. Il est possible qu'à la vieillesse, en retrait de la vie active et l'énergie déclinant, le sujet se rabatte sur les sédiments les plus anciens, peut-être à cause du sentiment de sécurité psychologique qu'ils procurent.

BIBLIOGRAPHIE

BOUDON, Raymond *et al.* (1989), *Dictionnaire de la sociologie*, Paris, Larousse.

BOUDON, Raymond *et al.* (1992), *Traité de sociologie*, Paris, Presses universitaires de France, p. 7-55.

BRETON, Raymond (1994), «Modalités d'appartenance aux francophonies minoritaires. Essai de typologie», *Sociologie et Sociétés*, vol. XXVI, n° 1 (printemps), p. 59-70.

HEGEL, Georg Wilhelm Friedrich (1972), *Principes de la philosophie du droit*, Paris, Gallimard, 382 p., collection «Idées».

HOLLINGER, David (1995), *Postethnic America. Beyond Multiculturalism*, New York, Basic Books, 210 p.

ISAACS, Harold R. (1975), *Idols of the Tribe. Group Identity and Political Change*, Cambridge, Harvard University Press, 242 p.

MARTIN, Denis-Constant (1992), «Des identités en politique», *Revue française de science politique*, vol. 42, n° 4, août, p. 582-593.

PAL, Leslie A. (1993), *Interests of State: The Politics of Language, Multiculturalism and Feminism in Canada*, Montréal, McGill-Queen's University Press, xii, 330 p.

PERLMUTTER, Rosanne et Esther SHAPIRO (1987), «Morals and Values in Adolescence», dans Vincent B. Van Hasselt et Michel Hersen (dir.), *Handbook of Adolescent Psychology*, New York, Pergamon Press, p. 184-204.

PROSS, Paul A. (1986), *Group Politics and Public Policy*, Toronto, Oxford University Press, 343 p.

ROBIN, Régine (1994), «Défaire les identités fétiches», *La Question identitaire au Canada francophone*, sous la direction de Jocelyn Létourneau avec la collaboration de Roger Bernard, Sainte-Foy, Les Presses de l'Université Laval, p. 215-240.

WATERS, Mary C. (1990), *Ethnic Options: Choosing Identities in America*, Berkeley, University of California Press, 197 p.

NOTES

1. Nous voulons ici remercier Thibault Martin qui nous a assisté dans la recherche et la rédaction de ce texte. Cette recherche a été rendue possible grâce à une subvention du Conseil de recherches en sciences humaines du Canada.

2. Je considère ces deux adjectifs comme synonymes.

3. Empruntons à Hegel (1972: 217-218) sa définition de *sujet* ou *premier principe de la société civile* (bourgeoise): «la personne concrète qui est à soi-même une fin particulière comme ensemble de besoins et comme mélange de nécessité naturelle et de volonté arbitraire [...] Mais la personne particulière est par essence en relation avec la particularité analogue d'autrui, de sorte que chacune s'affirme et se satisfait par le moyen de l'autre et en même temps est obligée de passer par la forme de l'universalité, qui est l'autre principe.» Entendu dans ce sens, le sujet est à la fois l'initiateur et le produit de l'«action sociale». C'est là également le point de vue de l'*individualisme méthodologique* proposé par Raymond Boudon: «expliquer un phénomène *collectif*, c'est toujours — au moins dans l'idéal — analyser ce phénomène comme la ré-sultante d'un ensemble d'actions, de croyances ou d'attitudes *individuelles*» (Boudon, 1989: 106). Pour une plus ample discussion, voir Boudon, 1992, p. 1-55.

4. J'entends par «référents» les repères (connaissances et croyances) plus ou moins durables dont l'ensemble constitue un champ de significations, en perpétuelle évolution, qui sert de cadre à la définition que le sujet donne de lui-même.

5. Dans le cadre de la modernité, ce *Nous* est généralement stationational ou «ethnique» (sub-étatique). L'existence de «Nous»

modernes transétatiques est surtout l'effet de l'appartenance religieuse et de la discrimination.

6. Il s'agit donc de jeunes «francophones», en cela qu'il s'agit de personnes ayant droit à l'école française. Notre échantillon de sondage révèle de plus que 87 % des mères de ces jeunes sont elles-mêmes de langue maternelle française, tandis que 81,8 % des pères sont de langue maternelle française.

7. Aux États-Unis, Mary C. Waters (1990 : 54) rapporte, au sujet d'une de ses interviewées, qu'elle percevait la catégorie «Américaine» comme «*a convenient* backup *ancestry for when things become too complicated with all kinds of mixed ancestries*».

8. C'est le phénomène de la «petite branche» dont parle l'interviewée n° 2 (voir plus haut).

9. Dans sa typologie des modalités d'appartenance aux francophonies minoritaires, Raymond Breton développe, parmi d'autres dimensions, l'aspect pragmatique, utilitaire, de l'identification : «[...] le lien avec la communauté est construit à partir d'un examen plus ou moins explicite et délibéré des possibilités qu'offre le système social et institutionnel francophone pour l'investissement du capital économique et culturel que possède chaque individu» (Breton, 1994 : 62).

10. Soit les 17 (9 + 8) cas de la dernière ligne N. Le total N = 31 répondants (incluant les «ne sais pas»); 17/31 = 5,48.

11. Soit le total N = 31, moins les 13 de la diagonale. Le calcul est donc : 18/31 = 5,8.

12. C'est-à-dire susceptible d'inclusion générale («Canadien», par exemple) ou tout à fait singulière, en tant que personnalité unique.

13. Soit le total N = 31, moins les 9 de la diagonale. Le calcul est donc : 22/31 = 7,09.

14. J'entends par «situation familière» des rassemblements où, malgré la possibilité d'y rencontrer des inconnus, même de langue anglaise, il est entendu que le français est à l'honneur. Nous pensons ici au Festival du Voyageur, à Winnipeg, à la Fête de la Saint-Jean-Baptiste, dans certains villages où la proportion des francophones est élevée.

LA DOUBLE ALTÉRITÉ DU QUÉBEC ET L'AMÉRIQUE FRANÇAISE[1]

Fernand Harvey
Professeur titulaire de la Chaire Fernand-Dumont sur la culture
INRS-Culture et Société, Québec

Pour situer le Québec de cette fin de siècle au sein des Francophonies d'Amérique, il faut considérer une double altérité interculturelle : celle qui se situe à l'intérieur des frontières du Québec et celle qu'on retrouve à l'extérieur de cet espace dans le contexte canadien et nord-américain. Il y a là un paradoxe dans la mesure où ce qui apparaissait jadis éloigné, voire incompatible, à savoir la capacité d'une interaction culturelle entre le Québec français numériquement majoritaire et ses minorités anglophones et allophones, est maintenant engagé dans un processus qui semble irréversible ; par ailleurs, ce qui à la même époque semblait aller de soi, à savoir la solidarité pancanadienne et continentale de tous les Canadiens français, incluant les Acadiens, fait aujourd'hui problème. Serions-nous devant deux réalités irréconciliables, où il faudrait choisir l'une au détriment de l'autre ? Les éléments constitutifs de la référence qui servent à construire l'identité collective seraient-ils devenus inopérants dans l'élaboration d'une culture civique ? Et enfin, le recours à la mémoire a-t-il encore un sens pour rendre compte des francophonies d'Amérique, ou devra-t-on se contenter d'une juxtaposition d'identités généalogiquement communes, mais devenues étrangères au cours des récentes décennies ? Ces questions fondamentales nous invitent à réfléchir à la complexité de nos sociétés postmodernes où s'entrechoquent des éléments qui jadis n'étaient pas considérés comme devant être interreliés.

L'altérité interculturelle du Québec

Commençons d'abord par examiner l'altérité interculturelle du Québec. Voilà une société dont on a longtemps dit qu'elle était repliée sur elle-même et refusait toute forme d'altérité pouvant remettre en cause les paramètres de son identité française et catholique. Il ne faudrait pas exagérer le soi-disant refus de l'Autre : l'Anglais, le protestant, l'immigrant ou l'étranger. Tous les voyageurs de passage au Québec depuis le début du XIXᵉ siècle ont vanté les qualités d'accueil de ceux qu'on appelait alors les Canadiens ou les Canadiens français. L'histoire de la première moitié du XIXᵉ siècle démontre également la générosité dont ont fait preuve ces Canadiens français lors des vagues d'immigration irlandaise et des graves épidémies qui les ont accompagnées.

La même ouverture d'esprit semble avoir prévalu lors de l'arrivée des premières vagues d'immigration italienne précédant les années 60. D'une façon générale, il semble qu'avant la Révolution tranquille, l'appartenance à la religion catholique ait favorisé une première forme d'interculturalité au Québec. Les mariages mixtes entre partenaires de religion différente ont également contribué au développement de l'interculturalité, dès la fin du XVIIIᵉ siècle, bien qu'il existe trop peu de recherches sur le sujet[2]. De telles relations dans le domaine de la famille ou de la vie privée n'ont pas pour autant empêché certains blocages institutionnels, notamment dans le cadre du système d'enseignement divisé entre catholiques et protestants.

En simplifiant quelque peu, on pourrait affirmer que les rapports interculturels civiques entre les Canadiens français et les autres groupes ethniques ou linguistiques avaient tendance à se limiter à des rapports de bon voisinage, à l'exception d'une intégration institutionnelle plus poussée en ce qui concerne l'appartenance au catholicisme. Encore que l'existence de paroisses nationales pour certaines communautés culturelles ait limité ces rapports. Système scolaire parallèle entre catholiques et protestants, institutions de santé et de bien-être distinctes, économie dominée par le milieu anglo-canadien ou américain, prédominance de l'anglais dans la vie économique, surtout à Montréal, voilà quelques-unes des grandes caractéristiques du Québec d'avant la Révolution tranquille dans l'espace public. Dans un tel contexte où l'identité canadienne-française se campait dans la survivance, malgré les appels de plusieurs en faveur de la modernité depuis les années 30, on voit mal comment les paramètres identitaires auraient pu accorder une place importante à l'altérité, au-delà de la vie privée. Jusqu'à un certain point, l'Autre était considéré comme une menace à l'identité nationale. Par ailleurs, il était d'autant plus difficile de penser l'altérité que l'identité canadienne-française, telle que définie par les élites nationalistes de la première moitié du XXᵉ siècle, incluait ceux qu'on appelait alors les «minorités françaises» du Canada et des États-Unis. Vu dans cette perspective, le Québec était considéré comme le *château fort* de la vie française en Amérique et les minorités françaises, ses *avant-postes*. Ce paradigme identitaire a été remis en cause avec le déclin de l'ancien Canada français, amorcé à la fin des années 50, mais consommé symboliquement lors des États généraux du Canada français tenus à Montréal en 1967[3].

Par ailleurs, l'importante mutation politique, sociale et culturelle amorcée par la Révolution tranquille aurait pu se traduire par un changement radical des paramètres identitaires. Mais il n'en fut rien, du moins dans un premier temps. En fait, les réformes de l'appareil d'État ont permis de réaliser des projets esquissés au cours des années 50 et même avant. Avec le recul des années, la Révolution tranquille apparaît moins comme une mutation dans le sens de l'altérité, malgré d'indéniables ouvertures vers le monde extérieur, que comme un temps fort de *réappropriation culturelle* autour d'une nouvelle identité québécoise qui rejetait les valeurs du passé au nom de la modernité. La question de l'immigration ne sera soulevée de manière importante qu'au tournant des années 70, dans la tourmente des débats publics sur la place du français au Québec. À cet égard, l'élaboration d'une politique québécoise en matière d'immigration ne survient qu'assez tardivement, et le ministère de l'Immigration et des Communautés culturelles connaît un développement plutôt modeste au cours des années 70.

Les lois linguistiques de cette période, et plus particulièrement la loi 101 adoptée en 1978, ont créé une nouvelle dynamique de l'altérité au Québec dont on a mis plus de temps à percevoir l'impact culturel que les effets plus immédiats liés à la langue d'affichage et à la langue de travail. En somme, les politiques d'immigration et les politiques linguistiques ont eu des effets difficiles à prévoir à l'origine, mais elles ont commencé à remettre en cause les paramètres de l'identité québécoise élaborés au cours des années 60. C'est alors que s'est développée la problématique d'intégration des «communautés culturelles» à la société québécoise francophone. Depuis les années 90, cette problématique est elle-même contestée par certains qui considèrent qu'elle maintient un rapport d'altérité et d'exclusion par rapport à la majorité. La référence à la nation québécoise définie à partir de son noyau culturel et historique fait aussi problème. Le récent débat autour d'un nationalisme civique qui devrait, pour d'autres, prendre la relève du nationalisme culturel, soupçonné non sans exagération de tendances ethnicistes, rend compte d'un malaise au sein de la société québécoise. Il témoigne de l'usure rapide des dénotations et des connotations dans un monde en constante mutation. Le recours à la mémoire est-il encore possible dans un tel contexte? Et dans quelle mesure une nouvelle historiographie serait-elle susceptible de satisfaire à la fois la tendance culturaliste et la tendance civique[4]? Voilà un nouveau chantier en perspective du côté de la nouvelle référence à construire.

De toute évidence, la société québécoise est entrée dans l'ère du pluralisme avec les contradictions que cela comporte. Faut-il promouvoir un projet de société différent ou miser plutôt sur les droits individuels liés à la citoyenneté? Le Québec m'apparaît à cet égard à un tournant. Le sociologue Guy Rocher parlait récemment de la nécessité d'un nouveau paradigme autour de la question nationale[5]. L'entrée en scène d'une nouvelle génération d'intellectuels permettra peut-être de relancer la discussion qui semble tourner en rond depuis quelques années. Mais il se pourrait bien que le débat québécois sur l'altérité, par le fait même de ses contradictions, soit lui-même un signe de santé et de maturité dans une société complexe où la recherche de l'unanimité n'est plus de mise.

Au-delà de ce débat d'idées qui met en cause le rapport entre l'individu et la société et qui soulève des questions quant à la nature même de l'altérité, il importe d'observer sur le terrain les progrès du métissage culturel au Québec[6]. Au début des années 80, ce métissage se posait d'abord sur le plan de l'intégration scolaire des jeunes immigrants. Une génération ou deux plus tard, les enjeux se déplacent autour de la participation à la culture populaire et à la culture instituée. Dans les rues de Montréal, la culture populaire francophone n'est plus le seul fait des Québécois d'origine canadienne-française; l'usage du français comme langue publique non plus. Tout aussi importante est l'inclusion des Québécois issus du milieu anglophone ou des communautés culturelles dans le domaine de la création littéraire et artistique. La littérature québécoise devient davantage plurielle, de même que la vie artistique. La communauté anglo-québécoise s'est elle-même profondément transformée depuis une vingtaine d'années, au point d'être devenue méconnaissable par rapport à la situation qui existait au début des années 60. De plus, elle entretient des liens de médiation trop peu connus entre le Québec français et le Canada anglais en matière de création et de diffusion culturelles[7].

Ainsi, malgré les tensions linguistiques qui persistent, Montréal est devenue un terreau culturel tout à fait original en Amérique du Nord. Cette transformation de la métropole culturelle du Québec et du Canada français n'est pas sans susciter certaines inquiétudes lorsqu'on constate la fracture culturelle en voie de s'élargir entre Montréal, ville cosmopolite, et les autres régions du Québec qui, tout en s'inscrivant dans les nouveaux courants de la postmodernité et de la mondialisation, n'en conservent pas moins leurs caractéristiques canadiennes-françaises d'origine pour la plupart.

Le Québec et le Canada français : le lien culturel est-il toujours possible ?

Depuis l'éclatement de l'ancien Canada français, la société québécoise s'est donc profondément transformée sous les pressions du pluralisme, lui-même alimenté par le paradigme géopolitique inhérent à la nouvelle identité québécoise.

Certains ont pu regretter la dislocation identitaire de l'ancien Canada français. Mais on peut se demander s'il aurait pu se maintenir si le néonationalisme québécois n'avait pas existé. Il est permis d'en douter compte tenu de l'évolution générale de la société canadienne, elle-même inscrite dans le courant de la modernité. Le clergé et les institutions d'enseignement qu'il dirigeait, de même que les structures d'encadrement liées à la paroisse catholique et aux sociétés patriotiques, auraient difficilement pu résister à l'inévitable laïcisation de la société canadienne-française. De plus, l'urbanisation et l'immigration croissante en provenance des pays du tiers monde depuis les années 70 auraient sans doute contribué à remettre en cause la référence commune élaborée depuis la seconde moitié du XIXe siècle[8]. Sans compter que l'affirmation du nationalisme canadien et la montée des régionalismes au pays, alliées à un taux d'assimilation élevé, auraient sans doute contribué, de toute manière, à l'éclatement du Canada français, même si la rupture aurait pu alors paraître moins radicale sur le plan idéologique.

Quoi qu'il en soit de cette histoire virtuelle, il importe de nous attacher à la situation actuelle afin de dégager quelques perspectives d'avenir. Mais, il faut bien l'avouer, la cause des communautés francophones minoritaires n'est guère populaire au Québec, plus particulièrement chez les intellectuels.

Non pas que les Québécois ne sympathisent pas avec les luttes des minorités et qu'ils ne s'indignent pas des injustices ou incompréhensions dont elles sont victimes de la part de la majorité anglophone en plusieurs endroits ; de tels mouvements de sympathie s'expriment à l'occasion dans les médias lors de situations de crise, comme ce fut le cas dans la lutte des Franco-Ontariens pour la sauvegarde de l'hôpital Montfort dans la région d'Ottawa. Néanmoins, le pessimisme est de mise lorsqu'il s'agit de porter un jugement sur l'avenir des minorités, à l'exception des Acadiens du Nouveau-Brunswick. Tout se passe comme si les mauvaises nouvelles véhiculées notamment par les médias et les démographes venaient renforcer chez certains l'affirmation : « Hors du Québec, point de salut ! » Cette attitude d'incompréhension et d'ignorance des Québécois à l'égard des communautés francophones et acadiennes du Canada s'exprime à l'occasion par des affirmations chocs malheureuses. Depuis l'échec de l'accord du lac Meech en particulier, on a pu observer une attitude de repli des Québécois francophones par rapport au Canada anglais. Il faut dire que l'attitude négative des élites politiques des communautés francophones par rapport aux positions du Québec, lors de ces discussions constitutionnelles, n'a guère favorisé un rapprochement.

On ne saurait donc nier la difficulté qu'éprouve le Québec à articuler sa double altérité : celle de l'intérieur, interculturelle, et celle de l'extérieur, canadienne-française ou franco-canadienne. Il faut ici tenir compte, en plus, de l'affirmation relativement récente au sein des communautés francophones, particulièrement dans l'Ontario multiculturel, de francophones originaires de différents pays et de différentes cultures, ce qui oblige à penser les rapports entre le Québec et les communautés franco-canadiennes sur de nouvelles bases. D'une certaine manière, cette complexité des rapports interculturels rejoint celle qu'on peut observer à l'intérieur même du Québec.

Si les rapports du Québec avec les communautés francophones sont ainsi devenus au fil des récentes décennies des rapports d'altérité, on aurait tort pour autant d'aborder la question sous le seul angle des idéologies politiques telles que véhiculées par les médias. Différents indices laissent croire que de nouveaux rapports sont en train de se tisser entre le Québec et les communautés francophones du Canada. Ils s'expliquent par différents facteurs. J'en retiendrai trois en particulier : la nouvelle équation entre l'État et la société civile, la mobilité continentale des Québécois et, enfin, l'émergence d'un nouveau secteur de la création culturelle et artistique au sein des communautés francophones et acadiennes au Canada.

La nouvelle équation entre l'État et la société civile

Traditionnellement, les relations entre le Québec et les communautés francophones s'articulaient essentiellement autour des réseaux de la société civile. L'État fédéral était absent, de même que l'ensemble des gouvernements provinciaux, sauf celui du Québec qui se contentait de modestes contributions au fil des circonstances ou à l'occasion de manifestations patriotiques. Depuis les années 60, on a pu parler d'*étatisation* des relations entre le Québec et les communautés francophones et acadiennes. L'idéal du développement de la langue et de la culture françaises a ainsi été pris en charge par le gouvernement fédéral en ce qui concerne les minorités francophones, alors que l'État québécois a assumé un rôle analogue au Québec[9]. Dans son analyse de ce phénomène, Angéline Martel qualifie d'*asymétriques* les rapports entre les deux parties, compte tenu du fait qu'ils s'appuient sur des paliers d'intervention différents: «D'une part, un État dûment constitué avec un projet d'affirmation bien articulé; d'autres part, un réseau d'associations ayant des aspirations quasi étatiques, quasi gouvernementales. Chacun dispose donc de moyens étatiques forts différents[10].»

Depuis la création en 1961 d'un Office du Canada français d'outre-frontières par Georges-Émile Lapalme, les relations entre le Québec et les communautés francophones ont été presque monopolisées par l'État québécois, ce qui a laissé peu de place aux associations traditionnelles issues de la société civile. Et les rapports qui se sont développés au cours des années ont eu tendance à accentuer l'altérité entre le Québec et les communautés francophones plutôt que de redéfinir des liens d'identité. À cela, il faut ajouter que le Québec s'est longtemps fait tirer l'oreille, quel que soit le parti politique au pouvoir, pour définir une véritable politique à l'égard de ces communautés. Il aura fallu attendre jusqu'en 1995 pour que le gouvernement du Québec se dote de sa première Politique à l'égard des communautés francophones et acadiennes au Canada[11]. Cette politique, réclamée par la Fédération des communautés francophones et acadiennes[12], évite de tomber dans la simple relation d'aide ou dans le paternalisme, en mettant de l'avant une philosophie de *partenariat*. Comparativement au budget du gouvernement fédéral qui consacre plusieurs millions aux communautés minoritaires de langues officielles, le budget d'à peine 1,2 million de dollars du Québec peut sembler dérisoire. En réalité, son impact est plus important qu'il n'y paraît à première vue, compte tenu du fait que les partenariats financés s'appuient sur les réseaux de la société civile québécoise dans les domaines de la culture, de l'éducation et de l'économie et que ces réseaux ont leur propre autonomie d'action[13].

Si la politique du gouvernement du Québec à l'égard des communautés francophones et acadiennes demeure peu connue, tant au Québec qu'ailleurs au Canada, elle ne constitue pas moins une étape importante dans la redéfinition du lien culturel entre le Québec et les communautés francophones du reste du Canada. En sortant de l'ornière où l'avait conduit une approche de type constitutionnel et territorial, génératrice de conflits avec les communautés francophones, le Québec tente de rétablir les ponts au niveau de la société civile. Cette nouvelle approche n'exclut pas pour autant des ententes interprovinciales complémentaires au niveau de l'État. En 1969, le Québec a conclu de telles ententes avec le Nouveau-Brunswick et l'Ontario. Si la première fonctionne relativement bien[14], la seconde bat de l'aile à cause du désintérêt du gouvernement ontarien. Ailleurs, à l'exception de l'Île-du-Prince-Édouard, aucune autre province ne s'est montrée intéressée à conclure des ententes avec le Québec...

La mobilité continentale des Québécois

Outre l'ouverture récente du gouvernement du Québec à l'égard des communautés francophones et acadiennes, il faut souligner un autre phénomène porteur de significations à long terme : celui de la mobilité géographique des Québécois à l'échelle du Canada et du continent nord-américain. Cette tendance n'est pas nouvelle puisqu'elle remonte à l'époque de la Nouvelle-France et qu'elle n'a jamais cessé de se manifester par la suite, ce qui contredit ainsi l'image d'absence de mobilité souvent associée à la société canadienne-française du passé. Il suffit d'évoquer l'établissement des Canadiens français en Ontario, dans l'Ouest canadien, en Nouvelle-Angleterre et dans le Middle West américain, sans oublier les aventuriers du Grand Nord ou de la Californie.

Plus récemment, l'affirmation de la territorialité québécoise n'a pas empêché pour autant les Québécois francophones de circuler sur le continent et de s'ouvrir à d'autres horizons. Il suffit d'évoquer le phénomène des jeunes ou des travailleurs des secteurs de l'industrie ou des services qui séjournent en Ontario, dans l'Ouest ou dans le Nord de façon temporaire ou permanente. Certains de ces Québécois, particulièrement ceux qui œuvrent dans les milieux de l'éducation ou de la culture, sont par la suite amenés à participer aux organismes des communautés francophones, ce qui contribue ainsi au renouvellement de leur leadership. Leur conception du rapport entre le Québec et les communautés francophones s'en trouve généralement transformée[15].

Cette tendance à la mobilité, que certains associent à l'exode des cerveaux, déborde par ailleurs les frontières canadiennes à la faveur de la continentalisation des échanges. Des entrepreneurs et des travailleurs qualifiés en provenance du Québec se retrouvent aux États-Unis, notamment en Californie où les nouvelles technologies constituent un pôle d'attraction pour les jeunes[16]. Faut-il voir là une nouvelle illustration de l'*américanité* des Québécois, un thème de réflexion en émergence dans les milieux de la recherche culturelle au Québec ? Tout porte à croire qu'il faut répondre par l'affirmative.

Bien entendu, la mobilité géographique continentale n'est pas en elle-même un facteur de renforcement de l'identité francophone ; elle peut même contribuer à sa dilution. Ce qu'il importe cependant de retenir de la tendance observée, c'est l'ouverture des Québécois à d'autres réalités susceptibles, au contact de l'altérité, de mener à la définition de nouveaux paramètres identitaires suivant lesquels le *territoire* québécois ne serait plus incompatible avec l'*espace* francophone, comme c'est le cas depuis la Révolution tranquille. Il semble bien que le sens d'appartenance à un territoire où le lien culturel est relativement dense ne s'oppose pas à l'existence de réseaux d'affinités plus larges, articulés autour d'espaces culturels. Le développement de l'espace virtuel associé à Internet devrait accélérer cette tendance au cours des prochaines décennies.

La création culturelle et artistique au sein des communautés francophones et acadiennes au Canada

Les nouveaux rapports d'altérité-identité susceptibles de s'établir dans l'avenir entre le Québec et les communautés francophones et acadiennes passent aussi par la culture. Avant la Révolution tranquille, l'expression culturelle et artistique du Québec et celle du Canada français ne différaient guère ; elles s'inscrivaient plus particulièrement dans le réseau des collèges et couvents dirigés par le clergé et les communautés religieuses. À cette vie culturelle locale où le professionnalisme demeurait un fait d'exception en dehors de Montréal a succédé une explosion de créativité littéraire et artistique dans différents milieux. Phénomène d'abord montréalais associé à la Révolution tranquille, les nouvelles formes d'expression culturelle se sont ensuite développées du côté des régions du Québec à partir du milieu des années 1970[17]. Un phénomène analogue a pu être observé au sein des communautés francophones, plus particulièrement dans l'Acadie du Nouveau-Brunswick, dans le nord-est de l'Ontario, dans la région d'Ottawa et plus récemment à Toronto. Jusqu'aux années 80, cette production culturelle s'est traduite par un échange inégal avec le Québec. Pour faire carrière ou pour diffuser leurs œuvres, artistes et écrivains francophones devaient presque inévitablement s'installer au Québec, ou du moins se faire connaître à Montréal.

Depuis cette époque, on a pu observer une nouvelle tendance à l'*autonomisation culturelle*, plus particulièrement en Acadie du Nouveau-Brunswick et en Ontario, dans le triangle Toronto-Ottawa-Sudbury. Dans le contexte de l'étroitesse des marchés et d'une crise des publics, cette autonomisation demeure toute relative sur le plan de la diffusion[18]. Elle n'en traduit pas moins une volonté d'atténuer l'attraction de Montréal. On retrouve d'ailleurs la même tendance dans certaines régions périphériques du Québec. Peut-être y a-t-il là quelques avenues pour des échanges culturels plus égalitaires entre les communautés francophones minoritaires et les régions du Québec, comme on a commencé à l'entrevoir dans certains milieux[19]. Quoi qu'il en soit et malgré la fragilité des assises de cette créativité, la *nouvelle* culture francophone et acadienne commence à attirer l'attention du Québec. On est encore loin d'une véritable reconnaissance par le grand public québécois, mais des liens se tissent déjà entre artistes et écrivains des deux côtés. De tels liens sont manifestes entre le Québec et l'Acadie depuis quelques années, mais ils demeurent paradoxalement plus difficiles avec les communautés francophones de l'Ontario et de l'Ouest, pourtant issues pour une bonne part d'une immigration canadienne-française en provenance du Québec.

* * *

Au terme d'un ambitieux parcours à peine esquissé où j'ai voulu rappeler la double altérité du Québec, celle de l'intérieur et celle de l'extérieur, il apparaît évident que la tendance principale penche du côté de la recherche d'un nouveau paradigme lié au pluralisme culturel à l'intérieur même du Québec. Pour l'instant, le débat laisse peu de place à des considérations externes susceptibles d'intégrer le lien culturel francophone pancanadien ou continental. Néanmoins, il est permis d'entrevoir une ouverture, sinon sur le plan des idéologies identitaires, du moins en ce qui concerne les politiques de l'État et les pratiques de la société civile, surtout en matière de production et de diffusion culturelles. On peut aussi penser que la mobilité géographique associée aux nouvelles exigences économiques de la continentalisation et de la mondialisation aura également un impact — difficile à évaluer pour l'instant — sur le lien culturel entre les francophones d'Amérique. D'une certaine manière, les communautés francophones ne sont-elles pas les avant-gardes du Québec pour éclairer le débat autour de la question de l'américanité ? C'est là, il faut en convenir, une hypothèse risquée, susceptible d'ouvrir la voie à l'anglicisation et à l'américanisation de la société québécoise. Mais vivre en français en Amérique du Nord, n'est-ce pas vivre dangeureusement ?

NOTES

1.   Version remaniée d'une communication présentée lors du colloque «Francophonies d'Amérique. Altérité et métissage», organisé par le Centre de recherche en civilisation canadienne-française de l'Université d'Ottawa, le 4 novembre 1999.

2.   Voir, par exemple: Robert J. Grace, The Irish in Quebec. An Introduction to the Historiography, Québec, Éditions de l'IQRC, 1993, p. 127-130, 227-230.

3.   Marcel Martel, Le Canada français: récit de sa formation et de son éclatement, 1850-1967, Ottawa, La Société historique du Canada, 1998, 35 p. (coll. «Les Groupes ethniques du Canada», brochure nº 24).

4.   Voir à ce sujet la série d'articles sur le thème «Penser la nation», parus dans Le Devoir au cours de l'été 1999.

5.   Gérald Leblanc, «Entrevue avec Guy Rocher», La Presse, 16 octobre 1999, p. B4.

6.   Une analyse historique démontrerait que le métissage culturel n'est pas un phénomène récent et qu'il est présent tout au long de l'histoire du Québec.

7.   Barry Lazar, La Culture anglo-québécoise. Nouvelles tendances, rapport de recherche réalisé pour l'INRS-Culture et Société, Montréal, novembre 1999. Voir aussi la série de neuf articles parus dans le quotidien The Gazette (Montréal) et intitulés «The New Anglo», 29 mai au 6 juin 1999.

8.   Sur la construction de la référence canadienne-française, voir Fernand Dumont, «Essor et déclin du Canada français», Recherches sociographiques, 38, 3 (1997), p. 419-467.

9.   Angéline Martel, «L'étatisation des relations entre le Québec et les communautés acadiennes et francophones: chronique d'une époque», dans Conseil de la langue française, Pour un renforcement de la solidarité entre francophones au Canada, Dossier CLF nº 42, Québec, Les Publications du Québec, 1995, p. 12-13.

10.   Ibid., p. 27.

11.   Québec, Politique à l'égard des communautés francophones et acadiennes, Québec, Secrétariat aux Affaires intergouvernementales canadiennes, 1995, 29 p.

12.   Marie-Hélène Bergeron, Réflexion sur un rapprochement entre le Québec et les communautés francophones et acadiennes du Canada, Québec, Bureau du Québec de la Fédération des communautés francophones et acadiennes du Canada, 28 octobre 1992, 33 p. et annexes.

13.   Chacune des trois tables de concertation créées pour assurer la mise en œuvre de la politique dans le domaine de la culture/communication de l'éducation et de l'économie a présenté un premier avis au ministre responsable de la politique, Jacques Brassard, en mars 1998.

14.   Chedly Belkhodja et Roger Ouellette, «La coopération Québec-Acadie: 1960-1999», dans Fernand Harvey et Gérard Beaulieu (dir.), Les Relations entre le Québec et l'Acadie, 1880-2000. De la tradition à la modernité, Québec et Moncton, Éditions de l'IQRC et Éditions d'Acadie (à paraître).

15.   Sophie-Laurence Lamontagne, Les Francophones du Nord

canadien. *Les Territoires du Nord-Ouest et le Yukon*, Sainte-Foy, INRS-Culture et Société, 1999, 81 p., coll. «Rapport de recherche».

16. Sophie-Laurence Lamontagne, *Canadiens français et Québécois en Californie aux 19ᵉ et 20ᵉ siècles*, rapport de recherche réalisé pour l'INRS-Culture et Société, Sainte-Foy, novembre 1999; Rémy Tremblay, *Floribec ou la Floride canadienne-française*, rapport de recherche

réalisé pour l'INRS-Culture et Société, Sainte-Foy, octobre 1999, 52 p.

17. Fernand Harvey et Andrée Fortin (dir.), *La Nouvelle Culture régionale*, Sainte-Foy, Éditions de l'IQRC, 1995, p. 13-34.

18. François Paré a abordé cette question dans: «Vers un discours de l'irrémédiable: les cultures francophones minoritaires au Canada», dans Joseph-Yvon Thé-

riault (dir.), *Francophonies minoritaires au Canada. L'état des lieux*, Moncton, Éditions d'Acadie, 1999, p. 497-510.

19. Fernand Harvey et Christine Duplessis, «Les artistes acadiens et le Québec. Vers un nouveau positionnement», dans Fernand Harvey et Gérard Beaulieu, dir., *Les Relations entre le Québec et l'Acadie, op. cit.*

LE MYTHE DE L'ORIGNALITUDE DANS LA PRAXIS RÉELLE D'UNE FRANCOPHONIE EXCENTRÉE

Hédi Bouraoui
Université York

La francophonie nord-américaine est minée de l'intérieur dans sa production et ses enjeux, parce qu'elle présente un éclatement caractérisé, une dispersion systématique, une résistance à intégrer les différentes figures de sa mosaïque littéraire. Le Québec hégémonique et centralisateur occupe avec une certaine arrogance le devant de la scène et ne se soucie que de sa centralité. Ne clame-t-il pas, depuis sa révolution tranquille bien assise : « hors du Québec, point de salut » pour tous les francophones périphériques du pays ? Cela n'a pas empêché les « poches » francophones de se développer et d'évoluer dans leurs praxis littéraires et artistiques, tant du point de vue quantité que du point de vue qualité. Les œuvres de valeur sont produites dans les provinces les plus éloignées comme dans les provinces les plus proches de l'« île francophone » québécoise dans l'océan illimité de l'anglophonie. La lutte entre les deux langues officielles continue encore à mobiliser les attentions dans les zones de l'abrasif et de l'acerbe. Il n'en reste pas moins que les francophones de l'Ontario ont réussi à mettre en place des infrastructures de production de livres créant par là-même l'AAAOF (Association des auteures et des auteurs de l'Ontario français), des moyens d'encouragement à l'écriture et à la diffusion, des prix littéraires, un salon du livre à Toronto. Résultat probant : quarante et un livres ont été soumis cette année au prix Christine-Dimitriu-van-Saanen par dix maisons d'édition (six de l'Ontario, un du Manitoba, trois du Québec) dans les genres littéraires suivants : roman (12), poésie (9), récit (4), essai (3), nouvelle (2), mémoires (1), théâtre (5), roman jeunesse (3), conte jeunesse (2). Tous les genres sont donc bien représentés, et les écrivains et écrivaines sont tous citoyens de la province. Notons que l'Ontario vient de poser sa candidature au Sommet de la Francophonie à Moncton (1999) afin de devenir membre de ce regroupement, comme le Québec et le Nouveau-Brunswick. Je suppose que notre province veut avoir droit au chapitre au plus haut niveau pour asseoir sa légitimité. Je ne sais à quoi servira cette course vers le Sommet des chefs d'État, car, pour le moment même, l'administrateur général de l'Agence intergouvernementale est loin d'être convaincu que la Francophonie joue un quelconque rôle dans la mondialisation[1].

Légitimité problématique donc quand on pense, d'une part, que le Québec voudrait assimiler, pour ne pas dire siphonner, les écrivains les plus chevronnés d'un des plus grands continents du monde et, de l'autre, qu'il néglige de les représenter lorsqu'ils sont minoritaires à l'intérieur ou à l'extérieur de son terroir, du moins, dans la dignité et le respect mutuel. Prenons garde à la langue de bois. L'UNEQ, par exemple, est heureuse d'empocher la cotisation annuelle de ses membres hors Québec, mais ne sert que rarement leurs intérêts spécifiques. Le moins qu'on puisse affirmer, c'est que des tensions existent au sein des francophonies d'Amérique. Plus particulièrement, le Québec défend et diffuse avec une légitimité certaine et compréhensible sa propre production littéraire et il en fait la promotion tout en entretenant des liens ambigus avec les petites «poches» perdues. À preuve, les déclarations de M. Joseph Facal qui, lors du lancement de l'année francophone par le gouvernement fédéral, déclarait «souscrire à l'objectif de "rapprochement" entre les Québécois et les minorités francophones», mais qui précisait: «Toutefois le Québec est le foyer historique de la langue française en Amérique du Nord et le seul territoire où la majorité de la population est de langue française [...] En ce sens, le Québec ne peut être assimilé à la francophonie canadienne au même titre que les communautés minoritaires ailleurs au Canada [...] la promotion de la langue et de la culture d'expression française demeure la prérogative du gouvernement du Québec[2].»

Légitimation et privilège constituent les dimensions nécessaires à la présence des francophonies minoritaires. Dimensions généralisées qui peuvent parfois handicaper la diffusion et tous les moyens de communication, mais qui restent cependant productrices d'œuvres littéraires de plus en plus marquantes, explorant toutes les gammes des thèmes mythiques, réalistes ou surréalistes du terroir. Plusieurs ouvrages de critique, d'histoire, de sociologie, de linguistique... ont déjà balisé les parcours, mais comme nous avons à traiter d'une littérature assez jeune, il s'agit toujours de recadrer les perspectives, d'affiner les approches, de réévaluer les notions opératoires pour prendre en charge tout corpus pluriculturel en Amérique francophone.

En bref, l'on peut dire que tous les francophones du centre ou de la périphérie tendent à quêter un espace où ils peuvent inscrire les thèmes fondateurs de l'identité et de la différence avec tout ce que cela comporte d'introspection, de considérations métaphysiques ou sociétales, de distinctions communautaires ou nationales. D'innombrables sous-thèmes gravitent autour de cette préoccupation esthétique où chacun veut trouver sa niche dorée au soleil de la renommée. Mais la quête en question se fonde sur une langue en régression constante, même si les tonalités culturelles sont des plus riches et des plus variées. Antonine Maillet est citée dans *Franco-Contact* pour souligner ce point de vue: «Le rayonnement du français dans le monde est en régression mais les Français ne s'en rendent pas compte. [...] Ils ne sont pas conscients du danger, de l'érosion qui se fait de la langue française. [...] Si les Français ne se font pas les chefs de file de la conservation, de l'épanouissement d'une culture qui est millénaire, si eux ne le font pas, ça va être nous, à la périphérie, qui devrons le faire et ça sera moins fort parce qu'on a besoin du noyau qu'est la France[3].»

Comme on le constate ici, toutes les périphéries se positionnent par rapport au centre (réel ou supposé?) et prennent souvent la défensive pour se démarquer, appuyer ou contester cette centralité. Mais n'allez pas imaginer qu'il existe une cohésion, une entente globale au sein de chaque périphérie. Au contraire, et c'est tant mieux, car les remises en question sont génératrices de créativité. Les dissensions peuvent mener à la brouille, mais cela nous force à clarifier et les enjeux et les mises.

Je ne voudrais pas faire ici l'historique de mes positionnements critiques sur la littérature franco-ontarienne; il suffit de se référer à mon livre *La Francophonie à l'estomac* et à plusieurs articles publiés au Canada et en France[4]. Mais je tenterai d'expliciter rapidement cette sorte de métaphore inclusive lancée à la fin des années 80 pour prendre en charge le corpus littéraire franco-ontarien: l'«orignalitude», qui pourrait occulter la fragmentation ou la fracture entre la littérature dite «souchique» et celle des ethnoculturels de l'Ontario, et qui a été d'abord très contestée même si je l'ai présentée d'un ton persifleur. Puis, il faut dire que je la remettais en question moi-même. Toute dichotomie infernale au sein de n'importe quelle littérature ne correspond ni à ma vision du monde ni à ma façon d'imposer une grille méthodologique unique, même sous forme de métaphore[5]. En bref, se rangeaient dans la *souchique* les écrivaines et les écrivains se considérant comme les seuls à posséder une appartenance légitime correspondant à une identification authentique et historique à la province. Ceux et celles qui sont nés au Canada, doublement minoritaires par rapport à l'anglais et à la majorité francophone québécoise, mais pratiquant la langue officielle de leurs ancêtres nés aussi dans ce pays du dualisme et de l'adversité linguistique. Des enracinés de première instance qui insistent pour se distinguer des autres écrivains dits «ethnoculturels» comme si les *Souchiques* ne possédaient pas d'ethnie. Mais l'enracinement dans un espace, une culture, une identité donnés est-il le seul facteur à légitimer un écrit quelconque? Notion romantique qui donne accès à la «conscience» de son terroir scriptural, tandis que l'«oubli» de l'héritage et le dépassement des racines ne peuvent verser que dans le flou, la mollesse d'un universalisme sans couleur et sans odeur. Comme le dit si bien Marco Micone, la citoyenneté fondée sur le droit du sang qu'entretient le «mythe de la correspondance entre langue et identité» est révolue.

Il ne s'agit pas d'opposer tel ghetto à tel autre, telle prérogative à telle autre — nous avons dénoncé depuis plus d'une vingtaine d'années cette balkanisation à outrance —, mais de sortir, pour ne pas dire de déconstruire ces grilles de lecture qui enferment le processus créateur dans des carcans si figés qu'ils lui font perdre tout son dynamisme. Notons ce que nous dit Pierre Léon dans son compte rendu du recueil *La Tour du silence* d'Arash Mohtashami-Maali[6]: «Comme Hédi Bouraoui, Arash Mohtashami-Maali est un poète de l'exil — un de ces écrivains trop souvent oubliés des critiques officiels qui ne voient dans l'écriture de l'exiguïté canadienne que les Franco-Ontariens de souche, marginalisés par les Québécois et les Français.» Marginalisation à l'intérieur d'une autre marginalisation dans un «espace exigu», «fragile», où il y a peu d'élus... Toujours les mêmes, il va sans dire. Paradoxal! Quand on pense que l'espace littéraire est sans doute le plus illimité de tous les espaces, puisque l'imaginaire y déploie ses couleurs les plus étonnantes et les plus contradictoires. Cependant, la critique aime à se complaire dans l'unicité des couleurs et des tonalités, des teneurs linguistiques ou des registres narratifs ou métaphoriques. En un mot, elle procède à un repli sur soi pour n'écouter que l'écho de soi.

Et pour ce faire, un mécanisme d'exclusion de l'hétérogène s'inscrit dans le système concurrentiel. Les tenants des privilèges continuent de clamer un misérabilisme de bon aloi pour mobiliser les énergies promotionnelles et monopoliser l'attention et les prérogatives. Bien sûr, cette façon de formuler la problématique francophone semble choquante, mais elle n'en reste pas moins véridique dans sa pratique globale. Il suffit de constater la profusion de notions opératoires pour bien indiquer les lignes de démarcation entre *souchiques* et *ethnoculturels*. On parle alors de Néo-Canadiens, d'hybridité, de métissage, de *patchwork*, d'écriture de la migration, de déracinement, d'exil... Toutes sortes de notions plus ou moins dérogatoires qui indiquent le mixage des souches culturelles et la non-pureté du produit. Comme si le discours littéraire n'était pas essentiellement errant, migrant dans les intertextualités les plus aberrantes. Voir en contrepoint le roman *La Québécoite* de Régine Robin, qui remet en question la notion d'unicité identitaire. L'Haïtien Jean-Claude Charles a inventé le terme d'*enracinerrance* qui déterritorialise l'écriture. Le mouvement incessant des racines fait que l'on ne se demande plus où est le centre et où est la périphérie. L'œuvre crée son propre espace surprise de création et de réception selon les identifications et les sensibilités plurielles.

Est-ce dire alors qu'on abolit les spécificités? Justement non, mais il faut les placer sous le signe de l'objectivité et des partages éthiques. Pour rendre compte du déclenchement de l'écriture qui se met en errance — et non de l'écrivaine ou de l'écrivain immigré récent qui produit une certaine littérature non canonique — et éviter tout enracinement aussi hypothétique que provisoire, nous avons lancé la notion d'*orignalitude*[7]. Encore une fois, pour sortir des chemins battus et lancer le débat, non pas dans l'ornière d'une grille méthodologique unique, mais dans les champs illimités de l'horizon d'attente et de la réceptivité de l'œuvre. Je ne reviendrai pas sur le choix et la définition de cet animal symbolique de la province, mais je rappellerai que son corps est représentatif de plusieurs animaux et son pelage de plusieurs couleurs. Dans son *Voyage en Amérique*, Chateaubriand le décrit ainsi : « L'orignal a le mufle d'un chameau, le bois plat du daim, les jambes du cerf. Son poil est mêlé de gris, de blanc, de rouge, de noir ; sa course est rapide. » Bricolage des formes et des tonalités. Corps textuel, espace carrefour où la diversité et la discontinuité des discours prennent place dans le naturel de la nomadité linguistique, culturelle ou autre. Glissement métaphorique de notre présence historique mise à jour par l'apport multiculturel et par celui des peuples des Premières Nations et des peuples fondateurs. Force vive de la nature instinctive et intuitive, l'orignal (en symbole différé) accomplit — grâce à son cri — des traversées de paysages et de figures de style selon une course folle, sans jamais oublier sa nature première: l'animal qu'il est, et la métaphore active qui lui permet de souffler sur la vie des airs qui en font la chanson. Le champ vibratoire du texte traduit le mouvement physique littéral et métaphorique tout en rendant au sens son attrait et sa séduction. La démarche scripturaire instaure chez l'auteur et dans le texte des «cohabitations inquiètes» parce qu'elles se veulent créatrices de greffes et de transplantations de sujets qui ne renient rien de leurs itinéraires particuliers.

C'est à cause de ce genre de revendication identitaire multiple faite aux traces du transculturalisme tel que nous l'avions défini que l'orignalitude s'est épanouie en mythe fondateur. Une nouvelle création conceptuelle qui retient l'origine pour y additionner les différences. Le moi et l'autre, le même et le différent négocient les généalogies des langues et des cultures selon les lois mêmes de la nature naturante. Cela constitue alors un terrain d'accueil où chaque fond culturel local garde sa couleur et sa saveur dans la configuration des rapports ontologiques. Et si l'*orignalitude* est créée sous le signe, et sur mesure, de la négritude, il faut signaler tout de suite qu'elle n'en est en aucun cas le reflet. La négritude tend à raboter les différences pour ne mettre l'accent que sur la couleur unique de la peau, tandis que l'*orignalitude* célèbre chaque infime partie de ses diverses composantes. Senghor et compagnie luttaient pour placer l'héritage africain au sein d'un universalisme de bon aloi. Un effort louable pour rendre aux Africains ce qui appartient aux Africains qui tenaient, à juste titre, à inscrire leur culture dans le patrimoine mondial et universel. L'*orignalitude* ne vise pas un universalisme abstrait inodore et incolore. Elle tend plutôt à abolir les frontières culturelles qui cloisonnent, non pas pour les annuler, mais pour les rendre perméables de part et d'autre, sans pour autant faire perdre ce qui fait l'originalité de chacune. Nous n'avons pas affaire à une catégorie critique mais plutôt à une métaphore vive de création. Dans ce cas, il s'agit de se pencher sur le Moi, de le défricher pour y cultiver la graine qui le distingue, lui et ses prochains. Quand on essaie de définir le moi, on se rend compte qu'il est traversé par diverses altérités qui le travaillent de fond en comble. Les altérités fonctionnent au sein du corps en chair et en os, comme dans les gènes, comme les différents membres de l'orignal (bosse, pieds, cornes, museau) qui font partie intégrante de la carrure globale de l'animal. Le référent réel se transpose ainsi dans la représentation métaphorique du corps textuel. Le référent concret se déplace dans le symbolique, ce qui fait l'essence même de toute littérature: dynamisme du sens et métamorphose interprétative. Ainsi se légitime l'espace du déroulement du texte — toujours en errance, toujours écriture migratoire — par une métaphore d'un illimité spatial et poïétique, des échos identitaires et de leurs traces littéraires. Métaphore qui structure et déconstruit en même temps le corps textuel, la vision conceptuelle et la projection de sa territorialisation. Déconstruction systématique qui ouvre le champ des débats et les approches interprétatives tout en nous sortant de l'enfermement de l'ethnocentrisme, ou de n'importe quelle centralité.

Pierre Raphaël Pelletier, voulant célébrer l'extravagance, note dans sa lettre qui m'est adressée pour un numéro spécial sur la littérature franco-ontarienne : « L'orignal n'écrit pas... et pourtant son cri parcourt de ses sons, de ses signes, les épopées d'où la nature tire des alphabets aux sens étranges. [...] J'aimerais écrire comme l'orignal qui se fait valoir par son cri unique à la croisée de rares espèces. Mammifère farfelu, je pourrais brasser une langue à la manière d'une irrévérencieuse contestation des signes arrêtés, connus, définitifs. » Le lauréat du Grand Prix du Salon du livre de Toronto, 1999, vient d'orbiter, en ces quelques phrases, le processus créateur dans sa souchitude première, l'oralité perdue ici et ressuscitée par l'écrit, tout en esquissant des espaces infinis pour que le brassage de la langue unique — dans laquelle nous écrivons tous et qui nous unit — assume son dynamisme coloré et sa liberté fondamentale et parte en chevauchées rocambolesques dans tous les sens quérir l'indéfini des signes à la croisée des cultures les plus différenciées. Passage de l'*Oréalité* (pour emprunter ce beau terme à Robert Dickson) à la *littéRéalité* (au titre de la revue de l'Université York). Pour ne prendre qu'un exemple, l'inclusion ou le rappel de l'oralité ancestrale, de la rue ou simplement inventée est une connivence avec l'origine et le pays natal. Sa littéralité reste problématique car elle passe difficilement les frontières de l'institution littéraire centralisante et monumentale de l'édition parisienne ou montréalaise. D'où un retour du texte des écrits d'Africains en Amérique du Nord à leur propre périphérie natale pour revenir en force non pas pour conquérir le centre, mais le forcer à une écoute différenciée aux accents des altérités ignorées.

À bien y réfléchir, l'*orignalitude* représente les forces vives de la création qui traversent les paysages transculturels de notre province. Toutes pulsions confondues et libérées dans une société qui a de plus en plus besoin d'imaginaire pour distancier et déplacer aussi bien le matérialisme rampant que le nombrilisme de l'ego. L'appartenance à plusieurs cultures n'est ni une tare ni une déviance ; elle charrie des valeurs et des conceptions particulières du monde qui se déversent les unes dans les autres, parfois dans la douleur et parfois dans le bonheur. Il en va de même pour l'enracinement, qui peut être selon l'axe vertical ou synchronique, horizontal ou diachronique. Deux mouvements contradictoires susceptibles de s'entrechoquer, de se croiser, de se confronter, de se heurter... Cet entrecroisement caractérisé produit des possibilités créatrices qui vivent de confrontations ou de contraintes tout en sécrétant des passages dans les zones de tolérance et de compréhension. La spirale pourrait bien rendre compte de la synthèse des différentes formes de cultures et/ou d'appartenances d'un cheminement personnel. Spirale qui les embrasse et en même temps leur confère une cohérence subtile et les entraîne dans des mouvements vers l'avant pour s'ouvrir au monde tout en gardant chaque spécificité.

L'*orignalitude* visait en premier lieu la déconstruction de toute prétention à une culture unique et légitime qui n'appartiendrait qu'aux « pure laine », « de souche », à celles et ceux qui pensent être les seuls représentants authentiques d'un pays ou d'une nation. Déconstruction par l'humour contrairement à celle de Jacques Derrida qui mettait en abyme la notion de présence dans la métaphysique occidentale. Le bricolage des membres et les variances de couleur de l'orignal proposent une multiplicité au sein du même corps, comme la pluralité culturelle véhiculée par la même langue. Dans ce sens, la Francophonie ne peut survivre que lorsqu'elle saura célébrer les diversités culturelles les plus différenciées au sein de sa grammaire, de son génie, de son unicité. Et comme le dit si bien Marco Micone, « le français québécois ne survivra que s'il réussit à exprimer plusieurs identités[8] ».

Le débat et la controverse se poursuivent dans la presse récente avec des articles de Micone ou de Michel Venne[9], dans lesquels la dichotomie entre « un nous de souche » et « un nous inclusif » revient sur le tapis. Serge Cantin répond oui à un « nous inclusif qui est prêt à accueillir les autres, mais à condition de ne pas renoncer à ce que nous sommes ». Il dénature ainsi l'argument, car comment pouvons-nous renoncer à ce que nous sommes si, existentiellement parlant, nous sommes la somme de nos actes ? On ne peut qu'additionner les cultures acquises lors d'un parcours individuel ou collectif. Le renoncement ne peut intervenir que du côté de la culture absente, celle de l'origine qui a été laissée derrière soi dans un passé plus ou moins lointain. Pour Michel Venne, certains ont été « tricotés ici-même », d'autres « tricotés ailleurs », *nous sommes tous des pure laine*. Cependant, cette équation de l'équité entre Québécois et Néo-Québécois ne se pratique pas ainsi dans la vie quotidienne. Contrairement à ce qu'il affirme, la pureté « des lainages divers » n'a pour effet que de nier la pureté de l'Autre. De même, quand il conclut que « le pluralisme ne mine pas le nationalisme québécois et qu'avant d'être citoyen du monde, il faut être de quelque part », il ne fait qu'émettre une tautologie qui ne déplace même pas les enjeux. Les immigrants venus s'établir dans le Nouveau Monde ne nient pas leur volonté d'appartenir à la nation qui les a accueillis. Mais ce qu'ils veulent, c'est que l'on reconnaisse et que l'on accepte, à leur juste valeur, les données culturelles originelles et originales à ajouter à la configuration nationale du pays d'accueil.

Au Québec, Michèle Lalonde clame : « change de langue et tu feras partie des miens ». En Ontario, des polyglottes ont délibérément choisi d'écrire en français et d'appartenir à une allégeance linguistique officielle, celle-là même qui continue à juger la création littéraire selon des normes d'appartenance ethnique, même si elle ne l'avoue pas publiquement. Pour cette raison, nous avons lancé la notion d'*écriture interstitielle* qui ne déploie pas et n'emprunte pas sa matière à une seule et unique culture, mais qui se situe dans les interstices, les béances du non-dit, les dimensions culturelles les plus diverses et les plus contrastées.

Écrire dans l'entre-deux, l'entre-trois, etc., c'est laisser les traces civilisationnelles inscrites en soi, durant son itinéraire personnel, resurgir librement pour que les échos et les tonalités de leurs voix du dedans puissent faire entendre l'appartenance à leurs sources et à leur originalité.

Le particularisme de la littérature franco-ontarienne n'est ni l'«exiguïté», ni la «fragilité», deux notions qui ont le mérite, certes, d'avoir polarisé les approches d'un corpus en pleine renaissance. Étape décisive qui a ouvert le champ critique et suscité des débats sur les méthodologies. Des écrivaines et des écrivains commencent à prendre leur distance par rapport à l'évaluation de cette littérature qui est aujourd'hui en plein essor, étudiée de plus en plus dans les milieux universitaires. Ce n'est plus une «petite» littérature, elle a atteint l'âge de raison puisque ses écrivaines et ses écrivains (de souche ou pas de souche), citoyens canadiens vivant et payant leurs impôts en Ontario mettent en relief une diversité culturelle remarquable. Voir les œuvres de Jean-Éthier Blais, Daniel Poliquin, Pierre Karch, pour n'en citer que quelques-uns qui convoquent en plus de la terre natale ontarienne, l'Europe, les Antilles, l'Amérique du Sud, l'Orient, les pays de l'Est, etc., et ceux dits encore ethnoculturels tels que Stéphane Santerre, Isal ou Jean-Mohsen Famy, où l'Ontario est présent au devant de la scène ou en filigrane, accompagné d'autres cultures aussi variées que la hongroise, la corse ou l'égyptienne. En laissant fleurir cette pluralité civilisationnelle et en la reconnaissant, en la jugeant dans l'équité la plus objective et en lui accordant ses chances et ses droits, le corpus franco-ontarien parviendra à sa cohérence interne. Les valeurs littéraires seront alors jugées non pas selon l'origine de leur auteur, mais par la qualité intrinsèque de l'œuvre. Ce qui revient à dire que l'interprétation ne se fera plus en fonction de l'espace réel, du territoire de l'origine du sujet écrivant ou de tout autre indice folklorique, mais selon des critères de littéralité, de ruptures formelles innovatrices ; en un mot, de contenus ou de fonds aussi denses et bariolés, poétiquement parlant, que celui de la métaphore filée lancée *tongue in cheek*. Juste pour une ludique littéraire qui nous permettrait de déguster tout le plaisir du texte pour l'amour du texte.

NOTES

1. Voir son entretien dans *Jeune Afrique*, n° 2016, du 31 août au 6 septembre 1999, p. 63.

2. *L'Express de Toronto*, 23-29 mars 1999, p. 1.

3. *Franco-Contact*, vol. 7, n° 3, automne 1999.

4. Hédi Bouraoui, *La Francophonie à l'estomac*, Paris, Éditions Nouvelles du Sud, 1995. Voir aussi des articles publiés dans les années 80 dans *Atmosphères, Liaison, Revue des critiques littéraires*, etc.

5. Cette dichotomie est traitée selon les concepts de «Conscience et oubli : les deux misères de la parole franco-ontarienne», dans François Paré, *La Littérature de l'exiguïté*, Hearst, Le Nordir, 1994.

6. *LittéRéalité*, vol. XI, n° 1, été 1999, p. 106.

7. Régine Robin m'a suggéré le terme «Orignalitaire» pour les «hyphanated» ou «Néo-Canadiens», mais qu'on pourrait appliquer à l'ensemble des écrivaines et des écrivains de notre province.

8. Marco Micone, «Le français n'est pas en péril», dans *Le Devoir*, 16-17 octobre 1999.

9. *Le Devoir*, 18 octobre 1999.

L'AMÉRICANITÉ DU QUÉBEC
OU LE DÉVELOPPEMENT D'UNE IDENTITÉ
NORD-AMÉRICAINE

Guy Lachapelle et Gilbert Gagné
Université Concordia

Depuis la signature de l'accord de libre-échange entre le Canada et les États-Unis (ALE), puis de l'accord entre ces deux pays et le Mexique (ALENA), les Québécois sont confrontés à une nouvelle dynamique d'intégration de l'Amérique du Nord. De plus en plus, certains enjeux continentaux font les manchettes des médias, ce qui, d'une certaine manière, façonne la perception qu'ont les Québécois des relations avec les États-Unis. Plusieurs sociologues, historiens et politologues se sont interrogés et s'interrogent sur la nature de cette nord-américanité québécoise, affirmant souvent que les Québécois sont en quelque sorte des Nord-Américains parlant, pour la très grande majorité, français. Fernand Dumont se demandait d'ailleurs en 1982 si nous n'étions pas simplement devenus des Américains[1]. Son questionnement portait également sur la spécificité des Québécois: « Quels sont les traits, les attitudes, les comportements qui conféreraient à la communauté française d'Amérique du Nord sa spécificité, son originalité ? »

Cette question, comme celle de l'intégration culturelle des Québécois dans l'espace nord-américain, parfois exprimée de manière négative par certains groupes qui affirment que les Québécois doivent « résister au péril américain », n'est pas un débat nouveau. La hantise réelle est que les Québécois deviennent essentiellement une « francité américaine », c'est-à-dire des Américains dont la seule caractéristique distinctive serait la langue. Toutefois, il nous faut aller au-delà de cette formule pour définir plus précisément cette américanité et déterminer quelles sont les conséquences d'une vision américaine sur la culture québécoise. L'autre élément important du débat sur l'américanité concerne les personnes qui véhiculent cette américanité.

Historiquement, les élites québécoises auraient été « un obstacle à la reconnaissance et à l'exploration de cette américanité du Québec[2] ». La nord-américanité québécoise se traduirait par un clivage social important: « une culture d'élite, atlantique, européenne, francophile au plan linguistique et une culture majoritaire continentale, nord-américaine. » L'adéquation entre le nationalisme culturel et le nationalisme économique, entre l'idéologie souverainiste et l'idéologie libre-échangiste, constitue un défi de taille pour la société québécoise. Nous pourrions même faire l'hypothèse, sans doute simpliste, que les Québécois francophones partagent davantage les éléments d'un nationalisme culturel alors que les Québécois anglophones s'identifient davantage à un nationalisme économique. Mais entre les deux oscillent une multitude d'attitudes et de comportements.

Les citoyens appartiennent à diverses collectivités, plus ou moins larges, plus ou moins proches, inscrites à la fois dans l'espace et dans le temps. Les Québécois ont comme tous les peuples cherché historiquement à exprimer leur vouloir vivre collectif et ce, aussi bien à l'intérieur de leur espace national que de leur espace continental. Si leur premier lien d'appartenance demeure la nation québécoise, il n'en demeure pas moins que leurs relations avec les États-Unis et les Américains, tant sur le plan culturel que sur le plan économique, ont certes eu une influence importante sur leur identité nord-américaine. Cette « américanité » des Québécois, qui englobe autant l'Amérique anglo-saxonne que l'Amérique latine, est fondée sur une aspiration universaliste mais surtout sur un certain pragmatisme voulant que nous ayons à solutionner plusieurs problèmes communs. Les Québécois forment une « francité américaine » à la jonction du libéralisme des droits individuels et de celui des nationalités.

L'accord de libre-échange nord-américain, et la nouvelle dynamique d'intégration qui en découle, n'a fait que favoriser davantage le développement au Québec d'une vision nord-américaine de la réalité[3]. La construction des Amériques repose sur l'existence des peuples et dépasse largement le cadre de l'État-nation. L'identité québécoise est certes multiforme et elle s'inscrit dans le creuset de diverses traditions culturelles (américaine, européenne et canadienne). Les Québécois continuent d'appuyer massivement l'accord de libre-échange nord-américain. Dix ans après l'entrée en vigueur de l'accord de libre-échange, 66,3 % des Québécois estimaient toujours que l'accord de libre-échange nord-américain avait eu un impact favorable sur le développement économique du Québec.

De plus, une large majorité des Québécois estimaient que la mondialisation des économies ne constituait nullement une menace à la diversité culturelle[4]. Alors qu'on aurait pu s'attendre à un refroidissement de la ferveur libre-échangiste des Québécois au moment où les discussions portant sur l'Accord multilatéral sur l'investissement (AMI) occupaient tout l'espace public, les Québécois continuaient d'appuyer à 65 % la continentalisation de leur économie. Sans affirmer que les Québécois sont nécessairement d'accord avec la façon dont les pourparlers entourant l'AMI se sont déroulés ou qu'ils acceptent sans réserve les objectifs poursuivis, ces chiffres témoignent de la volonté des Québécois de poursuivre leurs relations de partenariat avec les États-Unis.

La mesure de l'américanité ou du sentiment d'appartenance continentale des Québécois peut prendre diverses formes. Tout d'abord, en vérifiant s'ils se sentent nord-américains, dans quelle mesure et comment ce sentiment se combine ou se distingue par rapport à d'autres éléments tels que l'appartenance à la collectivité québécoise et canadienne, les liens historiques avec la

France et la Grande-Bretagne et l'identification culturelle. Deuxièmement, en définissant l'expression de l'américanité par les *habitudes de vie* et les *comportements* dans les dimensions de la géographie, de l'économie, de la politique, de la culture et de la société. Troisièmement, en mesurant le degré de *perméabilité aux influences* américaines sur leur vision du monde, leur conception de la vie et de la politique.

Nous ne retiendrons pour les fins de la présente analyse que la première stratégie. Nous nous demanderons seulement en quoi les accords de libre-échange (ALE et ALENA) ont transformé l'américanité des Québécois. Cette identité nord-américaine ne date pas d'hier, et l'histoire du Québec est d'ailleurs parsemée de faits et d'anecdotes qui témoignent de l'appartenance des Québécois aux Amériques[5]. Jacques Bouchard, dans son essai publié il y a déjà plus de vingt ans sur *Les 36 cordes sensibles des Québécois*, affirmait d'ailleurs que cette américanité était l'une des spécificités de la culture québécoise[6]. Au moment où la légitimité des États-nations est remise en cause par les dynamiques de l'intégration et de la mondialisation, il nous semble donc pertinent de nous interroger sur les nouveaux liens qui se sont créés entre le Québec, le Canada et les États-Unis depuis l'entrée en vigueur des accords de libre-échange.

Par ailleurs, nous croyons que l'opinion publique joue un rôle crucial dans la formulation des politiques gouvernementales et qu'elle influe sur la reformulation de certains projets politiques. Les nouvelles valeurs modifient les choix économiques des États et les conflits politiques prennent de nouveaux habits, la structure partisane des partis et l'action des individus étant modifiées de manière observable[7]. Pour d'autres, cette nouvelle culture politique serait une *culture de contentement*, les élites politiques dictant aux citoyens quoi penser[8]. Cette thèse du *elite pull — mass push* cherche à démontrer que l'intégration continentale est davantage une option des gouvernements et des élites économiques qu'un choix des citoyens[9]. Nous pensons au contraire que l'opinion publique agit de manière autonome et qu'elle est capable de se forger sa propre opinion (*mass pull — elite push*).

Quelle que soit la thèse privilégiée, l'une des conséquences est que la compréhension mutuelle entre les gouvernements et la volonté populaire devient de plus en plus distordue, ce qui a pour effet de réduire l'efficacité de plusieurs politiques. Selon cette analyse, il sera de plus en plus difficile dans l'avenir pour les gouvernements de mettre de l'avant des politiques qui exigent l'appui des citoyens. L'une des conséquences sera de rendre l'activité gouvernementale dépassée. Mais entre ces deux pôles, entre une opinion publique qui a un effet déterminant sur l'efficacité des gouvernements et des élites politiques de plus en plus distantes des citoyens, il existe sûrement un terrain de rencontre permettant de mieux comprendre les attentes de tous et chacun. Pour les fins de cette analyse, nous regarderons donc plus attentivement les résultats de trois enquêtes que nous avons menées depuis 1997 afin d'évaluer l'américanité des Québécois.

Américanité et européanité

L'une des questions centrales dans le cas du Québec est l'importance que revêt le lien «colonial» avec l'Europe par rapport à l'acceptation des valeurs américaines. Lorsque l'on examine l'identité québécoise en ces termes, on ne peut que se demander comme Fernand Dumont si les Québécois sont simplement des «Américains parlant français» ou, au contraire, s'ils forment un peuple né au creuset de l'Europe et de l'Amérique. C'est pourquoi nous avons cherché à savoir au cours de deux enquêtes récentes si les Québécois se sentaient davantage européens qu'américains.

Dans une première enquête réalisée en octobre 1998[10], nous leur avions demandé s'ils endossaient l'affirmation que le Québec a plus d'affinités avec l'Europe qu'avec les États-Unis. Réponse peut-être surprenante pour certains, mais les Québécois ont affirmé à 47,9 % être en désaccord avec cet énoncé (55,8 % des personnes ayant une opinion); 37,9 % étaient d'accord et 14,2 % ne savaient pas. Nous avons reposé la même question en septembre 1999 en modifiant quelque peu la question pour insister davantage sur les liens avec les pays francophones: «Le Québec a-t-il plus d'affinités avec les pays francophones qu'avec les États-Unis?» Les résultats de cette seconde enquête ont donné des résultats pratiquement identiques: 46,7 % des personnes interrogées estimaient que cette affirmation était fausse.

Tout d'abord, il est particulièrement intéressant de noter que cette opinion est partagée autant par les Québécois francophones que par les anglophones ou les allophones. Ainsi 53,6 % des personnes de langue maternelle française estiment que le Québec a plus d'affinités avec les États-Unis qu'avec les pays francophones. Mais l'élément le plus significatif est de constater que les Québécois ayant un niveau de scolarité primaire affirment à 55,5 % que le Québec a plus d'affinités avec les pays francophones. Dans la même veine, les personnes ayant un revenu en deçà de 10 000 $ sont également de cet avis à 66,7 %.

En ce qui concerne la perception de notre acculturation aux États-Unis, nous avons demandé aux Québécois en octobre 1998 s'ils estimaient que les jeunes Québécois étaient plus américains que les Québécois plus âgés. Ils étaient à ce moment d'accord à 64,7 % avec cette affirmation. Un an plus tard, en septembre 1999, nous avons posé une question différente qui relève davantage du degré d'appartenance des jeunes Québécois que de leur américanisation: «Est-il vrai ou faux que plus les Québécois sont jeunes, plus ils se sentent américains?» Cette fois, les résultats ont été partagés puisque 46,5 % des répondants ont affirmé que cette proposition était fausse, alors que 43,8 % estimaient qu'elle était vraie. La différence la plus notable entre les deux enquêtes se situe chez les Québécois francophones et anglophones. En 1999, 54,7 % des répondants francophones estimaient qu'il est faux de prétendre que les jeunes Québécois se sentent américains, alors que 56,8 % des anglophones jugeaient l'affirmation vraie. Quant aux allophones, ils sont 72,9 % à juger que la proposition est vraie. Les personnes ayant un niveau de scolarité primaire (59,3 %) de même que celles possédant un diplôme universitaire

Tableau 1
Américanité et européanité des Québécois

Question A: Pourriez-vous me dire si vous êtes tout à fait d'accord, plutôt d'accord, plutôt en désaccord ou tout à fait en désaccord avec les opinions suivantes…

	D'accord % (N)	En désaccord % (N)	Ne sais pas % (N)
… le Québec a plus d'affinités avec l'Europe qu'avec les États-Unis	37,9 (342)	47,9 (433)	14,2 (128)
… les jeunes Québécois sont plus américains que les Québécois plus âgés	64,7 (586)	27,9 (253)	7,3 (66)
… les relations du Québec avec le reste du Canada sont plus importantes que celles avec les États-Unis	68,6 (620)	24,8 (225)	6,6 (60)

Source: Enquête SONDAGEM réalisée entre le 17 et le 21 octobre 1998 auprès de 905 répondants.

Question B: Est-il vrai ou faux que…

	Vrai % (N)	Faux % (N)	Ne sais pas % (N)
… le Québec a plus d'affinités avec les pays francophones qu'avec les États-Unis	40,8 (413)	46,7 (472)	12,5 (126)
… plus les Québécois sont jeunes, plus ils se sentent américains	43,8 (442)	46,5 (470)	9,8 (99)
… les échanges commerciaux du Québec avec les autres provinces sont plus importants que ceux avec les États-Unis	29,7 (300)	49,7 (502)	20,7 (209)

Source: Enquête SONDAGEM réalisée entre le 25 et le 29 septembre 1999 auprès de 1 011 répondants.

(52,0 %) autant que celles ayant un revenu en deçà de 10 000 $ (57,3 %) pensent davantage que tout autre groupe que plus les Québécois sont jeunes, plus ils se sentent américains.

Sans tomber dans des interprétation normatives, on peut sans doute dire que si les Québécois estiment de manière générale que les jeunes s'américanisent, ils demeurent partagés quant au *degré d'appartenance* de ces derniers. Mais de là à y voir une menace à leur particularité culturelle, il y a un grand pas à franchir. D'ailleurs, notre enquête de 1998 indiquait que 63 % des Québécois ne voyaient pas en quoi le libre-échange pouvait modifier l'identité québécoise. Faut-il voir ici une reconnaissance de notre identité nord-américaine davantage qu'un cri d'alarme face à la « macdonaldisation » de notre société? Nous le croyons, mais la vigilance doit demeurer.

Tableau 2
Américanité, européanité et langue maternelle

A. Est-il vrai ou faux que le Québec a plus d'affinités avec les pays francophones qu'avec les États-Unis?

Langue maternelle	Vrai % (N)	Faux % (N)
Français	46,4 (339)	53,6 (391)
Anglais	47,5 (37)	52,5 (41)
Autre	46,4 (34)	53,6 (40)

B. Est-il vrai ou faux que plus les Québécois sont jeunes, plus ils se sentent américains?

Langue maternelle	Vrai % (N)	Faux % (N)
Français	45,3 (341)	54,7 (411)
Anglais	56,8 (47)	43,2 (36)
Autre	72,9 (54)	27,1 (20)

C. Est-il vrai ou faux que les échanges commerciaux du Québec avec les autres provinces sont plus importants que ceux avec les États-Unis?

Langue maternelle	Vrai % (N)	Faux % (N)
Français	34,5 (228)	65,5 (432)
Anglais	51,8 (36)	48,2 (34)
Autre	48,7 (34)	51,3 (36)

Source: Enquête SONDAGEM réalisée entre le 25 et le 29 septembre 1999; 1 011 entrevues téléphoniques ont été effectuées auprès d'un échantillon représentatif de la population adulte du Québec.

Le Québec et le Canada face à la continentalisation

Très tôt, l'établissement d'une zone de libre-échange sur le continent nord-américain a suscité des réactions différentes au Québec et dans le reste du Canada. L'idée du libre-échange a été reçue de manière largement favorable au Québec, à la fois par les élites (classe politique, milieu des affaires) et l'opinion publique. À l'opposé, elle a fait l'objet d'une forte opposition au sein du Canada anglophone, où on craignait surtout pour la souveraineté, la culture et l'identité canadiennes. En fait, le débat auquel a donné lieu l'ALE par suite d'un processus de continentalisation de l'économie canadienne ne portait pas tant sur les aspects économiques que sur le caractère même du Canada en tant que communauté politique[11]. Or, dans le cas du Québec, une telle question identitaire ne s'est pas vraiment posée, principalement à cause de la différence linguistique[12].

À cet égard, la régionalisation ou continentalisation et, de manière plus générale, la mondialisation n'ont pas été sans soulever des questions quant à leur impact sur les identités nationales. L'entente de libre-échange avec les États-Unis a fortement secoué une bonne partie de l'opinion publique canadienne. Celle-ci craignait par-dessus tout une dynamique d'intégration continentale qui, en raison du poids et de l'influence des États-Unis, allait indubitablement avoir une incidence sur le caractère socio-politique du Canada et aussi du Québec, et de là sur les identités nationales.

L'exemple des réactions respectives du Québec et du Canada vis-à-vis du libre-échange en Amérique du Nord nous semble révélateur de l'impact que peut avoir l'identité culturelle dans des processus comme la régionalisation et la mondialisation. À ce chapitre, les peuples, tout comme les individus, sont davantage disposés à s'ouvrir aux autres quand ils sont (plus) sûrs de leur identité. Dans le cas du Canada anglais, la crainte qu'a d'emblée suscitée le libre-échange avec les États-Unis ne pouvait que mener à une opposition farouche à tout processus formel, même limité, de régionalisation économique.

Dans le cas du Québec, la langue française et une culture davantage différenciée ont donné aux Québécois, d'aucuns diront à tort, un certain sentiment de sécurité. À cela s'ajoute que le libre-échange régional fournit au Québec un forum afin de mieux affirmer son identité sur la scène continentale et internationale. En fait, l'affirmation par le Québec de son appartenance au continent repose et insiste sur sa spécificité et son identité, qui s'en trouvent par là renforcées tant sur le plan économique que sur les plans politique et identitaire. Le Québec a avantage à affirmer son américanité et à tirer profit de son héritage latin et anglo-saxon. Ce cadre américain n'est nullement exclusif et s'ajoute à d'autres comme celui de la Francophonie[13].

En octobre 1998, nous avons demandé aux Québécois s'ils estimaient que les relations du Québec avec le reste du Canada étaient plus importantes que celles avec les États-Unis. La réponse fut sans équivoque, 68,6 % affirmant que oui, les partisans libéraux (81,4 %) partageant alors davantage ce point de vue que les péquistes (64,7 %). Nous leur avions également demandé s'ils estimaient que le gouvernement du Québec devait «accentuer fortement» ses relations avec les États-Unis. La très grande majorité des Québécois (64,1 %) répondaient alors par l'affirmative, aucune différence partisane n'existant entre libéraux et péquistes, les deux groupes étant d'accord à 73 % avec un accroissement de nos relations avec les États-Unis. De plus, les Québécois estimaient à 64 % que le marché américain serait dans l'avenir plus important que le marché canadien pour les exportations québécoises.

Dans l'enquête de 1999, nous avons cherché davantage à mesurer leurs connaissances quant à l'évolution des échanges commerciaux entre le Québec, les autres provinces et les États-Unis. Si, en 1989, les exportations du Québec vers les autres provinces canadiennes représentaient 54,1 % du total de ses exportations (45,9 vers d'autres pays)[14], on remarque dix ans plus tard qu'une tendance s'est dessinée, faisant des États-Unis, et non plus des provinces canadiennes, la principale destination des exportations québécoises. À l'automne 1999, les Québécois affirment d'ailleurs à 49,7 % qu'il est faux de dire que les échanges commerciaux du Québec avec les provinces canadiennes sont plus importants que ceux avec les États-Unis. Il est cependant intéressant de constater que si 65,5 % des francophones sont de cet avis, 51,8 % des anglophones pensent que les provinces canadiennes représentent le marché le plus important pour les exportations québécoises. Seules les personnes ayant un niveau d'instruction primaire répondent par l'affirmative à la question (56,6 %), alors que 71,1 % des répondants possédant un diplôme universitaire estiment qu'il est faux de prétendre que les échanges commerciaux du Québec avec les autres provinces sont plus importants que ceux avec les États-Unis.

La souveraineté du Québec

L'autre débat intéressant concerne l'opinion des Québécois sur ce qu'il adviendrait si le Québec devenait un pays indépendant. Trois scénarios ou trois types d'hypothèses ont jusqu'ici été proposés. La première thèse, présentée par les souverainistes, s'appuie sur le principe de l'État successeur, c'est-à-dire que les États-Unis maintiendraient tel quel l'accord de libre-échange et reconnaîtraient tous les droits, obligations et traités signés antérieurement avec le Canada. Telle est la position défendue par le vice-premier ministre du Québec, Bernard Landry, pour qui il serait plutôt malvenu de la part des États-Unis de vouloir imposer de nouvelles barrières douanières alors que l'on est à l'ère de la libéralisation des marchés. Il serait d'ailleurs plutôt surprenant de voir les États-Unis vouloir renégocier une entente bénéfique pour toutes les parties alors que le Québec est le huitième partenaire économique des États-Unis, au même rang que la Grande-Bretagne[15].

La seconde thèse, surtout défendue par les fédéralistes, est que le Québec ne pourrait pas adhérer à l'accord de libre-échange nord-américain sans le consentement des États signataires, soit le Mexique, les États-Unis et, bien sûr, le Canada, seul le Canada ayant le statut d'État successeur. Dans ce contexte, les négociations sur l'adhésion du Québec à l'ALENA pourraient être difficiles, car des représentants américains demandent l'abandon de certains quotas tarifaires, en agriculture par exemple (lait, volaille, œufs), et des dispositions protégeant les industries culturelles[16]. Suivant cette hypothèse, il serait avantageux que le Québec et le Canada s'entendent avant la déclaration d'indépendance afin de réduire au minimum l'impact de la sécession du Québec sur le marché nord-américain.

Finalement, une troisième thèse, celle-ci soutenue par des membres du Congrès américain, serait la théorie de la table rase ou de la symétrie; en d'autres termes, tout serait à renégocier tant pour le Québec que pour le Canada. Telle est à tout le moins la position du représentant de la Californie, Tom Campbell[17]. Qu'il y ait entente ou non entre le Québec et le Canada, l'ALENA deviendra caduc aussi bien que l'adhésion du Québec et du Canada à l'Organisation mondiale du commerce et la participation de ce dernier au G7 et à l'OCDE. Le discours du président Clinton lors du sommet du 8 octobre 1999 semblait d'ailleurs s'inscrire dans cette perspective et dans un rejet de la doctrine du président Woodrow Wilson basée sur le droit des peuples à l'autodétermination. En fait, comme le soulignait Michel Venne, Washington amènerait sans doute «le Québec et le Canada à redéfinir leur fédéralisme plutôt que de dessiner de nouvelles frontières[18]».

L'opinion publique québécoise semble de manière générale partager l'opinion des leaders souverainistes puisque 72,3 % affirment être en désaccord avec la proposition selon laquelle les États-Unis n'accepteraient pas un Québec souverain dans l'ALENA ; chez les francophones, cette opinion est partagée à 75,5 %. Plus on est scolarisé, plus on souscrit à ce point de vue. Toutefois, les Anglo-Québécois ont une opinion plus réservée à ce sujet puisque seulement 37,5 % partagent l'idée que les États-Unis refuseraient l'adhésion du Québec à l'ALENA contre seulement 18,3 % des francophones.

Cependant, 74,7 % des Québécois estiment que le Québec devra renégocier l'ALENA s'il accède à l'indépendance. Si les francophones appuient cette proposition dans une proportion de 73,7 %, les anglophones l'endossent presque à l'unanimité (92,5 %). La scolarité n'a pas ici d'effets tangibles, tous les groupes étant d'accord également sur cette idée. Finalement, 71,4 % sont en désaccord avec l'idée qu'un Québec indépendant devrait tout simplement se retirer de l'ALENA. Plus on est scolarisé, plus on est en désaccord avec cette proposition ; il faut ici noter que les personnes ayant moins de sept années de scolarité estiment à 35 % que le Québec devrait se retirer de l'accord.

Les Québécois partagent donc à la fois les points de vue des souverainistes et des fédéralistes. Les États-Unis accepteront un Québec indépendant au sein de l'ALENA, mais il serait préférable pour le gouvernement du Québec de négocier une nouvelle entente qui refléterait davantage la nouvelle situation. On peut donc affirmer que l'opinion publique québécoise semble relativement autonome par rapport aux discours des élites politiques en adoptant une position plus nuancée.

Le rôle des partis politiques

Au-delà des opinions des leaders politiques, l'attitude des partis politiques est également étroitement liée à l'appui envers l'intégration de l'Amérique du Nord. Les partis politiques ont une influence déterminante non seulement sur l'attitude de leurs membres, mais également sur la formation de l'opinion publique[19]. L'appui à l'intégration de l'Amérique du Nord peut certainement être différent suivant certains clivages idéologiques ou partisans. Une question importante est évidemment de savoir si ce sont les partisans qui façonnent la politique de leur parti ou si, au contraire, ils suivent essentiellement l'opinion partagée par leurs leaders politiques. Dans son étude des partis politiques européens, Berhard Wessels a démontré que les membres des diverses formations politiques avaient une influence déterminante sur la position adoptée par leurs partis à l'égard de l'Europe[20].

Tableau 3
Et si le Québec devenait indépendant...

	D'accord	Désaccord	Ne sais pas/ pas de réponse
Proposition 1: Les États-Unis n'accepteraient pas le Québec dans l'ALENA			
Total	20,4 (449)	72,3 (1 592)	7,4 (162)
Scolarité			
0-7 ans	28,2 (33)	59,7 (70)	12,1 (14)
8-12 ans	24,0 (197)	68,3 (560)	7,7 (63)
13-15 ans	19,2 (119)	73,2 (454)	7,6 (47)
16 ans et +	15,6 (101)	78,7 (37)	5,8 (37)
Langue maternelle			
Français	18,3 (341)	75,5 (1 406)	6,2 (115)
Anglais	37,5 (76)	48,4 (98)	14,1 (29)
Autre	22,6 (31)	64,3 (88)	13,1 (18)
Proposition 2: Le Québec devrait renégocier l'ALENA			
Total	74,7 (1 647)	19,7 (434)	5,6 (123)
Scolarité			
0-7 ans	72,4 (84)	18,2 (21)	9,4 (11)
8-12 ans	73,4 (602)	19,4 (159)	7,1 (59)
13-15 ans	76,7 (475)	18,8 (116)	4,5 (28)
16 ans et +	74,9 (484)	21,2 (137)	3,8 (25)
Langue maternelle			
Français	73,7 (1 373)	20,5 (382)	5,8 (107)
Anglais	92,5 (188)	5,3 (11)	2,2 (4)
Autre	61,9 (86)	30,2 (42)	7,9 (11)
Proposition 3: Il serait plus avantageux pour le Québec de se retirer de l'ALENA			
Total	16,1 (354)	71,4 (1 574)	12,5 (275)
Scolarité			
0-7 ans	35,0 (41)	41,3 (48)	23,6 (27)
8-12 ans	21,9 (180)	63,3 (519)	14,8 (122)
13-15 ans	12,8 (79)	76,2 (472)	11,0 (68)
16 ans et +	8,4 (54)	82,8 (535)	8,8 (57)
Langue maternelle			
Français	16,3 (304)	70,7 (1 316)	13,0 (242)
Anglais	14,4 (29)	75,1 (152)	10,5 (21)
Autre	15,8 (22)	76,3 (106)	7,9 (11)

Source: Cette enquête a été réalisée au téléphone auprès de 2 203 répondants entre le 12 juin et le 21 juillet 1997. Les entrevues ont été faites par la firme IMPACT Recherche à Québec.

Les sondages tant au Québec qu'au Canada ont démontré qu'en période électorale les citoyens appuyaient généralement les politiques du parti pour lequel ils avaient l'intention de voter. Toutefois, plutôt que d'utiliser l'intention de vote, nous avons préféré demander aux personnes interrogées lequel des deux partis politiques québécois, le Parti libéral du Québec ou le Parti québécois, manifestait selon eux le plus de sympathie envers les Américains. Nous avons également préféré parler des Américains plutôt que des États-Unis parce que nous pensons que c'est dans les attitudes personnelles des membres des diverses formations politiques que l'on peut le mieux discerner les véritables attitudes. D'après nos résultats, 54 % des répondants estiment que c'est le PLQ et 22 % le PQ; par contre, 9 % répondent ni l'un ni l'autre (tableau 4). Il est intéressant de souligner que plus on est scolarisé, plus on pense que le Parti québécois est près des Américains. De la même manière, 23,5 % des francophones estiment que le PQ est plus sympathique aux Américains. L'évaluation des Québécois est sans doute liée au fait que l'option souverainiste du Parti québécois rend les membres de ce parti moins enclins à avoir une attitude positive envers les Américains.

Tableau 4
Niveau de sympathie des partis politiques québécois envers les Américains

	PLQ % (N)	PQ % (N)	Ni l'un ni l'autre % (N)	NSP/PR % (N)
Scolarité				
0-7 ans	58,5 (68)	16,2 (19)	3,2 (4)	22,1 (26)
8-12 ans	54,9 (450)	21,3 (175)	8,0 (66)	15,8 (130)
13-15 ans	55,1 (341)	21,8 (135)	9,1 (56)	14,1 (87)
16 ans et +	52,6 (340)	24,3 (157)	11,8 (77)	11,3 (73)
Langue maternelle				
Français	54,1 (1 000)	23,5 (438)	8,9 (166)	13,5 (252)
Anglais	57,3 (116)	16,9 (34)	11,0 (22)	14,8 (30)
Autres	55,1 (76)	10,1 (14)	10,9 (15)	23,9 (33)

Source : Cette enquête a été réalisée au téléphone auprès de 2 203 répondants entre le 12 juin et le 21 juillet 1997. Les entrevues ont été faites par la firme IMPACT Recherche à Québec.

Conclusion

Le libre-échange a amené une nouvelle dynamique d'intégration continentale qui, elle, a donné lieu à une mise en valeur de l'américanité du Québec. Aussi, en raison de sa spécificité au carrefour des cultures latine et anglosaxonne qui dominent l'hémisphère occidental, le Québec jouit d'une position unique pour tirer profit de l'affirmation de son américanité. Nos enquêtes démontrent que l'opinion publique québécoise concernant le libre-échange est relativement stable, les discussions actuelles sur la mondialisation n'ayant pas altéré les attitudes libre-échangistes des Québécois. De plus, le fait que les Québécois estiment avoir davantage d'affinités avec les États-Unis qu'avec l'Europe démontre bien que les Québécois ont une identité nord-américaine bien définie. Ils évaluent probablement autant de manière réaliste que de manière utilitaire les bénéfices de leur intégration à l'espace nord-américain.

Ils voient aussi des avantages à entretenir des relations étroites avec leurs voisins canadiens. Ils sont cependant conscients que les États-Unis représentent à plus long terme un marché plus important. Confiance, assurance, dites-vous? Certainement. L'identité québécoise ne se conjugue pas sur le simple mode du refus ou du ressentiment comme certains le pensent trop souvent. L'identité québécoise s'articule au diapason de ses rapports aux autres, mais aussi en regard de son appartenance continentale. Les Québécois ressemblent ainsi à tous les autres peuples qui redéfinissent leur appartenance autant à l'intérieur de l'État-nation que par rapport à de plus grands ensembles, qu'ils soient européen ou américain.

Dans cette étude, nous avons, entre autres, démontré que les Québécois se sentent résolument nord-américains. De manière plus générale, notre étude indique que l'opinion des Québécois vis-à-vis leur appartenance à l'Amérique du Nord n'est pas uniquement le résultat des élites politiques ; l'opinion publique québécoise est relativement autonome comme celle des Européens à l'égard de l'intégration de l'Amérique du Nord. La théorie du *elite push — mass pull* ne semble pas se confirmer dans le cas du Québec. Contrairement aux élites, les Québécois estiment également que les États-Unis accepteront un Québec indépendant dans l'ALENA, mais que le Québec devra renégocier sa participation. Finalement, il faut souligner que le Parti libéral du Québec est perçu comme étant beaucoup plus sympathique à l'endroit des États-Unis que ne l'est le Parti québécois.

NOTES

1. Fernand Dumont, «Parlons américain... si nous le sommes devenus», *Le Devoir*, 3 septembre 1982, p. 17.

2. Yvan Lamonde, «Façonner l'américanité du Québec», *Le Devoir*, 11 septembre 1998, p. A11.

3. Guy Lachapelle, «L'américanité des Québécois ou l'émergence d'une identité supranationale», dans Michel Seymour (dir.), *Nationalité, citoyenneté et solidarité*, Montréal, Liber, 1999, p. 98-100 ; François Rocher, «Continental Strategy : Quebec in North America», dans Alain G. Gagnon (dir.), *Quebec : State and Society*, Scarborough, Nelson Canada, 1993, 2ᵉ édition.

4. Antoine Robitaille, «L'insondable âme américaine des Québécois», *Le Devoir*, 9 mai 1998, p. A4; Groupe de recherche sur l'américanité (GRAM), «Un Québec juste dans une Amérique prospère», *Le Devoir*, 16 juillet 1998, p. A7; GRAM, «L'assurance identitaire se conjugue avec l'ouverture sur le monde», *Le Devoir*, 15 juillet

1998, p. A7; GRAM, «Entre l'ambiguïté et la dualité», *Le Devoir*, 14 juillet 1998, p. A7.

5. Guy Lachapelle, «L'américanité des Québécois au temps de Papineau», communication présentée lors du colloque sur 1849 tenue à l'Université d'Édimbourg au printemps de 1999.

6. Jacques Bouchard, *Les 36 cordes sensibles des Québécois*, Saint-Lambert, Les Éditions Héritage, 1978.

7. Ronald Inglehart, *Culture Shift in Advanced Industrial Society*, Princeton (New Jersey), Princeton University Press, 1990, p. 4.

8. John Kenneth Galbraith, *The Culture of Contentment*, Boston, Houghton Mifflin, 1992.

9. André Turcotte, «Uneasy Allies: Quebecers, Canadians, Americans, Mexicans and NAFTA», dans Guy Lachapelle (dir.), *Quebec Under Free Trade: Making Public Policy in North America*, Québec, Presses de l'Université du Québec, 1995, p. 239-260.

10. Guy Lachapelle, «Les Québécois sont-ils devenus des Nord-Américains», *Le Devoir*, 21-22 novembre 1998, p. A15.

11. Rappelons qu'un processus tel que la continentalisation procède essentiellement des forces du marché et non de politiques gouvernementales. En fait, pour ce qui est du Canada, la continentalisation s'est accentuée malgré une politique poursuivie à partir du début des années 70, dite de la «troisième option», visant à étendre et à diversifier les marchés d'exportation et, partant, à contrer la forte dépendance à l'égard du marché américain. Sur la «troisième option», voir Mitchell Sharp, «Relations canado-américaines: choix pour l'avenir», *Perspectives internationales*, numéro spécial, automne 1972.

12. Pour une analyse des différences entre le Québec et le Canada anglais face au libre-échange, voir Peter Bakvis, «Free Trade in North America: Divergent Perspectives Between Québec and English Canada», *Québec Studies*, vol. 16, printemps-été 1993, p. 39-48.

13. Gilbert Gagné, «Libre-échange, souveraineté et américanité: une nouvelle Trinité pour le Québec?», *Politique et Sociétés*, vol. 18 (1), 1999, p. 99-107.

14. Maryse Robert, «Quebec and Its Canadian Partners: Economic Relationships and Trade Barriers», dans Guy Lachapelle (dir.), *Quebec Under Free Trade: Making Public Policy in North America*, Québec, Presses de l'Université du Québec, 1995, p. 87-88.

15. Pierre-Paul Proulx, «L'intégration en cours redéfinit le véritable espace économique pertinent pour le Québec», *Le Devoir*, 5 janvier 1998, p. A7; François Normand, «L'adhésion d'un Québec souverain à l'ALENA devrait se faire "sans trop de problèmes"», *Le Devoir*, 27 mai 1997, p. B2.

16. Marie-Claude Lortie, «Un Québec souverain devra renégocier l'ALENA», *La Presse*, 16 octobre 1995, p. A1 et A2; Marie Tison, «Les États-Unis ont intérêt à inclure le Québec le plus rapidement possible», *Le Devoir*, 17 octobre 1995, p. A4.

17. François Brousseau, «Le Canada devrait renégocier l'ALENA au même titre qu'un Québec souverain», *Le Devoir*, 7 mai 1997, p. A1 et A10; Robert Russo, «Washington négociera dur avec les deux États», *Le Devoir*, 9 mai 1997, p. A4.

18. Michel Venne, «La doctrine Clinton», *Le Devoir*, 13 octobre 1999, p. A8.

19. Mas Kaase et Kenneth Newton, *Beliefs in Government*, Londres, Oxford University Press, 1995, p. 113.

20. Berhard Wessels, «Evaluations of the EC: Élite or Mass Driven?», dans *Public Opinion and International Governance*, Oxford University Press, 1995.

LA MÉTAMORPHOSE INCOMPLÈTE
DES ANGLOPHONES DU QUÉBEC :
COHABITATION OU VOISINAGE

John E. Trent
Université d'Ottawa

Plusieurs semblent éprouver des difficultés à comprendre le comportement quelque peu excentrique ou schizophrène de la communauté anglophone du Québec. Le groupement «Les amis canadiens des schizophrènes» m'a bien mis en garde contre l'utilisation de ce genre de langage, qui fait tout de même référence à un sérieux problème d'ordre psychologique et de défaillance mentale. Bien, voilà, c'est en effet ce que croient nombre de personnes à propos du sort des pauvres Anglais du Québec, qui, après tout, sont censés avoir été fort bien traités, voire privilégiés, n'est-ce pas?

Comment se fait-il alors qu'une telle minorité, si choyée soit-elle, descende dans la rue et se serve de tribunes de tout genre pour attaquer le gouvernement québécois et le gouvernement fédéral, insulter les francophones et même se réprimander elle-même? Comment se fait-il que certains s'intègrent aux francophones comme des voisins, tandis que d'autres désirent un retour en arrière comme dans une cohabitation linguistique?

Contrairement à l'opinion publique actuelle, je pense: a) que les anglophones du Québec constituent surtout une collectivité de particuliers plutôt qu'une communauté; b) qu'ils sont, en tant que minorité de langue officielle, dans une situation pire qu'on pourrait le croire à première vue; c) qu'ils se sont mieux adaptés qu'on ne le pense à l'évolution de la société québécoise en une société francophone; d) que leur comportement tant soit peu querelleur relève de celui de toute minorité et, partant, qu'il est le reflet d'une collectivité en voie d'adaptation à son statut de minorité.

En guise d'explication, j'avancerai premièrement que la société anglophone a été soumise à un changement rapide et très profond qui fait que son sentiment d'identité demeure toujours en proie à une métamorphose sociale et psychologique incomplète. Le Québec anglophone est parsemé de fissures liées aux générations, aux régions, à l'ethnicité et, avouons-le, à la langue même. Mais, ce qui est plus fondamental encore, ce sont les différences d'opinion politique que l'on observe entre ceux qui voudraient que leurs droits soient protégés à l'intérieur d'une société francophone, et ceux qui voudraient la liberté de choisir au sein d'une société qui accorde des droits linguistiques égaux aux anglophones et francophones. Il existe donc des divergences d'opinions entre les intégrationnistes multiculturels qui sont bilingues, plus jeunes, et leurs aînés, les «anglos» traditionnels. De plus, il ne faut pas se surprendre de la discorde qui règne chez les Québécois d'expression anglaise ni de leur morcellement. Ces gens se comportent comme toute minorité au lieu de s'affirmer comme «anglophones» avec leur flegme typique. Pour comprendre les luttes défensives des minorités, il suffit de se rappeler le fracas qui a eu lieu à l'hôpital Montfort et les luttes intestines qui s'ensuivirent au sein des institutions représentatives de cette collectivité ontarienne.

Afin de compléter cette introduction, permettez-moi de présenter quelques éléments du contexte qui entoure mon sujet. Il faut se rappeler que le comportement des anglophones du Québec est influencé non seulement par la société et la politique québécoises, mais aussi par la situation au Canada et en Amérique du Nord, voire même par les exemples fournis par des minorités d'ailleurs ainsi que par les normes des droits de la personne aux Nations unies. À titre d'exemple, on peut prétendre que la mondialisation produit un effet bénéfique pour les minorités d'expression anglaise, mais nuisible pour les francophones, à cause de l'attrait de la culture anglo-américaine qui sévit partout sur la planète.

S'interroger sur la place qu'occupent les anglophones du Québec et le rôle qu'ils peuvent jouer n'est pas nouveau. Il y a maintenant près de vingt ans, Gary Caldwell et Eric Waddell se demandaient, dans leur livre *The English of Quebec : From Majority to Minority Status*, si oui ou non le Québec d'expression anglaise caressait le désir de survivre ; s'il possédait une conscience collective qui se situait au-delà du vague sentiment de former une collectivité linguistique ; s'il existait une raison valable d'assurer le maintien d'un Québec d'expression anglaise ; si tout cela était lié à la préservation du Canada ; si les anglophones se sentaient capables de faire preuve d'une solidarité suffisante à l'endroit du Québec pour leur permettre de se sentir chez eux dans un Québec français et, le cas échéant, si l'intégration serait possible sans danger d'assimilation[1]. Quelques années plus tôt, soit en 1978, Dominique Clift et Sheila McLeod Arnopoulos, dans le premier ouvrage jamais publié au sujet du Québec anglais, se demandaient jusqu'à quel point le Québec devrait devenir une société pluraliste, basée sur le modèle américain, pour enfin pouvoir mieux s'accommoder de sa population multiculturelle[2]. Chacune de ces questions conserve encore sa pertinence de nos jours.

Si l'énigme «anglo» n'est pas un phénomène nouveau, il faut dire qu'elle n'est pas unique non plus. Les vagues migratoires accrues, l'intégration mondiale et les moyens de communication de pointe amènent plusieurs groupes ethniques à se poser de sérieuses questions à propos de leur survie (quand ce ne sont pas les autres qui s'en posent à leur endroit). Ils s'interrogent aussi sur la nature évolutive de leur communauté et de son identité et, il va sans dire, sur leurs relations avec les collectivités qui les entourent. Les anglophones du Québec suivent le même cheminement. Et c'est précisément ce genre de questions qui est à la base de la fragmentation qui s'opère à l'intérieur de la collectivité.

Pour ma part, je suis reconnu pour être un professeur qui s'intéresse surtout au dialogue plutôt qu'à la confrontation. De toute façon, en tant qu'anglophone vivant au Québec, on pourrait me considérer de façon suspecte. Afin de nous débarrasser de certains complexes, permettez-moi de bien souligner que je suis conscient que la culture française au Québec subit une pression constante provenant de la présence massive des anglophones en Amérique du Nord. Nous savons également que, grâce aux institutions dont il s'est doté depuis longtemps, le Québec anglophone possède une structure plus solide que celle des francophones hors Québec. Enfin, vu les efforts constamment déployés pour conserver le fait français en Amérique du Nord, on pourrait croire qu'en comparaison les anglophones du Québec paraissent comme des «braillards». Malgré que je sois au courant de tout cela et que je le tienne pour acquis, permettez-moi de vous présenter une autre facette de l'histoire. Je ne m'attends pas à ce que vous versiez beaucoup de larmes sur le sort des Anglo-Québécois, mais j'aimerais quand même démontrer que leur image d'élite gâtée et privilégiée n'est plus tout à fait juste.

Plus tôt cette année, j'ai fait campagne contre William Johnson pour la présidence d'Alliance Québec afin de démontrer qu'il existe d'autres voix anglophones au Québec que celles de certains confrontationnistes vociférants. Aussi ce texte sera-t-il celui d'un observateur participant qui tentera de maximiser le bien-fondé et de réduire les préjugés au minimum. En plus de faire appel à mon expérience d'anglophone québécois, je m'appuierai sur certains livres qui ont été publiés sur ce sujet et sur nombre d'articles parus dans les médias, ainsi que sur des dizaines d'entrevues que j'ai menées auprès des élites anglophones, avant et durant cette campagne.

Un rappel historique

Je n'ai nullement l'intention de dresser le profil chronologique des Anglais au Québec, mais je voudrais tout simplement souligner certains faits historiques qui pourront servir comme points de référence que j'éluciderai plus tard. Les gens provenant des îles Britanniques et des États-Unis ont fondé d'importants établissements dans les Cantons de l'Est et dans l'Outaouais. Ils ont détenu la majorité à Montréal jusque vers le milieu des années 1800. Aujourd'hui, les anglophones forment toujours quelque 20 % de la population de la métropole. Dans la région du Pontiac, dans l'ouest du Québec, il existe toujours une faible majorité d'anglophones et, à eux seuls, ils forment 90 % de la population de Shawville.

Jusqu'à la Révolution tranquille, durant les années 60, les Anglais au Québec formaient une collectivité importante, voire puissante, et agissaient en «partenaires égaux dans une province bilingue», comme le dit Garth Stevenson dans son étude récente intitulée *Community Besieged: The Anglophone Minority and the Politics of Quebec*[3]. Stevenson utilise le terme «*consociationalism*» pour mieux décrire le régime au sein duquel évoluait l'élite anglophone cossue, soutenue par une masse de citoyens respectueux, qui se servait de sa position économique supérieure pour marchander et négocier certains accommodements quant à sa place dans la vie politique. Grâce à sa prépondérance dans l'économie au Canada et à sa position constitutionnelle spéciale, l'élite anglophone possédait une source d'influence extraordinaire, non seulement à Montréal et au Québec, mais également auprès du gouvernement fédéral et au sein même du Cabinet. C'est de là qu'elle tenait ses privilèges, mais c'est ce qui lui a permis d'apporter une contribution considérable au Québec.

Ce court survol historique cache toutefois certains facteurs d'importance. Tous les auteurs cités jusqu'à présent soulignent que l'une des caractéristiques qui définissent le mieux les Anglais au Québec avant l'élection du Parti québécois en 1976, c'est la façon qu'ils avaient de s'identifier à la majorité anglophone nord-américaine. Ils savaient bien qu'ils étaient minoritaires, mais ils se percevaient comme une majorité. Il ne fallait donc pas qu'ils agissent en minoritaires. Ce genre de perception a eu deux répercussions. D'abord, le passage du statut de majorité à celui de minorité au sein d'une société francophone devait s'opérer au niveau des esprits. Il va sans dire que ce changement d'attitude a été difficile à digérer et demeure toujours source de divergence entre les camps «intégrationnistes» et «traditionalistes». Deuxièmement, les Anglais du Québec ont cru qu'ils pouvaient renoncer au nationalisme et se dispenser de former leur propres groupements communautaires représentatifs. C'est ainsi qu'au lendemain de l'élection du PQ en 1976, les anglophones n'ont pas vraiment su comment réagir en tant que collectivité. Au cours des deux années suivantes, six associations différentes ont vu le jour dans le but de donner une voix aux gens d'expression anglaise au Québec. Il a fallu deux années de plus pour fusionner ces groupes en un seul : Alliance Québec.

Pour accomplir cette tâche, une certaine dose de «discipline démocratique» a été nécessaire. L'une des orientations qui a été mise au rancart a été la liberté de choix, pour ceux qui croyaient que l'anglais conserverait toujours son statut d'égalité dans une province bilingue. Alliance Québec acceptait de prime abord les principes de la loi 101, à savoir que la langue de travail au Québec serait le français, même si certaines des modalités de la loi ont fait l'objet de contestations. Ironiquement, à la suite de la prise du pouvoir par William Johnson et ses acolytes du Parti Égalité à Alliance Québec, la proposition relative au «libre choix», qui avait été rejetée plus tôt, est revenue sur le tapis. Elle tendait à contrôler l'organisme qui l'avait déjà rejetée et venait par conséquent renverser la vocation même d'Alliance Québec.

Troisièmement, les Anglais du Québec ont compris, presque dès leur arrivée au Québec, qu'ils ne seraient jamais assez nombreux pour être à la tête du gouvernement. Ils ne posséderaient jamais leur «propre gouvernement». Leur réaction a donc été de créer des institutions sociales bien à eux : entreprises, écoles, universités, hôpitaux, services sociaux, bibliothèques, théâtres. Ils se sont constitués en communauté à part. Des orientations individualistes prédominaient dans leurs activités commerciales et sociales, mais ils s'occupaient aussi, bien sûr, de politique fédérale. Aujourd'hui, après plus de deux décennies au pied de la barricade politique, la majorité des anglophones ont encore une fois abandonné leurs groupes communautaires pour revenir à leur préoccupation première au sein des entreprises et des institutions à vocation sociale, du moins celles que l'État ne leur a pas enlevées. Actuellement, le point chaud, à Montréal, est la fusion des trois hôpitaux anglophones en un seul centre hospitalier des plus modernes. On doit admettre aussi que les Québécois d'expression anglaise respirent mieux depuis 1996, car ils ont appris que, grâce aux mariages mixtes franco-anglais, les inscriptions dans les écoles anglaises avaient augmenté. L'exode relatif des diplômés universitaires est aussi à la baisse, et les Québécois anglophones conservent toujours le taux d'instruction le plus élevé au pays.

Du Québec « anglais » au Québec « anglophone »

L'image qu'on se faisait d'un Québec anglais isolé, d'ascendance britannique, ne s'applique pas de nos jours, sauf, peut-être, pour la génération de l'âge d'or. Entre 1976 et 1996, la collectivité d'origine a perdu la moitié de ses effectifs (400 000 personnes) au profit des autres provinces, nombre qui vient s'ajouter aux quelque 165 000 autres qui ont quitté entre 1970 et 1975, selon les derniers chiffres fournis par Statistique Canada. Ce chiffre est énorme. Il se compare à la moitié du nombre de francophones qui habitent hors Québec. Près de la moitié de cette perte a été comblée par des immigrants d'origines ethniques et raciales diverses, mais d'expression anglaise. Au cours de cette période, donc, on peut dire que cette collectivité a perdu une grande partie de son statut, de son pouvoir, de sa position dominante dans l'économie et de ses droits linguistiques.

Quelques-uns de ces faits étaient connus, mais un rapport détaillé, publié par *The Gazette* dans la semaine du 30 mai 1999, s'appuie sur des données fournies par Statistique Canada pour esquisser le profil suivant du Québec anglophone, à l'aube de l'an 2000. La population anglophone se chiffre maintenant à 760 000 personnes, soit 11 % de la population québécoise ; or, en 1970, elle s'établissait à 900 000 habitants et représentait 15 % de la population. Environ 18 % de la population montréalaise est d'expression anglaise, mais seulement 167 000 anglophones habitent en dehors de l'île de Montréal. Aujourd'hui, il ne reste qu'un tiers des anglophones qui soient d'origine britannique. Il y a présentement 20 % d'anglophones dont la langue maternelle n'est pas l'anglais. Parmi les allophones, 230 000 parlent à la fois l'anglais et le français, tandis que 140 000 parlent seulement l'anglais. Près de 70 % des allophones qui sont arrivés depuis les années 80 et qui ont adopté une autre langue à la maison ont opté pour le français (une hausse de 20 % par rapport à 1961).

Être de langue anglaise n'est maintenant qu'un facteur parmi d'autres dans l'identité des Québécois anglophones. Ils s'intègrent de plus en plus au Québec francophone. Le nombre d'enfants issus de mariages entre Anglais et

Français est sur le point de dépasser celui des enfants issus de mariages entre deux anglophones. La majorité des gens de chaque génération sont maintenant bilingues, sauf chez les personnes âgées. Lors du recensement de 1996, 65 % des anglophones se sont déclarés bilingues (une hausse de 40 % comparativement à 1971).

Les anglophones sont plus portés à s'assimiler au français, et les francophones sont moins enclins à s'angliciser. La proportion de Québécois dont la langue maternelle est l'anglais qui parlent français à la maison est passée à 10,2 % en 1996, de 7,5 % qu'elle était en 1971. Le nombre de francophones qui se sont assimilés à l'anglais a été ramené de 1,6 % à près de 1,1 % au cours de la même période. Les institutions de langue anglaise, telles que les universités, les hôpitaux et les services sociaux, se transforment à leur tour : elles deviennent plus bilingues, offrent des services à la clientèle en français et engagent des francophones.

Passons maintenant des données quantitatives aux données qualitatives pour esquisser, d'une autre façon, cette transformation assez saisissante. On peut affirmer qu'en général la collectivité anglophone traditionnelle, au Québec, était d'ascendance britannique et unilingue ; que ses membres fréquentaient l'école anglaise ; qu'ils vivaient, achetaient, travaillaient et s'amusaient en anglais. Ils fréquentaient rarement les francophones et sentaient qu'ils faisaient partie de la majorité anglophone canado-américaine. Ils habitaient partout au Québec et affichaient fièrement leur héritage britannique. Or, à l'aube de l'an 2000, on peut dire que de plus en plus d'anglophones du Québec n'en connaissent pas long sur cette histoire et font fi de cet héritage britannique. Ils habitent surtout la région montréalaise, sont multilingues et d'origines ethniques et raciales diverses. Ils fréquentent l'école française et vivent dans des quartiers mixtes ; de plus, ils travaillent et discutent en français. Calvin Veltman, professeur d'études urbaines à l'Université du Québec à Montréal, disait avec concision : « La bataille est terminée et le français l'a remportée. »

Le duel interne au sein du Québec d'expression anglaise

Ce changement profond, généralisé et rapide dans le statut et dans l'identité des Québécois d'expression anglaise a eu toutefois deux impacts fort divergents, selon la nature et les perceptions des personnes touchées. La plupart des aînés se sont sentis traumatisés par la perte d'influence des anglophones. En contrepartie, le groupe multiethnique, plus jeune, s'accommode tant bien que mal de la situation et il a choisi l'intégration au Québec d'expression française. Voilà donc le foyer principal où se déroule cette lutte intestine chez les Québécois d'expression anglaise, une collectivité toujours angoissée par cette métamorphose incomplète. Selon *The Gazette* :

> Tous ces changements ont eu un effet perturbateur sur bon nombre d'anglophones, en particulier les gens d'un certain âge de l'ouest de l'île qui ont atteint la majorité à une époque où les règles du jeu étaient très différentes.

Ils se sont aperçus tout d'un coup que leur communauté se transformait, qu'elle devenait une minorité, passant dans l'espace d'une génération de la situation de population prospère, en plein essor, au cœur de la structure du pouvoir économique du Canada, à celle de groupe doté d'une cohésion beaucoup moindre et d'une influence économique, sociale et politique grandement diminuée.

Pour les anglos d'un certain âge, la preuve de ce transfert de pouvoir se voit partout. (29 mai 1999, p. A11 [traduction].)

Pour mieux nous situer par rapport à l'impact de cette restructuration commune, établissons d'abord deux genres de «types idéaux», au tableau 1. Il va sans dire qu'un type idéal qui nous aide à entrevoir plus clairement certaines situations peut porter à une généralisation excessive et à une trop grande simplification. Il est donc nécessaire de préciser que tout Québécois d'expression anglaise ne se verra pas parfaitement bien représenté d'un côté ou de l'autre de ce tableau. Mais utilisé comme profil d'ensemble, ce tableau devrait saisir certaines divergences qui existent parmi les anglophones québécois.

La fragmentation des Québécois anglophones est devenue apparente surtout au cours de la course à la présidence d'Alliance Québec en 1999. Jusqu'alors, il était évident qu'il existait des divergences basées sur des facteurs tels que la génération, les antécédents ethniques et la contestation entre Montréal et les associations régionales de l'extérieur de l'île même. Mais les dimensions idéologiques des disputes au sein de la collectivité n'avaient jamais été claires. Au cours des années, Alliance Québec et les principaux

Tableau 1
Forces en présence parmi les anglophones québécois :
politiques, principes, perceptions

Intégrationnistes	Confrontationnistes
– Intégration au sein de la société francophone ; adoption du français comme langue commune	– Liberté du choix de la langue et reconnaissance de l'anglais comme langue officielle
– Reconnaissance du besoin d'une protection spéciale pour la culture française en Amérique du Nord	– Égalité des droits linguistiques individuels du français et de l'anglais
– Plan A : reconnaissance et protection du caractère unique du Québec dans la Constitution	– Plan B : opposition aux séparatistes assortie d'une menace de partition, de règles référendaires et de dévastation économique
– Démocratie, dialogue, coopération	– Confrontation, procès, manifestations
– Fierté du français comme partie de l'identité	– Libéraux individualistes
– Groupes plus jeunes, plus diversifiés sur le plan ethnique	– Groupe plus âgé, plutôt britannique

médias d'expression anglaise avaient tenté de dissimuler ces différences, parce qu'il était important qu'une collectivité minoritaire fasse « front commun ». Au fil du temps, il est devenu de plus en plus évident que les différences qui opposaient Montréal aux autres régions constituaient un facteur déterminant dans cette divergence d'opinions. Il semble que plus on vit dans un voisinage où les anglophones sont la majorité, comme le West Island de Montréal, plus il est possible de refuser de croire au fait que les anglophones constituent une minorité au Québec. Il est évident que, sur une base individuelle, ce raisonnement est très complexe et doit tenir compte d'antécédents personnels et d'orientations différentes.

Pourquoi ce duel maintenant ?

Comment se fait-il que ces divergences idéologiques ont fait éruption parmi les anglophones en 1998, lorsque William Johnson et ses disciples du Parti Égalité ont pris les rênes d'Alliance Québec, l'organisme communautaire par excellence du Québec anglophone, afin d'en renverser complètement l'orientation par la suite ? La chose n'aurait pu se produire si elle n'avait pas correspondu aux changements qui se sont fait sentir dans l'attitude de bon nombre d'anglophones. Voici ce que l'on m'avait dit au cours d'entrevues avec une quarantaine de représentants de l'élite anglophone, et aussi ce que j'ai entendu de la part de membres d'Alliance Québec, tant anciens que nouveaux, et des médias anglophones.

La suppression du mouvement de liberté de choix a été une mauvaise idée. Alliance Québec aurait dû simplement écouter le point de vue de ses défenseurs, le considérer comme une voix marginale, et incorporer certains éléments de leurs revendications et de leurs inquiétudes. Les politiques de Robert Bourassa sur la langue d'affichage, l'utilisation qu'il a faite de la clause « nonobstant » pour annuler l'effet de la décision de la Cour suprême et la présentation du projet de loi 86, ont causé un émoi tel qu'elles ont abouti à la création du Parti Égalité. En fin de compte, l'effondrement de ce parti a laissé pour compte plusieurs militants qui, par la suite, se sont mis en disponibilité pour prendre le pouvoir à Alliance Québec, de façon « hostile ».

L'exode de tant d'enfants et de petits-enfants de Québécois d'expression anglaise a fait croire aux anglophones qu'ils n'avaient plus leur raison d'être au Québec. Ils ont blâmé les séparatistes pour le déracinement des familles qui ont contribué à « bâtir le Québec ».

Ce sont les attaques perpétrées à l'endroit des Anglais et de la population anglaise qui ont réussi à alimenter la crainte et la colère, et non la prédominance du français. La destruction de drapeaux, le terrorisme et les bombes du FLQ, la crise d'octobre et la Loi sur les mesures de guerre, tout cela a eu lieu *avant* l'élection du PQ. J'ai reçu cette opinion dans une lettre signée Henri Gigande. Celui-ci poursuit avec ce qu'il appelle la « conquête tranquille » : attribution de noms français à des voies de circulation qui jusque-là portaient des noms anglais ; adoption de la loi 101 qui a fait du français la langue officielle du Québec ; lois sur l'affichage ; la restriction ou éradication délibérée des institutions anglophones et de la langue anglaise ; présence d'un nombre restreint de politiciens de langue anglaise au Québec pour faire contrepoids au leadership francophone à Ottawa. Les sentiments nationalistes et anti-anglais sont toujours présents dans la mémoire des anglophones, beaucoup plus que le fait que le français ait pris la place qui lui revient.

La nécessité de faire face à la transformation du Québec «britannique» et le déclin, ou la perte d'institutions anglophones dans les domaines de l'éducation, de la santé et des services sociaux, conjugués à l'accès réduit aux services en anglais, ont su frustrer plus d'un chef de file de la communauté et mener à un sentiment de perte d'importance et d'identité.

On accuse le Parti libéral du Québec et le Parti libéral fédéral de manquer de leadership parce qu'ils prônent le compromis en ce qui concerne la protection de la collectivité anglophone.

La mince victoire au référendum de 1995 a mené non seulement à une réelle crainte de voir le Canada se disloquer, mais elle a aussi suscité un sentiment de «trahison» de la part des francophones qui n'ont pas compris les efforts qu'ont faits les Québécois anglophones pour s'ajuster aux exigences de la loi 101 dans un Québec français.

Un leadership d'un genre nouveau a vu le jour. Il s'est exprimé avec colère dans les articles et les déclarations du journaliste William Johnson, les manifestations de Howard Galganov, la création du Parti Égalité, les interventions de l'ex-séparatiste Guy Bertrand et les procès de Brent Tyler.

La difficulté d'accès à l'emploi au gouvernement du Québec, où les anglophones ne comptent que pour 0,7 % des effectifs, voire au sein de la fonction publique fédérale au Québec, où les anglophones occupent un pourcentage d'emplois inférieur à leur proportion dans la province, sème la grogne.

La perception d'injustice causée par la politique relative à la prédominance du français dans l'affichage et le refus, de la part des entreprises, d'afficher en anglais selon la limite permise par la loi ont mené aussi à l'apparition du sentiment qu'on tente de nier l'existence de l'anglais au Québec.

Les anglophones n'acceptent pas que le gouvernement du Québec continue de promouvoir le séparatisme, en dépit du fait qu'il ait été rejeté par l'opinion publique et que le PQ ait été reporté au pouvoir en 1997 sans toutefois obtenir la majorité du vote populaire.

Il existe un sentiment croissant que le gouvernement péquiste ne sera jamais satisfait, comme en fait foi sa réaction négative à l'étude menée par son propre Conseil de la langue française, qui démontre que 87 % du «discours public» au Québec se fait en français. (*The Gazette*, éditorial intitulé «*How Much Is Enough?*», 3 juin 1999.)

Cette présentation générale témoigne d'une montée de la colère, de l'angoisse et de la frustration qui se manifeste à plusieurs niveaux de la collectivité anglophone québécoise depuis les dernières décennies. Elle démontre pourquoi il existe, même parmi les anglophones modérés, un désir secret de «rendre la monnaie de leur pièce» aux francophones (ou au gouvernement péquiste, ou aux séparatistes) et donc pourquoi les William Johnson, les Guy Bertrand et tous les militants du plan B de ce monde, qui ont fait leur apparition après le référendum, jouissent d'une audience certaine. Les anglophones sont à la recherche d'un leadership ferme qui saura quand fixer une limite.

C'est pour cette raison que les 15 000 anciens membres d'Alliance Québec ne se sont pas interposés contre Bill Johnson pour l'empêcher de prendre le pouvoir. Ils ne voulaient pas faire partie d'un organisme où Johnson serait présent, mais ils se sentaient aussi las du corps à corps, du manque de succès tangible d'Alliance Québec et des interminables querelles intestines. Ils ont cru que les élections de 1998 leur fourniraient l'occasion de retourner à leurs anciennes sphères de préoccupation dans le monde des affaires et les institutions sociales. Par ailleurs, cependant, le faible taux d'adhésion à Alliance Québec et le manque d'appui en faveur de sa politique de confrontation démontrent clairement qu'il existe en parallèle, surtout au sein de la nouvelle génération, une volonté de s'adapter tranquillement à un Québec français par la voie du dialogue et du compromis. Généralement, les anglophones veulent surtout mettre un terme à la menace séparatiste. Ils savent fort bien que la ligne dure du plan B, bien qu'elle représente une tactique à court terme pour défouler et déséquilibrer les séparatistes, n'offre cependant pas de solutions à long terme aux revendications qui, au départ, ont inspiré le séparatisme.

Conclusions : vers l'avenir

Tout ce qui précède nous donne un aperçu de ce que nous savons de l'histoire récente du Québec anglophone. Nous pouvons donc nous demander ce que cela nous réserve pour l'avenir. Je tenterai d'élaborer trois genres de conclusions : l'une suggérera la meilleure façon de calmer les inquiétudes anglophones quant à leur place dans la province ; la seconde prendra en considération le contexte plus large ; la troisième tentera de tirer des leçons pour mieux analyser les relations intercommunautaires.

Pour que les Québécois d'expression anglaise aient un rôle tant soit peu satisfaisant, il faudrait qu'ils donnent suite à leurs propres efforts *et* que la majorité francophone fasse des tentatives de réconciliation avec eux. Dans leur étude publiée en 1982, Caldwell et Waddell ont déjà dressé la liste de ce que pourraient faire les anglophones pour eux-mêmes. Selon eux, les anglophones devraient :

- accepter la primauté du français ;
- continuer à faire confiance au processus juridique et à notre tradition de gouvernement constitutionnel ;
- cultiver un sens des responsabilités en ce qui a trait au domaine public ;
- préparer les jeunes à participer à la société québécoise et les rendre conscients de l'héritage du Canada anglais ;
- encourager les établissements d'enseignement de langue anglaise à planifier et à travailler ensemble ;
- envisager la possibilité d'un cheminement scolaire qui permettrait aux étudiants anglophones de profiter, à un moment donné, d'un enseignement commun avec des francophones ;
- publier une revue de critique et d'analyse sociale et politique en anglais ;
- participer à la vie politique et contribuer à la vie publique ;
- produire une élite consciente de son histoire[4].

Il me semble que toutes ces propositions sont toujours valables. Il est intéressant de noter que c'est Camille Laurin, père de la loi 101, qui laissait
entendre que les anglophones devraient être fiers de leurs valeurs canado-
britanniques[5]. Parmi ces valeurs et ces principes traditionnels, on pourrait
inclure la division des pouvoirs et l'équilibre du pouvoir, les droits de la personne, l'autonomie locale, le pragmatisme, le franc jeu, les partis politiques,
le lobbying, la responsabilité individuelle et les corps intermédiaires. Non
seulement est-il utile que les anglophones soient conscients de l'importance
de leur héritage et qu'ils comprennent les valeurs qu'ils peuvent adopter
avec fierté, mais on peut aussi en entrevoir le mérite intrinsèque pour le Québec, le Canada et la planète. Parce que nous discutons du fondement même
des comportements futurs, il est important de souligner que le besoin d'une
expérience pédagogique commune avec les francophones se fait sentir. Tout
le monde est conscient depuis longtemps des effets fractionnels inhérents
aux systèmes scolaires basés sur l'ethnicité et la religion. Une façon de surmonter ce problème consisterait à permettre les échanges scolaires d'une
durée de quelques années au primaire, sur une base volontaire. Cela pourrait
favoriser l'amitié, la compréhension mutuelle et l'amélioration des compé-
tences linguistiques, tout en faisant valoir l'utilité du système anglais pour
l'apprentissage de l'anglais, cette langue internationale.

Un autre conseil judicieux provient de l'étude récente réalisée par Garth
Stevenson. Dans ce qu'il surnomme «une lutte paisible pour assurer espace
et pouvoir», l'auteur recommande aux Québécois d'expression anglaise de
ne se fier que sur eux-mêmes, et non plus sur les partis politiques québécois,
sur le gouvernement fédéral ou sur le reste du Canada. Pour ce faire, ils
devraient se pencher surtout sur le renforcement de leur société civile et
l'accueil des immigrants, deux actions qui, à la longue, revêtiront une plus
grande importance que leur participation aux élections, aux partis politiques
et aux groupes d'intérêt — ce qu'ils ne doivent pas négliger non plus[6].

Mais, en dépit de tous leurs efforts, les anglophones ne pourront se sentir
véritablement à l'aise au Québec sans une aide de la part de la majorité francophone et du gouvernement du Québec. D'après de récentes études du
Conseil de la langue française et de *The Gazette,* il est évident qu'il existe des
preuves que la culture française au Québec repose sur des assises beaucoup
plus solides que par le passé. Malgré le besoin d'une vigilance éternelle, il
semble que le moment soit venu pour le gouvernement du Québec de desser-
rer quelque peu la bride de la loi 101 sans pour autant que cela nuise à la prédominance de la culture française. Voici quelques-unes des étapes à suivre :

–   Reconnaître publiquement le fait que les Québécois d'expression
    anglaise font des efforts pour faire du français la langue parlée au
    Québec (*Montreal Gazette,* 3 juin 1999).

–   Mettre fin à la prédominance du français dans l'affichage commercial
    et permettre l'égalité entre le français et toute autre langue. C'est ce
    que le conseil municipal de Shawville propose, et c'est aussi le sens du

111

jugement rendu par la juge Danielle Côté de la Cour du Québec (le 20 octobre 1999). On supprimerait ainsi un important grief des anglophones.

– Ouvrir les portes des écoles anglaises aux élèves provenant de pays de langue anglaise. Une telle décision semblerait raisonnable ; elle aurait pour effet d'accorder un appui indispensable au système anglais et éviterait de susciter l'aversion pour la culture française chez ces jeunes.

– Maintenir le droit aux services bilingues dans toute restructuration municipale future et envisager l'assouplissement de la règle du 50 % aux municipalités qui offrent de tels services. L'administration municipale est un bastion important de la participation et de la représentation des minorités.

– Créer des programmes spéciaux urgents, à grande échelle, pour l'engagement de représentants des minorités au gouvernement du Québec et dans tous les organismes provinciaux et municipaux. Le Québec doit être perçu comme un régime politique pleinement représentatif de sa société pluraliste.

– Favoriser des programmes d'échanges scolaires entre les systèmes français et anglais.

Au début de ce texte, nous avons fait observer que le contexte national et international exerçait une influence sur la situation que vivent les groupes minoritaires. Bien que la mondialisation soit probablement un sujet trop vaste pour que nous puissions faire des généralisations à propos de son influence, il est possible d'avancer des propositions quant à l'impact de la situation canadienne sur le Québec. Pour nombre d'anglophones, la priorité consiste d'abord à se débarrasser du spectre du séparatisme. Avec le temps, la lutte pour la protection des droits des anglophones au Québec s'est confondue avec la lutte pour la protection du Canada. D'après des études récentes, l'opinion francophone soupçonne que les organismes communautaires anglophones ne sont que de simples prête-noms pour le fédéralisme. Quoi qu'il en soit, les anglophones québécois peuvent faire deux choses pour tenter de stabiliser leur situation en cherchant à couper les racines mêmes du séparatisme. La première consiste à cesser d'être une épine au pied des nationalistes québécois, en acceptant d'emblée les objectifs de la loi 101 (on pourra toujours discuter des modalités) et en reconnaissant la position minoritaire de la collectivité anglophone dans le contexte d'un Québec français. La deuxième consiste à mener la lutte pour la reconnaissance et la protection du Québec comme société distincte à l'intérieur du fédéralisme canadien et de la Constitution[7].

Voilà qui nous amène à la question des relations entre les communautés linguistiques et à celle de leurs influences réciproques. Y a-t-il un avantage quelconque à tirer des relations franco-anglaises au Québec ? La majorité des gens que je connais qui ont choisi de rester au Québec l'ont fait à cause de la joie de vivre de la société québécoise et des avantages qu'il y a à vivre dans deux cultures. Certaines de ces personnes considèrent que la juxtaposition de leurs deux cultures a un effet cumulatif plutôt qu'un effet antagoniste[8]. Je soutiendrais aussi que la présence de deux collectivités au Québec, et dans l'ensemble du Canada, constitue l'essence même de ce pays. Elle représente le fondement des notions canadiennes de diversité et de pluralisme. Elle nous aide à respecter les droits de la personne un peu mieux qu'ailleurs. Pour faire le point, n'eût été la présence d'un solide bastion francophone au Québec, le Canada n'aurait jamais réussi à témoigner de la tolérance et du respect pour le multiculturalisme. Comme les Canadiens ont été forcés de prendre des mesures face à la réalité irréductible de deux collectivités culturelles au Canada, ils ont su accepter, voire apprécier, progressivement l'existence du tissu culturel varié et coloré qu'est devenu ce pays.

J'aimerais terminer sur cinq leçons que nous pouvons tirer des relations franco-anglaises au Québec. Premièrement, les minorités doivent apprendre comment prendre soin des majorités. Pour des raisons fort complexes, les majorités semblent être affligées d'un grande sensibilité aux tracasseries qui peuvent leur être infligées même par les plus petites minorités. Dans une perspective à long terme donc, les majorités n'aiment guère les politiques de confrontation. Ce que doivent d'abord faire les minorités, c'est valoriser leurs forces en se faisant des alliés et en démontrant leur utilité à la société majoritaire. Ensuite, elles doivent se servir de tous les moyens politiques démocratiques à leur disposition — la mobilisation, les moyens de pression, le lobbying, la participation, la prise des devants, les débats — pour faire valoir leur cause. Deuxièmement, les minorités ont grandement besoin de se doter d'organismes de coordination pour planifier, communiquer et représenter les intérêts de la collectivité à l'égard de la majorité. Même si c'est difficile, les minorités doivent apprendre comment investir temps, argent et efforts dans leurs organismes communautaires. Troisièmement, il est clair qu'au Québec la minorité anglophone ne représente plus une menace pour la majorité francophone, la menace provenant maintenant surtout de l'impact mondial de la culture anglo-américaine, spécialement par l'intermédiaire de la musique populaire, d'Internet, des conférences internationales, etc. Le remède se situe dans le renforcement des industries culturelles et de l'éducation ; il ne s'agit plus de faire d'un soi-disant ennemi traditionnel un bouc émissaire permanent et, partant, d'ignorer le vrai danger. Quatrièmement, si une minorité veut être acceptée, elle doit, en plus d'exiger ses droits, se montrer prête à assumer ses responsabilités en participant pleinement à la vie politique et sociale, et être perçue comme telle. Enfin, il me semble que la situation des anglophones au Québec diffère beaucoup de celle des minorités francophones au Canada, parce que les répercussions de ses gestes ne revêtent pas un caractère aussi définitif. Les anglophones sont soutenus par la culture du reste du continent. Ils peuvent émigrer. Ils peuvent faire l'autruche. Les francophones, eux, n'ont pas ce luxe. Ils ne peuvent être blasés. Et ils ne peuvent pas non plus s'offrir le luxe d'être aussi désagréables.

NOTES

1.   Gary Caldwell et Eric Waddell (dir.), *The English of Quebec: From Majority to Minority Status*, Québec, Institut québécois de recherche sur la culture, Québec, 1982; publié en français sous le titre *Les Anglophones du Québec: de majoritaires à minoritaires*, Québec, IQRC, 1982, p. 438-453.

2.   Dominique Clift et Sheila McLeod Arnopoulos, *Le Fait anglais au Québec*, Montréal, Libre Expression, 1979, p. 224-225; publié en anglais sous le titre *The English Fact in Quebec*, Montréal, McGill-Queen's University Press, 1980.

3.   Montréal, McGill-Queen's University Press, 1999, p. 283.

4.   Caldwell et Waddell, *The English of Quebec, op. cit.*, p. 441-445; *Les Anglophones du Québec*, p. 457-462.

5.   *Ibid.* p. 430 en anglais et p. 446 en français.

6.   Stevenson, *Community Besieged, op. cit.*, p. 284-298.

7.   *On the Reform of Canadian Federalism*, se référer à Gérald-A. Beaudoin *et al.* (dir.), *Le fédéralisme de demain: réformes essentielles; Federalism for the Future: Essential Reforms*, Montréal, Wilson & Lafleur, 1998.

8.   *On Coping With Living in a Bilingual Setting*; se référer à Josh Freed et Jon Kalina (dir.), *The Anglo Guide to Survival in Québec*, Montréal, Eden Press, 1983.

DOULEUR ET DÉSIR, ALTÉRITÉ ET TRADUCTION : RÉFLEXIONS D'UNE « AUTRE » D'ICI

Agnès Whitfield
Université York

On sous-estime toujours l'altérité de l'autre, et encore plus la sienne. On ne sait pas combien d'autres on porte en soi, ni combien d'autres l'autre porte en elle ou en lui. Choisit-on l'autre qu'on est ? Souvent tout s'entoure de silence, et on ne saura jamais la place qu'on occupe dans la mouvance du monde autour de nous. Et pourtant, on dirait qu'on reste tout aussi responsable de nos altérités que de nos identités, que notre identité est justement striée, tissée d'altérités, que c'est précisément dans cette relation à l'altérité, dans une expérience approfondie de la différence, que nous apprenons à nous connaître nous-mêmes et à connaître les autres, que nos altérités respectives et respectueuses sont d'une richesse insondable.

La douleur de la différence

Parler de la différence, de l'altérité, n'est jamais neutre. Quand je parle français, je ne peux pas ne pas être consciente des torts historiques dont je porte la responsabilité, moi anglophone, dans l'espace canadien : ce lourd passé d'intolérance, de dévalorisation, de volonté d'assimilation, ce présent encore marqué de trop d'indifférence et d'hostilité, malgré l'ouverture des francophiles d'immersion, malgré certains gains politiques et juridiques durement obtenus. L'altérité a sa durée ; l'histoire n'est pas la même pour tout le monde. Il s'agit là, bien sûr, d'une évidence, mais trop souvent ce qui est évident finit paradoxalement par passer inaperçu, comme si, au-delà d'un certain degré d'abstraction, la compréhension ne fonctionnait plus. On oublie jusqu'à quel point l'histoire collective peut nous rattraper personnellement par l'inégalité et l'injustice de son poids, nous confiner derrière des barrières d'apparence infranchissables, nous faire (re)vivre la douleur de la différence, la douleur de l'autre indignement traité, la nôtre aussi, mêlée de culpabilité et d'impuissance. Mon identité, dans ce contexte, est une altérité douloureuse.

Comment parler dans le respect de chacune de ces innombrables altérités qui nous côtoient, qui nous habitent ? Comment apprendre à être celle qu'on est, sans brusquer l'autre ? Pendant longtemps, la tâche me semblait tout simplement écrasante, impossible ; je ne voyais d'autre solution que le silence. Il n'y a pas de langue sans écueils, les mots frayent leur chemin en dehors de nous, avec un passé que nous ignorons et des décodages qui nous dépassent. Il n'est pas facile d'assumer tous ces autres que nous sommes, de poser les gestes qui s'imposent pour rééquilibrer ce tissu mouvant d'identités et d'altérités qui nous constitue.

C'est peut-être pour cette raison que j'éprouve toujours une méfiance (ou est-ce une sorte d'extrême prudence) à l'égard des discours sur l'altérité. Je me demande de quelle altérité on parle, de quel point de vue, à partir d'où, au nom de qui et pourquoi. Car ces discours ne sont pas de vaines paroles, mais des armes potentielles qu'on manie souvent sans formation, dans le vide, arbitrairement, gratuitement, qu'on croit souvent, surtout dans des contextes de discours censément objectifs, sans conséquences (mais pour qui ? pour nous ? pour d'autres ?) et pourtant…

Je ne peux donc contribuer à ce débat que par des réflexions éparses, nées de souvenirs et de témoignages personnels sur l'altérité que je me sens la plus autorisée à commenter, dans l'espoir que mes remarques pourront trouver des résonances chez d'autres. La traduction m'a libérée du silence en m'ouvrant la voix de la création littéraire, en me fournissant aussi une façon de négocier cette mouvance, de l'articuler, comme on dit négocier des rapides, ou soigner les articulations. Aussi sera-t-il beaucoup question d'altérité et de traduction. Dans ce sens, ce texte, lui-même, est à lire comme une traduction.

Quand j'enseignais le français et la littérature canadienne-française (ou québécoise, selon la terminologie de l'époque) à l'Université Queen's dans les années 80, j'éprouvais toujours un malaise. Comment moi, anglote, comme dirait Gérard Bessette, pouvais-je enseigner une langue qui ne m'appartenait pas ? Comment, de quel droit, pouvais-je présenter, interpréter, transmettre à d'autres une littérature que je ne connaissais que de l'extérieur, en «demi-étrangère»? Quand je parlais des grandes questions sociales ou politiques, nationales, du Québec, je me sentais toujours en porte à faux, comme si mon discours avait quelque chose de frauduleux. Savais-je vraiment de quoi je parlais? J'avais fait un doctorat à l'Université Laval en littérature québécoise, mais je n'avais jamais mis les pieds à Asbestos, ni dans le quartier de Saint-Henri à Montréal, et encore moins dans la campagne québécoise. Je n'étais pas québécoise, mes ancêtres n'étaient pas venus de La Rochelle, je n'avais jamais communié à l'église catholique ou étudié le latin ou le grec dans un collège classique, je ne m'étais jamais promenée sur la *Main*. Et pourtant, j'enseignais allégrement, non, plutôt difficilement, comme une sorte d'agoraphobe textuelle, *Poussière sur la ville*, *Bonheur d'occasion*, *Trente arpents* et, plus près de nous, *Prochain épisode*, *Une saison dans la vie d'Emmanuel*, *Jos connaissant*…

Aurais-je eu le même malaise si j'avais enseigné Shakespeare sans connaître l'Angleterre, Faulkner sans avoir vécu dans le sud des États-Unis ? Pourquoi certaines altérités paraissent-elles plus graves que d'autres, plus exigeantes, plus incontournables ? Au cours de la même période, j'étais responsable de la chronique «Études» à *Lettres québécoises*. Je me souviens du mal que je me donnais pour éviter toute expression qui aurait pu laisser croire que je parlais du point de vue québécois, comme si j'étais Québécoise. Une formule du genre «l'essai chez nous», par exemple, m'aurait paru impossible, comme une usurpation de voix inadmissible, un abus, un tabou. Je ne m'approchais de ce petit pronom que dans le respect absolu, sur la pointe des pieds, en me l'interdisant résolument, en insistant sur ma propre exclusion.

À l'époque, je croyais protéger ainsi l'altérité de l'autre, respecter la voix de l'autre, le droit de l'autre d'affirmer lui-même son histoire, son parcours. Aujourd'hui, je suis moins certaine ; je me demande si, au fond, ce n'était pas là une façon pour moi de garder ma propre altérité en français. Certaines altérités ne gardent-elles pas leurs privilèges ? Derrière le rempart de ma première langue, n'avais-je pas toujours la possibilité, même si je la refusais, de recourir à la mémoire sélective ? La lourde histoire qui me pesait quand je parlais français avec mon accent d'anglophone reculait-elle imperceptiblement (est-ce que j'y pensais moins ?) quand je passais à l'anglais, quand mon accent se perdait dans l'anonymat du groupe et que j'étais moins confrontée à l'irrémédiable altérité de mon identité ? Ces passages subtils sont-ils des indices (des symptômes) d'une sorte d'hybridité chancelante, d'une fausse hybridité, ou sont-ils plutôt la preuve de la capacité d'adaptation de l'hybride, de sa façon de glisser dans la peau de l'autre langue, de l'autre culture, dans la sienne ? Peut-on vivre l'identité inconditionnellement, continuellement ? Peut-on vivre l'altérité absolument, sans répit ? Peut-on parler d'une altérité refusée, mal assumée, comme on parle d'une identité refusée ? L'expérience de l'hybridité serait-elle toujours ce mouvement ? Et pourquoi ce mouvement particulier chez moi, de l'anglotitude à la francité ? Tous les cheminements de transfuge sont-ils pareils ?

Le désir de l'autre

L'altérité me ramène donc inévitablement à moi-même. Pourquoi, au fond de mon anglotitude, ce désir de l'autre, ce désir de m'identifier à l'autre pour mieux le connaître ? Pourquoi ce désir d'une altérité francophone ? J'échoue, dans cette réflexion sur l'altérité, sur une ferme, à l'extérieur d'une petite ville ontarienne, Peterborough. Autour de la conventionnelle maison de briques rouges s'étendaient des champs plats et une centaine de vaches, et à l'horizon des collines boisées et pas une seule âme humaine. Mes sœurs et mon frère étaient beaucoup plus vieux que moi ; plus d'un kilomètre me séparait de l'enfant de mon âge la plus proche. À quatre ans, j'aurais eu le goût d'aller la voir sur mon tricycle, mais je ne la connaissais pas encore ! Je vivais ma petite enfance dans la solitude et l'imagination. J'étais à tour de rôle celle qui jouait moi-même et celle qui jouait l'autre : Roy Rogers et Dale Evans, les cowboys contre les Indiens, *the Lone Ranger* et son bras droit. Devant la maison, sur le gazon, je revivais de grandes batailles sur les plaines de l'Ouest, je commandais de vastes troupes et les lançais à l'assaut de l'ennemi. Et puis, je sautais littéralement de l'autre côté de la barrière : j'étais l'autre qui repoussait l'attaque, toutes les tribus indiennes dans leur fierté, Dale qui parlait à

Roy, le *sidekick* qui interpellait le cavalier et son cheval fidèle, *Quick Silver*. Évidemment, je m'épuisais à exécuter tant de volte-face, mais surtout, le jeu manquait d'imprévu! Je ne pouvais cesser d'être moi-même tout en étant l'autre: le déroulement du jeu était donc connu d'avance, autant par moi, c'est-à-dire par l'autre, que par l'autre, c'est-à-dire par moi.

Je ne sais pas si je parlais à haute voix dans ces jeux-là ou plutôt si tout se passait dans ma tête. Je sais que je sondais beaucoup le silence autour de moi, il me semblait que si seulement je pouvais arriver à parler au vent, à apprendre son langage ou celui des animaux, de mon petit lapin, de mon gros chat, même des vaches (pourtant elles étaient plutôt massives, intimidantes), j'aurais trouvé enfin un compagnon, une compagne. Il s'agissait de trouver un autre ou une autre, *any other*, parlable, pour la joie de l'autre, pour l'imprévisibilité de sa pensée, pour le plaisir de l'échange. Car il y a aussi des altérités infranchissables, végétales et animales, des altérités humaines faites seulement de silence. Combien d'altérités faut-il connaître pour devenir un être pleinement humain? Peut-on souffrir d'une pénurie d'altérités? D'une carence d'altérités?

Toutefois, l'ailleurs était présent dans mon entourage. Petits entrepreneurs (en plus de sa ferme, mon père avait mis sur pied un commerce de lait), mes parents employaient quelques immigrants, parrainaient leurs proches auprès du gouvernement, les aidaient à s'installer au Canada. Jeune fille, j'étais donc entourée d'accents étrangers, d'Italie et de Hollande surtout. Des lettres arrivaient par avion presque toutes les semaines, porteuses toujours de ces curieux timbres-poste que je collectionnais avidement. On aurait dit un cadeau du ciel, car, à l'époque, l'Europe me semblait tout aussi lointaine, tout aussi inaccessible.

Il n'y avait pas de communauté francophone à Peterborough, mais il y avait bien quelques francophones à l'école (anglaise, bien sûr). À six ans, l'autre francophone pour moi prenait la forme d'une petite camarade de classe au nom chantant de Suzanne DuMoulin. Ses parents venaient de Timmins. Le nom de cette ville me paraissait troublant, fascinant. Le mot était anglais, je connaissais des familles qui s'appelaient Timmins, mais *Smiths* ou *Walkers* (pour reprendre le même modèle) me semblait plutôt curieux comme nom de ville. Et puis on parlait français à Timmins. Tout cela m'intriguait, s'offrait à mon imaginaire comme un puzzle.

Comme moi, Suzanne avait des tresses; nous n'étions que deux filles dans la classe à porter cette coiffure qui, à l'époque, paraissait déjà un peu démodée. Que les tresses de Suzanne, toutes noires et soyeuses, me paraissaient belles: des tresses françaises, plus onduleuses que les miennes, *French braids*. Sa mère avait un tout petit accent en anglais, moins un accent qu'une douceur d'intonation. Je me plaisais beaucoup à jouer avec Suzanne, et ma mère voyait d'un bon œil cette amitié (les tresses étaient-elles pour elle synonymes de solidarité et de probité?). Son nom de famille à double majuscule me paraissait tout aussi mystérieux que ses doubles tresses... Seulement, à la fin de l'année scolaire, Suzanne devait retourner dans le nord de l'Ontario. Ce n'est que maintenant en écrivant ce texte que je me rends compte que j'avais connu, à l'école primaire, deux Suzannes aux tresses : cette petite amie que j'aimais beaucoup et qui est partie, et une autre, que je connaissais moins bien, mais qui était aussi à sa façon proche de moi. Ses parents avaient un chalet un peu plus loin sur la même rivière qui traversait la propriété de mes parents. C'était dans ce chalet même que Suzanne devait perdre la vie vers les neuf ans, si ma mémoire est bonne, dans une tragédie terrible, tuée par sa mère suicidaire. Deux emblèmes de l'autre que j'aimais, de son départ, de sa fragilité : deux filles aux tresses, disparues, deux filles aux tresses qui auraient pu être moi.

L'altérité comme une histoire de tresses. Il me semble (ou est-ce que je l'invente par nostalgie) que Suzanne DuMoulin et moi avions même essayé, en jouant, de tresser nos cheveux ensemble, nos mèches noires et châtaines s'entremêlant, mais ne résistant jamais à l'épreuve du ruban, et nous en riions de bon cœur. Pourquoi insistons-nous toujours sur l'altérité comme distance, comme étrangeté, alors que souvent c'est par sa ressemblance qu'elle nous attire, par ce qu'elle constitue de proche ? Peut-on vivre l'altérité comme une proximité ?

Parler d'ici d'«ici»

Ce témoignage peut-il avoir un sens dans nos réflexions actuelles sur l'altérité ? Est-ce une information ou une indulgence ? Pourquoi parler de tout cela ? Peut-être parce qu'il me semble souvent, quand nous parlons ici d'altérité, que nous parlons d'ailleurs, d'altérités étrangères, que nous citons des expériences, des autorités d'ailleurs, ou que nous laissons d'autres parler pour nous, comme s'il était plus difficile, voire impossible ou inutile, de parler d'ici, de nos silences d'ici, de nos altérités à nous, de penser que notre propre expérience pourrait, du moins pour nous-mêmes, faire autorité, s'imposer autant que celle des autres, par le poids de son vécu *autre*. C'est après tout ici en Ontario que j'ai commencé à prononcer quelques mots en français, à avoir le goût de parler français, chez Suzanne, et plus tard à l'école secondaire, moyennant quelques brefs passages à Montréal, quelques voyages au Québec, ce long trajet en train de Port Hope à Rimouski, et puis en traversier jusqu'à Baie-Comeau, que j'ai décrit dans *Où dansent les nénuphars*.

Ce n'est pas dire que je ne suis pas passée, à mon tour, par un de *nos* ailleurs, c'est-à-dire par la France, apprenant, parfois à mon corps défendant, que l'altérité qui m'attirait n'était pas unique mais plurielle, que cette première altérité francophone en cachait bien d'autres, bien plus intimidantes, plus sûres d'elles. Paradoxalement, à mesure que ces nouvelles altérités se multipliaient (camerounaises, belges, suisses-romandes, algériennes, tunisiennes, vietnamiennes, cambodgiennes), mes diverses identités à moi se rétrécissaient. Je devenais plus clairement, plus inéluctablement, moi, la petite Américaine, c'est-à-dire encore une autre.

Était-ce justement pour échapper à cette nouvelle étiquette qui me collait à la peau, les Canadiens anglais ayant souvent la hantise de l'assimilation aux États-Unis, que c'est en France où j'ai vécu ma plus profonde crise d'altérité/identité? Coincée entre deux impérialismes, pourquoi ne pas choisir le plus lointain? Une partie de moi aurait tellement voulu devenir une vraie Française! Matin et soir, je m'enfermais dans ma chambre pour pratiquer à haute voix mes «u», pour parvenir enfin à faire un vrai «r» français: «gr», «br», «tr», «dr». J'auraisement aimé parler sans accent, passer inaperçue, manier toutes ces références historiques, géographiques, littéraires, culturelles dont même le Français moyen, me semble-t-il, pouvait saupoudrer sa conversation, et ce, dans la certitude la plus inébranlable. Il y avait un mot précis pour tout, la réalité était découpée différemment, et plus finement, une fois pour toutes. Il y a quelque chose de séduisant dans l'apprentissage des clichés d'une autre langue. C'est comme si on se mettait littéralement dans la peau de quelqu'un d'autre, si on exprimait ses émotions telles qu'il ou elle les aurait mises en mots. Les conventions linguistiques devenaient en quelque sorte autant de balises sécurisantes qui articulaient notre pensée pour nous, nous offraient un rapport au réel «prêt à porter».

Seulement, à force d'agencer tant de syllabes, on finit par se rendre compte que l'habit ne colle pas tout à fait au corps qu'on a, ou plutôt qu'il colle trop et nous serre. Derrière les conventions, il y a une norme contraignante. Et la terreur de la faute. L'autre que j'étais ne brillait pas par son habileté linguistique, encore moins par ses connaissances culturelles. J'avançais sur un terrain miné et pourtant j'avançais, et j'avais envie d'avancer, j'éprouvais du plaisir à avancer. Car je savais que j'allais finir par la ramener chez moi, cette langue que j'aimais, tout aussi imparfaite qu'elle fût encore en moi, que je voulais surtout apprendre à communiquer *ici* dans l'autre langue de *chez nous*, que c'était au Canada que je pouvais garder mes deux identités, la première et l'autre, la seconde. Non pas comme on dit sa langue première, et sa langue seconde, mais au sens de celle qui seconde, qui aide, qui favorise l'épanouissement et l'ouverture d'une identité première, devenue ainsi plus ample, plus accueillante.

Est-ce qu'on a un autre rapport au langage à force de rouler les mots étrangers dans sa bouche? Comme autant de cailloux, l'expression est là toute faite, mais comment sont-ils ces cailloux? Tout arrondis par des siècles de vagues échouant sur la rive, tout lisses comme de petits raisins enrobés de chocolat, ou lourds, pleins d'aspérités, coupants? Il y a autant d'apprentissages de la langue que d'altérités. Tous ces élèves des nouveaux programmes d'immersion, tous ceux et celles qui auraient attrapé le virus du français, comme me disait un jour un collègue et ami, pourrais-je parler en leur nom? Ai-je le droit aussi de parler au nom de ces professeurs de français du secondaire, tous anglophones, tous francophiles, qui m'ont poussée, guidée, cajolée, à travers le terrain ardu de la langue française, de sa grammaire?

Autre question aux conséquences plus tranchantes: l'apprentissage d'une autre langue est-il toujours synonyme d'apprentissage de l'altérité? Quand on arrive finalement à surmonter ce réaménagement du réel dans un nouveau vocabulaire, à faire siens des accords de verbes et des structures syntaxiques, à faire ces modulations et ces transcodages qu'impose l'usage idiomatique, conventionnel de l'autre langue, bref, quand on parvient à connaître un tant soit peu son «génie», s'est-on forcément rapproché en même temps de la culture de l'autre ? Le bilingue est-il toujours, nécessairement, un hybride ? Comment expliquer ces effilochures d'apprentissage en cours de route ? Qu'on puisse être bilingue sans être biculturel, qu'on puisse être plus ou moins bilingue, plus ou moins biculturel ? C'est que les termes fixent ce qui, dans la réalité, n'est qu'approximatif. Et voilà encore une autre question : l'altérité, ou même l'hybridité, pourraient-elles être approximatives ? Est-ce qu'on pourrait les vivre approximativement, c'est-à-dire en s'en approchant (de *approximare*, «s'approcher») ?

De la traduction, enfin

La traduction serait-elle justement un exemple de cette expérience *approximative* de l'altérité ? Une tentative de se rapprocher d'une altérité pourtant toujours différée, remise à plus tard, déplacée dans l'espace et que nous ne cessons néanmoins de vouloir rejoindre ? La traduction est ce désir de combler l'écart ; elle vise le passage intègre d'une langue de départ à une langue d'arrivée, d'une information, d'une connaissance. Elle s'efforce de tout traduire. Souvent, cependant, nous mesurons notre connaissance de la spécificité de l'autre justement par ce que nous n'arrivons pas à traduire. Notre langue, comme nous-mêmes, se révèle plus ou moins imperméable à la différence, aux différences culturelles, aux différences sociales. La traduction de sociolectes, par exemple, est un défi. Comment recréer, dans un autre système socio-linguistique et surtout en anglais, par exemple, le rapport problématique entre le joual et le français (et aussi, d'ailleurs, avec l'anglais). Si une des traductions les plus réussies des *Belles-Sœurs* de Michel Tremblay a été réalisée en Écosse, c'est parce que les rapports de force entre l'écossais (mêlé d'anglais) et l'anglais se rapprochent beaucoup des relations entre le joual et l'anglais. Mais de telles correspondances sont rares. Plus souvent, la traduction, incomplète, déçoit. Forcément partielle, elle devient alors facilement partiale ; au lieu d'éclairer, elle peut induire en erreur. La proximité n'est pas garante de l'exactitude. Peut-on souffrir de troubles de l'altérité, de myopie ou de presbytie, comme on peut souffrir de troubles de la vue, de troubles d'apprentissage ?

Car traduire, pas plus que parler, n'est jamais neutre. Le choix de ce qui est traduit dans un pays donné, les langues vers lesquelles on traduit et à partir desquelles on traduit, la façon même dont on traduit, la manière dont on reçoit les traductions, voilà autant de lieux où se négocient et se manifestent des rapports de force entre langues et cultures, entre économies et cultures, entre altérités collectives. Autant d'écueils que la traductrice doit apprendre à contourner, selon une marge de manœuvre qui reste toujours à mesurer, à négocier, à construire, à protéger.

121

On parle du traducteur passeur, image qui rend bien la transformation que subit tout texte passé, changé, incarné dans une nouvelle langue, objet d'un nouveau statut. Mais que dire du passeur lui-même? Comment négocie-t-il, comment vit-elle son propre rapport à l'autre? Fait-il, fait-elle, le passage d'une rive à l'autre sans conséquences, sans mutations, sans réflexions? Et que rapporte-t-il avec lui? Revient-elle les mains vides? Chaque traversée ressemble-t-elle aux précédentes, le traducteur passeur ramant dans les dictionnaires, pagayant dans les courants, sautant les rapides, contournant des îles? Désespère-t-elle parfois de ne jamais parvenir à l'autre rive ou bien de ne jamais rentrer chez elle? On ne connaît rien du tout à sa fatigue, à ses éblouissements, à ses plaisirs, à ses dédales. Et si, dans un cas donné, la traversée durait plus longtemps, dépassait une saison, que faire des feuilles d'automne dans un pays d'hiver? Ou des glaces sous un soleil de printemps? Le texte se fondrait-il alors dans ses mains?

Et comment devient-on passeur? Le traducteur, la traductrice, n'ont-ils pas déjà été «passés» par d'autres passeurs? Le véritable passeur, le premier, ne serait-ce pas plutôt le professeur de langues? Celui ou celle qui téléguide l'élève sur la corde raide des mots, qui l'initie à une forme de traduction implicite, invisible, qui fait passer le bilingue en puissance de l'autre côté de la barrière de la langue, chez l'autre, et qui le ramène chez lui, «translaté» en quelque sorte, transformé d'une manière à chaque fois différente? Si j'avais considéré mon travail de professeure de littérature québécoise plutôt comme une forme de traduction, voire de translation, et donc nécessairement approximative, aurais-je pu l'accomplir d'une façon plus tranquille, plus sereine? Même si le processus lui-même est toujours semé d'embûches, à résultat imprévisible, l'étudiant ou l'étudiante étant libre de rester là-bas, ou bien de rentrer trop tôt, la nature précise du passage, comme du séjour chez l'autre, leur impact, restent toujours inconnus d'avance, variables.

Le passeur, traducteur ou professeur de langue, serait-il forcément un transfuge, un être hybride, à statut officiellement reconnu ou plutôt clandestin? Ou serait-il plutôt un être en (dés)équilibre, un pied sur chaque rive, comme si au fond, le bateau, le pont, la rivière, toute cette distance à parcourir, se rétrécissait, disparaissait, ou bien — quelle horreur! — s'élargissait? Et me voici ramenée à cette autre métaphore courante de la traduction, celle du pont. Comme s'il suffisait de traverser le pont pour connaître l'autre: l'altérité comme une distance, mais comme une distance relative que l'on peut franchir, que l'autre peut traduire pour nous, que nous pouvons traduire pour lui, aussi approximativement que ce soit.

Le pont, jusqu'au bout…

J'essaie de réfléchir sur la réalité précise du pont, du rapport qu'on peut avoir avec le pont, de pousser la métaphore jusqu'au bout. Y aurait-il là de nouvelles façons d'interroger cette relation entre identité et altérité? Alors, je fais le pont, je vole un petit congé à la norme des jours fériés, ou bien je fais le pont, comme on dirait : «il fait le mort.» La traduction comme un congé qu'on s'offre pour ne pas être, temporairement, soi-même, qu'on vit comme une vacance, au sens littéraire du mot, une disponibilité ? Écrire de la fiction en français, traduire «sans original» me fait vivre justement ce sens d'espace, d'ouverture. Ou la traduction comme du «faire semblant» : par indifférence, on traduit simplement, on ne commente pas, on ne prend pas parti ; ou par instinct de préservation de soi, comme un animal qui fait le mort pour échapper aux prédateurs (mais lesquels ?).

J'ai l'impression d'avoir traversé parfois les ponts à reculons, en soignant constamment le rapport aux personnes, aux pensées, sur la rive du départ, tellement leur tourner le dos aurait été fatal, aurait mis fin à la traversée, à la translation. À d'autres moments, on met le cap sur l'autre rive, fixement, sans jamais se retourner, sachant que la pensée que l'on veut traduire ne trouve son sens que dans ce rapprochement avec l'autre, dans son accueil. C'est ce qui explique peut-être l'importance du destinataire dans ma fiction, ma constante interpellation de l'autre. C'est ce qui explique aussi qu'un traducteur peut avoir parfois l'impression de ne pas traduire dans la bonne langue, dans le bon sens, de vouloir traduire dans plusieurs sens, de ne plus savoir dans quel sens il traduit, dans quel sens il s'exprime. J'ai parfois vécu ma propre identité historique de traductrice à contre-courant, l'*autre* anglophone choisissant le français pour exprimer (traduire ?) ce qui touche peut-être surtout les anglophones francophiles. Ou bien la poète anglophone (encore inédite : les éditeurs anglophones sont-ils plus réticents à la mixité, aux paradoxes de la création, ou ma poésie est-elle simplement plus banale en anglais ?) semant son texte de bribes de français, évoquant des émotions destinées au fond, paradoxalement, à des lecteurs et lectrices francophones. Est-ce faire un choix volontairement pervers ou est-ce plutôt la vision conventionnelle du rapport entre traduction et original qu'il faudrait réexaminer ? Au fond, le mouvement, le passage, n'est-il pas d'une traduction à l'autre ? Dans ce cas, le sens de la traduction serait-il à voir autrement ? Ne pourrait-on pas concevoir, symboliquement et réellement, des traductions à partir de la langue d'arrivée vers la langue de départ ? N'est-ce pas déjà le cas chez certains écrivains et certaines écrivaines transfuges ?

Vivre sur le pont ? Comment parler de la terreur des ponts, du vertige, du désir de se lancer dans l'eau et d'en finir, de disparaître dans l'air, balayée par les grands vents, de le contourner, de prendre le bateau ou un pont de glace, de partir à la nage ? En réalité, je déteste les ponts, surtout les ponts très hauts et très longs. Je ne conduis pas sur les grands ponts ; c'est toujours quelqu'un d'autre qui conduit pour moi, comme la langue qui reste toujours au volant en quelque sorte quand on traduit. Je ne serais jamais capable de traverser à pied le pont Champlain à Montréal. Tout cela est symbolique. C'est que, traductrice, je me méfie des ponts. Ils me semblent souvent mal faits, susceptibles de crouler à tout moment ou bien de s'allonger infiniment. Parfois même, j'ai l'impression que le pont n'est qu'une illusion, que marcher là-dessus relève de la magie ; je ne sais jamais quand la réalité va prendre le dessus (ou plutôt le dessous), quand je me retrouverai le bec à l'eau. Parfois, j'ai l'impression que je dois construire le pont moi-même, au fur et à mesure; que chaque traducteur justement choisit, bâtit son propre pont; que l'on peut être appelé à commencer les travaux d'un côté ou de l'autre de l'abîme. Je ne parle pas ici de la traduction de textes, même si ce que je dis me semble s'appliquer encore dans ces cas, mais de situations où la traductrice prend la parole comme transfuge, comme truchement (comme on qualifiait les interprètes au début de la Nouvelle-France), comme courroie d'échange, comme pont justement, dans un contexte d'altérités foisonnantes, bourdonnantes.

La traduction serait-elle une suite interminable de traversées, une sorte de voyage en spirale d'une altérité à l'autre, d'une identité à l'autre? C'est qu'à force de traverser et de retraverser le pont, on ne voit plus les rives de la même façon. L'identité et l'altérité changent subtilement d'allure, s'entremêlent ou se distinguent *autrement*. Nous changeons de perspective; nous prenons du recul, nous voyons de plus près (pourquoi ne peut-on pas dire prendre du rapprochement, comme on prend du recul?).

Un pont suspendu, donc, «de suspension», comme on dirait trois ponts (*sic*) de suspension, ou bien un pont «en suspension», fait de molécules solides momentanément suspendues… Ou bien la traduction comme un pontage, une intervention chirurgicale nécessaire pour faciliter le fonctionnement du cœur, pour améliorer la circulation du sang. Le pont et ses dérivés sont riches de transformations possibles, de glissements prometteurs. En jonglant avec les mots, on arrive à exprimer encore *autre chose*. Mais je suis aussi dans les marges de la métaphore où les concepts se désagrègent, où Babel se meut en carnaval, et je pense aux jours où je suis encore capable de confondre festin et feston, sommier et sommelier (c'est plus grave), de vouloir passer le «lambeau» ou «tâter» ma chance, de me laisser «enduire» en erreur!

La traduction comme une altérité amoureuse

Ce que je retiens le plus du pont, comme métaphore de mon rapport à l'altérité, c'est non seulement la liberté du passage, le plaisir ou la douleur de la traversée, la pluralité des sens du mouvement, mais le fait qu'il prend forcément son ancrage des *deux* côtés de l'abîme, qu'on parvient en l'empruntant, quand tout va bien, à appartenir à la fois, aussi imparfaitement soit-il, aux *deux* rives. Il me semble que j'ai appris surtout à vivre de l'autre côté du pont, que c'est chez l'autre que j'ai commencé à devenir moi-même. C'est en traduisant *de* l'autre langue *vers* l'anglais, en faisant surgir l'autre dans ma première langue que j'ai appris à écrire, à m'écrire, d'abord en français, et maintenant dans les deux langues. Les malaises que je peux éprouver sur le pont reflètent peut-être ma crainte de ne pas être à la hauteur de la tâche, de ne pas pouvoir arriver à faire partager à d'autres la beauté des vues nouvelles, insolites, qu'on peut avoir, du pont, autant sur l'une que sur l'autre des deux rives. Ou bien témoignent-ils plutôt (aussi, surtout?) du désarroi qu'on peut ressentir devant l'inconnu, devant nos propres résistances, ces moments où nous sommes face à face avec une différence qui nous paraît de prime abord incompréhensible, insurmontable, ces moments qui nous poussent, par la frustration même qu'ils déclenchent, si on a la patience d'attendre, de rester attentifs, vers le plaisir de la (re)connaissance et la joie des retrouvailles. Je ne saurai jamais dire combien d'amitiés j'ai nouées à force de traverser les ponts en français, grâce aux échanges, à la solidarité qu'ils facilitent. Car il nous arrive souvent de découvrir à mi-chemin, lorsqu'on s'efforce de construire un pont particulier, que l'autre est déjà là, miraculeusement, à notre rencontre. Notre identité, contente, heureuse, devient alors une altérité amoureuse.

CET *AUTRE* EST AUSSI UN MINORITAIRE

Lecture comparée du rapport d'altérité entre Acadiens et Irlandais
chez Antonine Maillet et David Adams Richards

Marie-Linda Lord
Université de Moncton

L'Acadienne Antonine Maillet et le descendant d'Irlandais David Adams
Richards présentent dans leurs romans des personnages d'origine acadienne
et irlandaise qui se côtoient puisqu'ils situent leurs intrigues dans leur propre
lieu d'origine, soit le comté de Kent et la région voisine de la Miramichi. Le
comté de Kent est peuplé en majorité d'Acadiens, et la Miramichi de descendants d'immigrants irlandais catholiques. Dans le « déjà-là de la représentation » des romans de Maillet et de Richards se retrouve évidemment
L'AUTRE, l'anglais protestant. Mais en marge du dominant, il y a un *Autre* :
l'Irlandais chez Maillet et l'Acadien chez Richards. Ce n'est pas un hasard
puisque la présence de cet *Autre* constitue un fait omniprésent et investi de
conditions socio-historiques déterminées : les Acadiens et les descendants
d'immigrants irlandais catholiques du Nouveau-Brunswick constituent
deux entités culturelles tributaires, entre autres, d'un passé de victimes du
colonialisme britannique ; ils partagent une expérience comportant des simi-
litudes, vraisemblablement non consciente, celle de la marginalisation par les
loyalistes du Nouveau-Brunswick. En dépit de cette ressemblance historique, il reste que les deux groupes sont de langue et de culture différentes.
D'ailleurs, ils se sont affrontés pendant plus d'un siècle sur l'acadianisation
de l'Église, les catholiques « irlandais » anglophones ne voulant pas partager
le pouvoir de cette institution qui affirmait leur existence propre face aux
Anglo-protestants. En tant que minoritaires en territoire néo-brunswickois,
Acadiens et descendants d'Irlande ont réussi à préserver, à des degrés divers,
une identité différente en marge des descendants de loyalistes, ce qui a évidemment contribué à façonner leur conscience collective.

L'altérité acadienne et irlandaise

L'expérience de l'altérité se vit dans la différence. Dans son article « Les
enjeux de l'altérité et la littérature », Daniel Castillo Durante le dit : « L'Autre
n'est Autre que par rapport au Même[1]. » Dans de nombreux romans de
Maillet et de Richards, Acadiens et Irlandais sont *Autres*. Quel rapport d'altérité expérimentent-ils ? Pour répondre à cette question, nous avons retenu
quatre exemples : d'abord chez Maillet, deux Acadiennes vivant parmi des

Irlandaises et un Irlandais parmi des Acadiens, et inversement chez Richards, une descendante d'Irlandais chez des Acadiens et un Acadien vivant parmi des descendants d'Irlandais. Ce chassé-croisé nous permettra de comparer la représentation de l'altérité par les romanciers pour en dégager le contexte respectif et la particularité. Nous pourrons également constater la nature de l'agonicité et la complicité des échanges entre Acadiens et Irlandais sous l'angle de l'identité.

L'altérité dialogique

Les Confessions de Jeanne de Valois se présentent comme un roman biographique, écrit comme une autobiographie, qui raconte la vie de Jeanne de Valois, une religieuse ayant réellement vécu et qu'Antonine Maillet a connue. À l'âge de 20 ans, Jeanne de Valois, qui est originaire d'un petit village acadien du comté de Kent, entre au couvent dans une congrégation irlandaise de Saint-Jean, au Nouveau-Brunswick, les «Sisters of Charity», qu'elle qualifie d'«étrangères». Ce mot est des plus révélateurs quant à l'expérience d'altérité qu'elle vit. La jeune nonne est alors parfaitement consciente que, au-delà de la foi catholique, elle ne partage pas la même langue ni la même culture que ses consœurs de couvent. Elle réalise assez vite que leur rapport d'altérité s'opère sur un terrain de lutte, dans l'agonicité qui, selon Durante, «s'inscrit dans une dialectique de reconnaissance[2]». C'est elle qui est certes cet *Autre* dans le couvent. Mais de son point de vue de personnage-narratrice, elle décrit ses consœurs à partir de sa propre «mêmeté»; ce sont les Irlandaises qui sont *Autres*:

> Plus irlandaise que saint Patrick lui-même, que la Blarney Stone, que toutes les légendes de saint Brendan partant à la conquête des mers ténébreuses, plus irlandaise que l'Irlande. Une congrégation qui m'offrait pourtant l'irremplaçable avantage d'être sise en terre acadienne. Je ne m'exilerais pas au Québec, ni en France. Je resterais chez moi[3].

Jeanne sait déjà que ce rapport d'altérité, qu'elle expérimentera en tant qu'acadienne dans une congrégation irlandaise, mènera à une certaine aliénation: «j'hypothéquais ma qualité de parlant français. Car je n'avais pas d'illusions; les Irlandaises ne m'accorderaient pas *ipso facto* le statut particulier» (CJV 46). La différence linguistique ne tarde pas à faire des vagues. Elle raconte qu'un jour, la maîtresse des novices l'a surprise, elle et une consœur anglophone, «en flagrant délit de langue interdite. Sœur Jennings était coupable de trahison envers sa race et moi d'insidieuse corruption» (CJV 55). La réaction de la maîtresse des novices qui est irlandaise confirme ce qu'avance Durante: «Nous ne pouvons que constater une sorte de malaise à l'égard de tout ce qui échappe au Même. Le Même devient dans ce contexte la référence absolue, le seul point de repère[4].» La maîtresse des novices se borne à sa «mêmeté» et refuse l'épreuve de l'altérité que représente Mère Jeanne en tant qu'*Autre*; elle cherche plutôt à la réduire, voire à l'assimiler au nom d'une conformité qui sous-tend, bien entendu, l'extinction. Mère Jeanne avoue être demeurée bouche bée : « Plus que de la peur, j'ai senti sous ma peau la pointe du dard de la révolte. Étais-je entrée au couvent pour ça ? Avais-je offert ma vie pour des étrangers qui bafouaient les miens, travaillaient secrètement à leur destruction ? » (CJV 55). Elle décide tout de même de rester, « envers la maîtresse des novices et contre une communauté irlandaise » (CJV 56). C'est à la fois dans l'agonistique de l'altérité qu'elle exprime son malaise, mais aussi dans la complicité entre minoritaires « altérisés » que sont les Acadiens et les Irlandais :

> Les Irlandais qui défendaient leur identité jusqu'au sang, jusqu'à l'injustice, se comportaient-ils autrement que nous qui ne reculions devant aucun moyen pour reprendre nos droits à l'existence ? Chacun luttait avec ses faibles armes contre plus fort que lui. Et nous savions les uns et les autres que ce plus fort siégeait à Londres. (CJV 56.)

Durante rappelle que l'agonicité de l'Autre est nécessaire pour rester Autre : « Dans son rapport au Même, c'est surtout son agonicité qui fait signe. Cette agonicité est de l'ordre d'un appel que souvent le Même ressent comme une menace[5]. » C'est ce qu'éprouve l'Irlandaise, Mère Alphonse, sa supérieure générale, en 1924, lors du grand départ de ses religieuses acadiennes à la suite de Mère Marie-Anne qui, en agoniste dans l'altérité, s'en va fonder la Congrégation des religieuses de Notre-Dame du Sacré-Cœur pour ses sœurs acadiennes, après avoir servi plus d'une cinquantaine d'années dans la congrégation irlandaise. Sa supérieure irlandaise a du mal à accepter la fondation de la nouvelle congrégation acadienne et accuse Mère Marie-Anne, tout en insultant l'Église acadienne, de poser « un geste de subversion et de désobéissance », ainsi que d'avoir abusé de Rome « avec un soutien arraché à un évêque dupe de la machination du bas clergé acadien » (CJV 78). Sa réaction est « un mécanisme d'anamorphose qui brouille l'image de l'Autre ». Ce que Durante appelle la « "poubellisation" de l'Autre. L'Autre sert en quelque sorte de lieu de décharge[6]. » Mère Alphonse est pleinement consciente que, contrairement aux Irlandais pour qui il est trop tard pour sauver leur langue, les Acadiens ont cette chance d'encore parler leur langue. Dans cet espace d'altérité où la négociation est impérative, Mère Marie-Anne répond au jugement de sa supérieure en exprimant son agonicité :

> Et aujourd'hui, alors que ce peuple voit enfin un filet de lumière filtrer entre deux nuages, qu'il tente encore une fois de lever la tête au-dessus de l'eau pour aspirer la bouffée d'air qui le sauvera, c'est vous, qui avez juré de consacrer votre vie au salut des pauvres et des déshérités, c'est vous qui venez lui asséner ce coup sur la tête pour qu'il cale une dernière fois ! (CJV 78.)

Elle dévoile ainsi son altérité radicale. Sa supérieure se déprend alors de sa « crispation identitaire » : « Soyez bénie, que vous ayez tort ou raison. Et sachez que bien des peuples amputés ou orphelins vous regardent avec envie. Allez ! Je n'oublierai jamais que nous avons été des amies » (CJV 79). Leur rapport d'altérité devient alors dialogique : Mère Alphonse, qui incarne le Même dans son couvent mais qui est « altérisée » par la majorité anglo-protestante, s'ouvre au projet de l'*Autre* qui est Mère Marie-Anne. Mère Jeanne de Valois et Mère Marie-Anne incarnent la résistance identitaire dans la mixité culturelle.

L'altérité exotique

Dans *Les Cordes-de-bois*, qui est un roman marqué par le mode carnavalesque, le personnage Tom Thumb est un véritable Irlandais d'Irlande. Il débarque dans un petit village acadien sis sur la mer, au début des années 30, dans le temps de la Crise. Il se fait remarquer dès son arrivée au village :

> Deux jambes s'entortillaient autour d'un mât et un cou surgit des voiles. Un mousse faisait des nœuds de matelot là-haut. Prrrruit ! Et ploc ! C'est comme ça qu'on descend d'un mât avec le pied marin. Un chat-cervier dans les branches. [...] Et regardez-moi ces jambes avec des ressorts aux genoux. Et de l'élastique dans les bras. Ah ! Quel lasso ! Il avait du cow-boy, ce mousse-là. Et puis ce n'était pas un mousse, mais bel et bien un matelot, peut-être même gradé. Dans les haubans, tous les matelots ont l'air de moussaillons. Et celui-ci était petit en plus. À côté de Peigne, ce serait un nain[7].

La description physique met en valeur l'écriture de Maillet « comme construction plutôt que représentation » d'un *Autre*, « ce petit Poucet maléfique qui ressemblait à un géant sur son ancre » (CB 256). La narratrice le dit : « Ce Tom Thumb sortait des contes de fées » (CB 254). Le mode de construction de cet *Autre* est positif sous la plume de Maillet :

> [...] Tom Thumb débordait de beaucoup le petit matelot à gages sorti d'Irlande. Il était les vieux pays, Tom Thumb, et le large, et le clown jovial et rusé tout en grimaces et contorsions, il était surtout le conteur de génie qui, après les aventures de saint Brendan et les mystères du Serpent de Shannon, aurait pu ajouter une huitième Tête à la Bête sans scandaliser les côtes. (CB 265.)

L'intérêt que le village lui porte repose au début sur l'exotisme de son altérité : il est « la véritable vraie différence » (CB 274). Tout le monde s'intéresse à lui dans le village, mais c'est la forge, là où se rencontrent les placoteux du village, qui s'en empare malgré les efforts de Ma-Tante-La-Veuve avec son équipe d'enfants de chœur et d'enfants de Marie. Il devient la propriété de la forge, son bien, « son matelot aventureux-conteux-magicien... » (CB 258) même si « [l]a guerre pour la conquête de Tom Thumb dura tout le mois de juillet » (CB 263). Le village apprivoise l'Irlandais qui le fait « rire et rêver ». Après son premier départ, son absence est ressentie : « Le départ de Tom Thumb avait laissé un trop grand trou dans le village [...] On portait le deuil à la forge, ç'allait de soi ; mais fallait-il qu'on se taise dans l'anse, et qu'on se traîne les pieds dans les portages ? » (CB 273). Mais il revient, puis repart et revient encore une fois après le dur hiver, au grand plaisir des villageois :

> Petit à petit, le village se remit à vivre. Tom Thumb avait rapporté des histoires flambant neuves de son Irlande, des histoires de pirates et de contrebandiers,

et celle de la Blarney Stone. Et un soir que la forge était bondée de vieux renards sortis jusque des frontières de la Barre-de-Cocagne et de Richibouctou, Tom Thumb laissa tomber du haut de son menton, à pic sur l'enclume, son premier : T'as qu'à ouère ! Il avait appris à parler français, le conteux, en cachette, et son premier mot français, il le dit en acadien. La forge en sursauta et le t'as qu'à ouère ! bondit d'un giron à l'autre, et revola entre les bras de tous les pêcheux des côtes qui le recevaient comme un présent des vieux pays.

Ce soir-là, Tom Thumb aurait été élu pape si la forge avait été conclave (CB 339). L'expression acadienne sortie de la bouche de Tom Thumb est reçue comme une légitimation de la langue acadienne dans sa «différence». La réaction n'a rien d'étonnant puisque la langue est au cœur de la doxa identitaire acadienne. Tom Thumb est porteur de visions et de discours alternatifs pour ces villageois qui sont, dans le temps de la Crise, quelque peu enfermés dans une perspective culturelle monologique, pour ne pas dire ethnocentrique, dictée par un besoin d'identification bloquant l'altérité[8]. Car l'altérité est menaçante. Sans doute, Tom Thumb réussit-il à développer une relation de confiance dans le rapport d'altérité parce qu'il est exotique, dans le sens où l'entend Durante, c'est-à-dire en tant qu'objet de projection du moi sous le signe de l'extériorité. Aucun des conteux, radoteux, discoureux, défricheteux-de-parenté des côtes ne venaient «à la cheville de Tom Thumb. Et ses histoires avaient en plus un goût de sel et de vents secs qui chatouillait le gosier des gens du pays» (CB 343). Il leur raconte des récits dans lesquels il fait *advenir le Même*, pour reprendre l'expression d'Annie Brisset[9]. Tom Thumb a un rôle instrumental, tel un miroir dans lequel les villageois voient un reflet qui leur ressemble. Il y a la possibilité pour cet *Autre*, l'Irlandais, d'être le moi dans le cadre de représentation de leur conscience. C'est la raison pour laquelle Tom Thumb ne fait pas, lui, l'objet de méfiance, d'animosité, voire même de rejet, comme c'est le cas pour Frank MacFarlane, l'Écossais catholique du village qui brasse des affaires. Ce dernier incarne l'*Autre*, dominateur, qui existe dans la négative, c'est-à-dire dans ce qui n'est pas moi[10]. L'Irlandais décide, le jour de son troisième départ, de rester «au pays des côtes». La narratrice a une explication : «quitter un pays qui lui rendait son Irlande réelle et misérable qui mourait de faim ? Allez donc ! C'est en Amérique que l'Irlande est belle. Et c'est en Acadie que Tom Thumb pourrait en rêver à son aise» (CB 344). L'Acadie avec laquelle il entretient un rapport d'altérité répond à un besoin : le besoin d'un «Soi qu'il faut inventer[11]». Il pourra le faire dans cette Acadie «altérisée» elle aussi.

L'attrait de l'autre

Dans *Nights Below Station Street*, un petit passage relate une expérience très révélatrice d'emprunt identitaire dans l'altérité. Vera Pillar est dans la jeune vingtaine et à l'affût des courants de contestation ainsi que de récupération sociale et identitaire qui déferlent sur le monde occidental au début des années 70. La Miramichi ne fait pas exception. Vera est la fille d'un juge particulièrement fier de ses origines irlandaises. Peu de temps après la mort de son père, Vera tente de s'intégrer à la culture acadienne. Elle s'habille comme une Acadienne, en portant une robe traditionnelle et une épinglette acadienne. Plus que jamais, elle renie sa propre culture et désire ardemment faire partie des Acadiens qu'elle estime être des victimes comme elle. Comme le dit Annie Brisset : « Dans un pays où l'Autre, l'Anglais, occupe une position hégémonique et dévorante, c'est le Soi qu'il faut "inventer"[12]. » Vera tente d'« inventer » son Soi en copiant un stéréotype. Elle se lie d'amitié avec des Acadiens et les accompagne à leur carnaval. Mais le soir du carnaval, son ami Nevin et elle se retrouvent tout fin seuls. Elle croit comprendre que les autres semblent vouloir lui prouver que leur culture est non inhibitrice et qu'ils sont authentiques, tout en suggérant qu'elle-même est inhibée et manque d'authenticité. Ce soir-là, Vera est triste parce qu'elle avait lu Antonine Maillet au complet et avait écouté Edith Butler, et son ami Nevin avait adopté la cause de l'égalité pour les Acadiens en croyant qu'il savait tout sur les enjeux. Avec sa petite épinglette qui appuie la culture acadienne, les promenades en traîneau et toutes les chansons chantées avec eux, elle avait tout simplement cru faire partie du groupe. Sa tentative échoue parce qu'elle est fondée sur des prémisses qui nient l'altérité et parce que « [l]'Autre est, par nature, inintégrable[13] ». Sa quête d'identité inspirée par l'attrait de l'*Autre* ne peut qu'avorter parce qu'elle s'inscrit dans l'emprunt artificiel d'un stéréotype, plutôt que dans la mémoire porteuse de l'histoire. Vera se tourne vers la culture acadienne par besoin ; elle vit indiscutablement un vide historique et identitaire relativement à ses origines irlandaises. Elle est attirée par la montée néo-nationaliste vécue chez les Acadiens qui, eux, valorisent origines historiques et identité pour affirmer leur singularité face à L'AUTRE, la majorité anglophone, ainsi que pour revendiquer la reconnaissance de leurs droits. Cette prise de conscience collective relative à l'histoire et à l'identité est légitimée par un discours nationaliste envers et contre L'AUTRE, l'Anglais. La quête d'identité chez les siens, les descendants d'Irlandais, ne se produit pas de la même façon ; il n'est aucunement lié à un impératif idéologique. Tout l'aspect revendicatif qui entoure les droits linguistiques pour les Acadiens est inexistant.

L'altérité inhibitrice

Le protagoniste du roman *Evening Snow Will Bring Such Peace*, qui apparaît d'abord dans *Nights Below Station Street*, est un Acadien de 22 ans, donc un *Autre* pour le romancier d'ascendance irlandaise. Le représentation qu'il incarne est loin de celle qu'enviait Vera. Il porte le nom acadien, mais anglicisé, d'Ivan Basterache. En français, ça s'écrit Bastarache. Ivan, qui porte le nom de sa mère, constate que son père, dont le nom est Garrett, souffre d'être un francophone : « *Ivan had noticed that Antony had gotten into what Ivan called "The World War Two Factor", and he would occasionally blame his lot in life on the fact that there was a bias against him because he was French[14].* » Il vit son rapport d'altérité avec les anglophones dans la subalternité. D'ailleurs quand il gronde son fils, il le fait en anglais, croyant que l'usage de la langue de la majorité lui donne plus de contenance. Malgré sa jeunesse, Ivan ne présente aucun signe d'intérêt pour le nationalisme acadien qui bat son plein à la fin des années 70. Le sentiment de fierté identitaire lui est totalement étranger, même s'il a fréquenté un pensionnat acadien à Tracadie jusqu'à l'adolescence. À son retour chez lui, il devient, à l'âge de 15 ans, un jeune contrevenant qui accumule les délits. Il affiche continuellement un sourire d'excuse. Il cherche à se montrer comme un dur ; il exhibe donc ses tatouages écrits en anglais — «*Dangerous*» sur son poignet gauche et «*F.U.C.K.*» sur ses jointures — pour créer son propre mythe. Afin de se donner de l'importance, il raconte des histoires gonflées dans lesquelles il est le personnage principal : «[…] *and always how he was "just about killed" or was "almost caught in a big jackpot" or "nearly had my head blown off on that one there"*[15]». Il tient à être remarqué ; il cherche à se valoriser parce qu'il se sent inférieur, particulièrement devant les gens éduqués :

> […] *he always considered educated people better than he was.* […] *Ivan was a little wary of educated people. Not, of course, all the time, but if he had to take his sister down to Dr. Savard, as he did one afternoon, he found himself tongue-tied and shy, and fighting not to be. He found himself shy in front of Vera, the only time he met her. He did not understand Nevin, but he would not allow anyone to make fun of him while he was there.* (ESWBSP 80.)

Ivan, qui n'a jamais lu un livre, sait qu'il est linguistiquement limité ; quand il parle, il jure et sacre beaucoup pour dire plus de mots : «*Ivan felt unequal to words and writing, to books and knowledge of that kind, but he had a tremendous respect for it. In such ways he was left out of life, not because he had to, but simply because he was*» (ESWBSP 81). Ivan, dont la langue maternelle est le français, l'utilise très rarement. Il parle généralement en anglais. Il n'est pas différent de ce qu'avance François Paré en affirmant : «dans toutes les cultures minoritaires, il n'est pas question d'imposer sa langue. On est prêt à se sacrifier, à se taire, à s'effacer, pour que cessent le malaise, les tensions indissolubles avec l'Autre[16].» Le plus souvent, les membres de sa famille et lui se parlent en anglais. Parfois, ils échangent quelques phrases en français, voire en chiac[17] : «*He spoke to her in* franglais — *that mixture of French and English — that the French along the roadway spoke to one another*» (ESWBSP 97). Dépossédé de sa langue maternelle et incapable de bien parler la langue de la majorité, Ivan incarne parfaitement le minoritaire minorisé ; il est vidé de toute parole. Le silence est d'ailleurs très présent dans *Evening Snow Will Bring Such Peace*. Souvent, les personnages ne savent pas comment se dire les choses entre eux et choisissent de se taire. Le rapport d'altérité d'Ivan avec le Même est inhibiteur de son naturel et de son essence de soi parce qu'il n'est pas bien enraciné dans son héritage culturel. Il est en déperdition d'une identité culturelle et d'une appartenance ; dans son rapport au Même, il se trouve désarmé et déboussolé pour traverser l'épreuve de soi. Ivan en ressort déraciné et acculturé, à un point tel que le reste de sa vie en porte la trace. Il traverse sans cesse des moments éprouvants et fait face à des défis inhérents à sa situation

sociale et à ses conditions d'existence. Son altérité n'est pas sous le mode agonistique, mais plutôt sous le joug du destin.

Quête d'identité et perte d'identité dans l'altérité

Que conclure de cette étude rapide sur la représentation des Irlandais et
des Acadiens par Maillet et Richards? Mère Jeanne de Valois, Tom Thumb,
Vera Pillar et Ivan Basterache sont des êtres fictifs nés de l'imagination de
Maillet et de Richards. Ils vivent grâce à l'écriture qui, selon Northrop Frye,
«[...] crée un monde autonome qui nous fournit une perspective d'imagination sur le monde réel[18]». La démarche imaginaire de Maillet est liée inextri-
cablement à la marginalité collective, acadienne pour Jeanne de Valois et
irlandaise pour Tom Thumb. Leur histoire imaginée par l'auteure montre
l'autre côté des choses, opposé à celui qui doit être vu, l'aspect caché, la version non officielle. Sous la plume de Jeanne de Valois, la romancière écrit:
«l'Acadie n'était pas un endroit mais un envers» (CJV 228). La représentation de l'altérité chez Richards émane du déclin inéluctable d'une minorité,
qu'elle soit d'origine irlandaise ou acadienne, devenue invisible aux autres et
surtout à elle-même. Elle fait aussi la démonstration avec Vera et Ivan de la
perte du sens de l'histoire et de la mémoire, ainsi que d'un profond sentiment d'aliénation par rapport à leur milieu naturel. C'est l'échec de ce que
Joseph Yvon Thériault appelle l'épreuve de l'identité face à la modernité[19].
Vera et Ivan sont coupés de leurs origines. Ils sont dénaturalisés dans leur
communauté en perte d'historicité. Maillet et Richards «traduisent» l'Acadien et l'Irlandais selon diverses variables de la représentation. La différence
est doublement évidente en comparant d'abord les Acadiens Jeanne de
Valois et Ivan Basterache qui vivent un rapport d'altérité avec des descendants d'Irlandais: elle est agoniste, il est minorisé; et ensuite l'Irlandais Tom
Thumb et la descendante d'Irlandais Vera qui tentent d'inventer leur Soi
chez les Acadiens: il réussit et elle échoue. Il semble bien que les différences
de *mimésis* entre les deux romanciers viennent certes de leur culture res-
pective, mais assurément aussi de leur personnalité d'écrivain ainsi que de
l'époque des intrigues racontées. L'altérité s'inscrit chez Maillet dans la quête
d'identité alors que, chez Richards, elle est vécue dans la perte d'identité.

NOTES

1. Daniel Castillo Durante, «Les enjeux de l'altérité et la littéra-ture», dans Françoise Tétu de Labsade (dir.), *Littérature et dialo-gue interculturel*, Sainte-Foy, Presses de l'Université Laval, 1997, p. 7.

2. *Ibid.*

3. Antonine Maillet, *Les Confes-sions de Jeanne de Valois*, Montréal,

Éditions du Club Québec Loisirs, 1993, p. 50. Désormais, la pagination sera directement indiquée dans le texte.

4. Daniel Castillo Durante, *loc. cit.*, p. 4.

5. *Ibid.*, p. 8.

6. *Ibid.*, p. 9.

7. Antonine Maillet, *Les Cordes-de-bois*, Montréal, Leméac, 1977, p. 251. Désormais la pagination sera directement indiquée dans le texte.

8. Régine Robin, *Le Roman mémoriel: de l'histoire à l'écriture du hors-lieu*, Longueuil, Le Préambule, 1989, p. 113.

9. Annie Brisset, *Sociocritique de la traduction. Théâtre et altérité au Québec (1968-1988)*, Longueuil, Le Préambule, 1990, p. 311.

10. Daniel Castillo Durante, *loc. cit.*, p. 13.

11. Annie Brisset, *loc. cit., p.* 311.

12. *Ibid.*

13. Daniel Castillo Durante, *loc. cit.*, p. 15.

14. David Adams Richards, *Evening Snow Will Bring Such Peace*, Toronto, McClelland & Stewart, 1990, p. 23. Désormais la pagination sera directement indiquée dans le texte.

15. David Adams Richards, *Nights Below Station Street*, Toronto, McClelland & Stewart, 1988, p. 149. Désormais la pagination sera directement indiquée dans le texte.

16. François Paré, «Le passage interdit de la Genèse», dans Françoise Tétu de Labsade (dir.), *op. cit.* p. 41.

17. Le chiac est un mélange de français et d'anglais parlé dans une syntaxe française par les Acadiens vivant en milieu majoritairement anglophone au Nouveau-Brunswick.

18. Northrop Frye, «Conclusion», dans Carl F. Klinck *et al.* (dir.), *Histoire de la littérature du Canada. Littérature canadienne de langue anglaise*, Québec, Presses de l'Université Laval, 1970, p. 992.

19. J. Yvon Thériault, *L'Identité à l'épreuve de la modernité. Écrits politiques sur l'Acadie et les francophonies canadiennes minoritaires*, Moncton, Éditions d'Acadie, 1995, 323 p.

ÉCRITURE BILINGUE ET LOYAUTÉ LINGUISTIQUE

Rainier Grutman
Université d'Ottawa

Nombreux sont les observateurs qui insistent sur l'importance de l'hétérogénéité langagière en cette fin du deuxième millénaire (comme si le phénomène était inédit en soi). Avec Gilles Deleuze et Félix Guattari, ils semblent se demander : « Combien de gens aujourd'hui vivent dans une langue qui n'est pas la leur ? Ou bien ne connaissent même plus la leur, ou pas encore, et connaissent mal la langue majeure dont ils sont forcés de se servir[1] ? » Pour plusieurs raisons, qui se recoupent en partie, le contact interlinguistique est devenu la règle plutôt que l'exception. Les idiomes ci-devant nationaux débordent désormais de toutes parts les frontières politiques ; dans des réseaux de communication de plus en plus désincarnés, leur utilité est limitée par l'impérialisme des langues mondiales et une mobilité spatiale inédite[2]. Depuis la Seconde Guerre mondiale, les contacts — tant éphémères que durables — entre les communautés les plus diverses ont pris une ampleur telle qu'il faut sans doute remonter à la Renaissance, avec son lot de découvertes en matière de métissage ethno-culturel aussi bien que de trafic économique, de spéculation boursière ou de ferveur religieuse, pour trouver quelque chose d'à peu près comparable[3].

Toutefois, alors même que les vagues de migrations populaires se multiplient et que le voyage intercontinental, jadis réservé à une poignée de conquistadores, est à la portée d'un nombre toujours croissant de gens, la présence concrète de l'Autre dérange, incommode. En réaction au contact, au côtoiement et à la cohabitation linguistiques, une frilosité nouvelle se fait jour. Alors que les uns font l'éloge d'un cosmopolitisme inoffensif, d'un pluralisme libéral qui passe en revue les différences sans vraiment s'y arrêter — cela s'appelle le multiculturalisme dans nos contrées —, d'autres se retranchent derrière les valeurs sûres. Parmi celles-ci, et en bonne position, se trouve justement la littérature, en tant que corpus fétichisé qui garantit l'avenir (le destin) parce qu'il témoigne de manière syncrétique du passé (par la mémoire et l'oubli). Nous savons que c'est par la mise en discours qui leur est propre que les œuvres littéraires, et singulièrement les romans de type historique ou réaliste, ont permis à des communautés de s'imaginer peu à peu comme des nations et de s'octroyer cette continuité dans le temps indispensable à la survie du modèle nationaliste. Survie qui ne va pas de soi : selon une formule célèbre, « [l]'existence d'une nation est [...] un plébiscite de tous les jours ». Cette formule est de l'historien français Ernest Renan, qui déclarait plus loin dans la même conférence : « Les nations ne sont pas quelque chose d'éternel.

Elles ont commencé, elles finiront. La confédération européenne, probablement, les remplacera. Mais telle n'est pas la loi du siècle où nous vivons[4].» Son siècle, le XIXe, était celui du culte des nationalités; le nôtre est le XXe au triste palmarès et bientôt le XXIe. Or, si les réalités ont changé, si l'Union européenne dont parle Renan, par exemple, est devenue un fait, les modèles que nous invoquons pour étudier ces réalités n'ont pas forcément évolué. Le modèle national domine toujours de larges secteurs de la vie littéraire (et notamment l'enseignement). Il ne faut donc pas s'étonner outre mesure que la littérature soit considérée comme un refuge, un dernier ressort, un bastion de pureté linguistique et culturelle.

Cela expliquerait à son tour pourquoi le XXe siècle n'aura pas été, du point de vue de la production littéraire, la tour de Babel qu'il aurait pu être. Les écrivains n'ont pas énormément profité des occasions que leur fournissait le foisonnement interlinguistique que j'ai évoqué plus tôt. Alors qu'ils ont pulvérisé l'autorité du narrateur omniscient en multipliant les points de vue et en pluralisant les discours, ils ont été relativement peu nombreux à s'aventurer du côté de la polyglossie[5]. La littérature a démythifié et déconstruit quasiment tout ce qui pouvait l'être, mais sans vraiment mettre en cause la règle de l'unilinguisme telle que la formulerait l'article premier de la constitution dans la République des Lettres modernes (si une telle chose existait): «une œuvre, une langue[6]». C'est le signe que la littérature, champ relativement autonome par rapport aux discours ambiants, ne suit pas toujours l'évolution de la société mais évolue à son propre rythme. En attendant que les modèles et la poétique littéraires soient mis à jour pour relever le défi du siècle qui commence — et qui logera à l'enseigne de la diversité, de l'hybridité, du métissage —, je préciserai quelques-uns des mécanismes de ralentissement voire de résistance au changement que la littérature, aussi bien comme institution que comme acte d'écriture, a hérités de l'époque romantique et dont elle a du mal à se défaire.

Partons, si vous le voulez bien, de quelques exemples récents. Le double lauréat du prix Goncourt et du prix Médicis en 1995, Andreï Makine, aime à rappeler en entrevue que tous ses projets de livre n'ont pas reçu l'imprimatur aussi facilement que *Le Testament français*[7]: en fait, ses premiers manuscrits étaient systématiquement refusés, jusqu'au jour où il trouva l'astuce d'y porter la mention «traduit du russe», c'est-à-dire de déguiser son roman en traduction. Ainsi apprêtée, l'altérité de son écriture était perçue de manière autrement favorable: en effet, en tant que travail de seconde main, une traduction n'a pas à obéir aux mêmes canons de pureté qu'une création originale, du moins selon une opinion fort répandue. Tout traducteur littéraire ferait valoir, à juste titre, que son intervention sur le texte comporte également une dimension créatrice (sans parler du subtil exercice de lecture qui précède l'intervention en question). Mais ces considérations n'ont pas encore trouvé écho dans une doxa seulement prête à faire une exception pour les œuvres traduites par l'auteur même de l'original, pour ce qu'on appelle parfois les autotraductions.

Là encore, des nuances s'imposent: si les premiers romans de Milan Kundera sont maintenant disponibles dans un texte français autorisé par le romancier d'origine tchèque, si l'on s'accorde pour reconnaître l'authenticité de tel fragment réécrit en italien par l'auteur de *Finnegans Wake*[8], la cabale montée il y a quelques années au Québec contre Nancy Huston montre que les susceptibilités sont encore grandes en la matière. Le cas de Huston vaut la peine que l'on s'y attarde, non seulement parce qu'il éclaire d'un jour particulier les dessous du milieu littéraire d'ici, mais surtout parce qu'il a activé un deuxième idéologème à côté de celui de la *pureté*, déjà rencontré dans le cas de Makine. Il s'agit de la *loyauté*, au sens strict d'«allégeance linguistique» comme au sens métaphorique de «fidélité». Nancy Huston, romancière d'origine canadienne-anglaise, mais établie à Paris depuis de nombreuses années, est «venue à l'écriture[9]» en français. En 1993, elle retrouve l'anglais à l'occasion d'un roman sur ses Prairies natales: *Plainsong*, soit à la fois chant des plaines et plain-chant. Jusque-là, tout allait bien. La polémique allait éclater quand la version française, *Cantique des plaines*, texte écrit immédiatement après la première ébauche anglaise et élaboré dans un constant dialogue entre les deux langues, remporta le prix du Gouverneur général du Canada dans la catégorie «roman en langue française». Plusieurs textes fort éclairants ont déjà examiné les principaux arguments utilisés dans ce débat, aussi me contenterai-je d'épingler la dimension morale du jugement qu'on se permet de porter sur les passeurs de langues. On pouvait compter sur une doxographe de la trempe de Nathalie Petrowski pour dire tout haut ce que d'autres pensaient tout bas. Voici les paroles édifiantes que la chroniqueuse de *La Presse* consacrait à Nancy Huston: «C'est une Albertaine défroquée, une Anglaise récalcitrante qui a renié sa langue maternelle pour épouser le français, celui de Paris de préférence[10]...» Le changement de langue est perçu comme une trahison teintée d'infidélité, d'adultère. Tout hyperbolique qu'elle puisse paraître, la formule de Petrowski fait écho à un sentiment bien ancré dans l'imaginaire des écrivains bilingues. À la censure imposée de l'extérieur s'ajoute de la sorte une forme d'autocensure, les écrivains ayant intériorisé certains préjugés. Soit Elsa Triolet, dont les yeux devaient inspirer à Louis Aragon un de ses plus beaux poèmes: «Être bilingue, c'est un peu comme d'être bigame; mais quel est celui que je trompe? [...] Un crime devant la loi. Des amants, tant qu'on veut: deux maris enregistrés, non. On me regarde de travers: à qui suis-je[11]?» Même métaphore, version macho, chez Vladimir Nabokov, dont la correspondance regorge de références à ses escapades littéraires du côté de la langue russe, exclusivement réservée — et encore de manière intermittente — à la poésie depuis l'établissement de l'auteur aux États-Unis. Les termes qu'il choisit ne laissent guère de place à l'équivoque. Le 29 avril 1941: «*The only thing that really bothers me is that apart from a few sneaking visits I have had no regular intercourse with my Russian muse.*» Et le 3 juin 1944: «*I have lain with my Russian muse after a long period of adultery and am sending you the big poem she bore[12].*»

Si les auteurs bilingues sentent tellement le besoin de se justifier, de s'excuser de ne pas s'être confinés à une seule langue, c'est qu'ils ont conscience de l'aura négative dont est entourée leur démarche. En latin, l'adjectif *bilinguis* était généralement péjoratif: tantôt il désignait la langue bifide de certains animaux (dont le serpent), tantôt la duplicité humaine[13]. Ce n'est qu'à une époque beaucoup plus récente que le mot en est venu à désigner l'alternance de deux langues et des cultures qui s'y rattachent. Ne change donc pas de langue qui veut, ni même qui peut: la chasse au bilinguisme bat plusieurs pistes, selon le veneur. Il convient cependant de s'interroger sur cette résistance au bilinguisme, de regarder de plus près quelques réflexions caractéristiques. On verrait ainsi, d'abord, que la plupart des réflexions au sujet du bilinguisme qui circulent dans le milieu littéraire se ressemblent en ce qu'elles fournissent une réponse négative à la question suivante: peut-on écrire dans d'autres langues que celle de sa première socialisation[14]? Toutefois, privilégiant d'autres dimensions du phénomène langagier, elles ne s'articulent pas autour du même noyau discursif. Un premier type de réflexion se veut volontiers philosophique et postule l'impossibilité du passage à d'autres langues en ramenant chacune à ce qu'elle a de pur, d'irréductible, de différent: on reconnaît là quelques-uns des termes propres à la théorie de la relativité linguistique, dont les diverses réincarnations n'ont cessé de hanter le discours sur la langue depuis que Wilhelm von Humboldt la formula au début du XIXe siècle. Les défenseurs du deuxième type de réflexion, plus sensibles aux enjeux sociaux et aux rapports de force, parleront de loyauté plutôt que de pureté: ils conçoivent la possibilité d'un changement de langue, mais le condamnent. On le voit, chaque catégorie met l'accent sur un aspect différent du verbe «pouvoir»: dans un cas, on entend par «peut-on?» l'équivalent de «est-ce possible?», dans l'autre de «est-ce permis?». On peut en outre faire l'hypothèse que, dans nos littératures modernes, l'argument de la loyauté a le plus de poids, tandis que l'argument de l'irréductibilité lui sert souvent de masque.

Commençons par ceux qui postulent l'impossibilité de l'écriture bilingue. Un des pionniers canadiens de la stylistique comparée entre l'anglais et le français, Jean Darbelnet, s'est prononcé sur la question il y a une trentaine d'années. À propos du bilinguisme, sujet général de sa conférence, il rappelle le «problème de la création littéraire», ce qui est une façon d'annoncer ses couleurs. Darbelnet constate en effet que «les écrivains écrivent rarement en deux langues», à part quelques exceptions, qualifiées sans ambages d'«exercices de style». Cependant, plutôt que de fournir une explication de cette parcimonie relative, il se contente de conclure à l'incompatibilité entre la qualité littéraire et la création bilingue: «Dès qu'on s'élève à un certain niveau de création littéraire, il semble que le bilinguisme ne puisse plus trouver son "application"[15]». Autrement dit, la grande littérature ne serait pas le fait d'auteurs bilingues et ceux-ci seraient presque par définition de seconde zone[16]. Le bilinguisme étoufferait la littérature.

Voilà une pétition de principe qui rappelle certaines discussions anciennes autour de la traduction, phénomène corollaire au bilinguisme dont on aimait également à souligner sinon l'impossibilité, du moins les limites. La plupart des arguments invoqués contre la traduction ou le bilinguisme parfait reposent sur l'idée que la langue est indissociable de la pensée et que, par conséquent, chaque langue humaine propose une analyse différente de la réalité, possède sa propre vision du monde. Si l'on accepte ces prémisses humboldtiennes, le passage d'une langue à une autre devient problématique, puisqu'il faudrait s'approprier deux schémas de pensée en plus de maîtriser deux codes formels. Or c'est exactement cela que pensent bon nombre de critiques littéraires, qui adhèrent à la thèse de la relativité linguistique comme Monsieur Jourdain faisait de la prose. La réception du recueil bilingue *'sophie* de l'Ontarienne Lola Lemire Tostevin[17], texte où l'anglais domine, mais qui comprend des poèmes en français, m'en fournira une illustration. Dans un numéro de la revue *Tessera* consacré à la *La Traduction au féminin*, Kathy Mezei note à ce propos :

> Être capable d'écrire et de vivre en deux langues, comme le fait Lola, doit être à la fois vivifiant et déroutant. Car certaines choses doivent être dites en français et d'autres en anglais. [...] J'ai en effet trouvé une différence très nette entre les poèmes français et anglais, comme si une sensibilité d'un autre ordre parlait, et je me demandais à quel point c'était une conséquence de la langue française elle-même. Les vers français étaient plus forcés, moins coulés et la voix qui en émergeait était plus atténuée, moins populaire. C'est alors que le traducteur devient très curieux de savoir comment la langue dans laquelle écrit Lola détermine ce qu'elle dit et de quelle manière elle le dit[18].

Loin de moi l'idée de contester qu'il y ait des différences entre les poèmes français et anglais. Mais peut-on les imputer uniquement au système sémantico-grammatical des deux langues en question ? Ne pourraient-elles pas dériver tout aussi bien des expériences qui se rattachent à chacune d'entre elles ? Je veux parler ici d'expériences sociales — le français n'occupant vraisemblablement pas le même espace que l'anglais dans les milieux qu'a connus l'auteure — aussi bien que culturelles, de lecture notamment. Quand on examine un autre recueil bilingue publié en Ontario, *L'Homme invisible/The Invisible Man* de Patrice Desbiens[19], on constate ainsi que la charge intertextuelle de l'anglais y est tout autre que celle du français : le texte anglais se fait l'écho du monde moderne (du cinéma, de la musique rock, de la littérature américaine), alors que le texte français en est réduit à évoquer des poètes français morts depuis longtemps (tel Rimbaud) sans établir d'autre dialogue avec eux que celui, pétrifié, du cliché. Enfin, si la relativité existe, c'est-à-dire si nous pensons en fonction de la langue que nous parlons, cela s'appliquera autant aux lecteurs qu'aux auteurs. Or comment faire pour sortir du cadre de pensée qu'«imposerait» la langue anglaise à Kathy Mezei pour juger les vers français de Lola Lemire Tostevin[20] ?

C'est là un parmi plusieurs problèmes de méthode que soulève la relativité linguistique. En effet, à chaque fois qu'un locuteur bilingue choisit entre deux formules, «cela montre non seulement que l'idée à exprimer est distincte des formules qui l'expriment, mais encore que l'activité psychique qui choisit entre les formules, la pensée, n'est nullement influencée par elles. Nous ne pensons dans aucune langue puisque nous sommes capables de comparer deux formules de deux langues différentes ; si nous pensions dans notre langue maternelle, il nous serait impossible de penser dans une autre[21].» Vu sous cet angle, le bilinguisme est une forme d'émancipation dans la mesure où la comparaison de différentes formules linguistiques encourage le bilingue (et, à plus forte raison, le polyglotte) à distinguer le signifié du référent et la langue de la pensée, éléments souvent liés dans l'esprit du locuteur unilingue. De fait, des polyglottes aussi avisés qu'Einstein ou Nabokov[22] se réjouissaient de l'affranchissement par rapport au référentiel que favorisait l'alternance entre les langues.

À ce premier type de réflexion, qui fait appel à des arguments philosophiques pour contester jusqu'à la possibilité du bilinguisme, s'en ajoute un deuxième, qui concerne davantage la performance linguistique concrète des écrivains que leur compétence théorique. Si au XXe siècle l'écriture bilingue est restée à plusieurs égards une virtualité qui ne s'est pas toujours transformée en réalité (comme je l'ai signalé plus haut), il faut en chercher les causes dans une autre trace de l'idéologie romantique. Selon cette dernière, l'artiste est lié par un contrat tacite à une nation, qui sanctionne son art en fonction d'autres critères que la seule maîtrise formelle d'une technique, comme cela avait été le cas pendant des siècles de *latinographie* où personne ne songeait à écrire dans la langue parlée par son entourage immédiat. En plein XVIIe siècle, Descartes rompt les rangs des philosophes lorsqu'il décide de publier son *Discours de la méthode* en français, «la langue de [s]on pays, plutôt qu'en latin, […] celle de [s]es précepteurs». Chose importante à souligner, Descartes change de langue non pas parce qu'il se croit incapable de dire la même chose en latin (le contraire serait plutôt vrai), mais pour élargir son audience à «ceux qui ne se servent que de leur raison naturelle toute pure» sans avoir eu accès «aux livres anciens[23]». Au fil du temps, cette prise en considération du «destinataire imaginaire[24]» occupera une place de plus en plus centrale dans tout choix de langue d'écriture, mais il faudra encore attendre le romantisme pour que ce choix prenne les proportions symboliques qu'il semble avoir à notre époque, où l'auteur bilingue non seulement doit choisir entre ses langues, mais porte l'entière responsabilité de ce qui est perçu avant tout comme un investissement identitaire.

De tout temps, le bilinguisme a été une modalité de contact et d'échange entre littératures. Si l'on conçoit aisément que son importance relative varie, il semble également y avoir des constantes. L'alternance entre telle et telle langue peut ainsi être régie par le genre pratiqué — en témoigne la distribution complémentaire du galicien et du castillan dans la poésie ibérique du Moyen Âge —, par la matière traitée — la théorie classique des trois styles (*humilis, mediocris, gravis*) ne dit pas autre chose — ou par le public ciblé. Mais sa présence et son rôle seront aussi fonction du degré de consolidation de la culture d'accueil. Dans des traditions littéraires déjà bien établies, le bilinguisme passera inaperçu ou sera considéré comme une simple curiosité.

Il n'en va pas de même, beaucoup s'en faut, dans des littératures d'émergence récente ou qui subissent un réaménagement de leur répertoire. C'était le cas en Allemagne au tournant du XIXe siècle. Déplorant le choix du français comme langue d'écriture de la part de leurs compatriotes, Schiller, Schleiermacher et surtout Goethe leur proposaient plutôt la traduction comme voie royale de ce que le dernier appelait la *Weltliteratur*. Leur appel à la loyauté linguistique préfigure les situations contemporaines de minorisation culturelle où prévaut un rapport de force tel que le bilinguisme peut devenir une étape vers ce que les sociolinguistes appellent le transfert de langues (*language shift*[25]), soit l'abandon d'une langue au profit d'une autre, non pas parce que la structure immanente de cette dernière lui conférerait une supériorité quelconque, mais bien plus parce qu'elle est généralement perçue comme plus utile, plus prestigieuse ou une combinaison des deux.

C'est précisément cette perte appréhendée qui donne naissance à un sentiment de loyauté à l'égard de la langue en position d'infériorité, à une impression qu'il faut la défendre, faute de quoi elle disparaîtra. Cela a d'importantes conséquences pour les littératures minoritaires et notamment pour la liberté qui y est laissée aux écrivains bilingues, lesquels ne peuvent plus tout à fait, en réalité, *choisir* leur langue.

Plusieurs cas de figure sont possibles, comme le montrera une brève comparaison de cas historiques. À un extrême, je situerai la littérature catalane moderne[26], renée de ses cendres après avoir été gravement menacée dans son existence par la politique linguistique de la dictature franquiste (1939-1975). Sous Franco, tout texte écrit en catalan était par définition subversif et s'exposait à une censure sévère. En même temps, l'accès à l'écriture dans les écoles passait obligatoirement par le castillan, «*lengua compañera del Imperio*», selon le mot ancien de Nebrija. Au terme de quelques décennies, des générations entières de catalanophones furent ainsi scolarisées en espagnol uniquement, réduisant à une peau de chagrin le public potentiel de toute œuvre écrite en catalan. De telle sorte qu'aujourd'hui, vingt-cinq ans après la mort du généralissime, la littérature catalane ne possède toujours pas un répertoire complet de genres littéraires, situation d'autant plus paradoxale que Barcelone est un des centres mondiaux de l'édition hispanique... en espagnol! La poésie se porte bien, pour plusieurs raisons: elle ne dépend pas d'un public très large, elle est aussi une performance orale (on sait les liens féconds qui unissent les chansonniers et les poètes catalans) et elle échappe plus facilement que le roman à la complexité sociolinguistique d'une société, créant au contraire une illusion de monolinguisme. Le roman, par contre, genre qui se nourrit de la rumeur sociale[27], a souffert. Malgré de remarquables efforts de recatalanisation, plusieurs romanciers catalans — et non des moindres: Manuel Vázquez Montalbán, Eduardo Mendoza — continuent à préférer le castillan, compromettant ainsi la viabilité du créneau romanesque. Ceux qui écrivent en catalan ne font pas tout à fait exception, mais ils doivent se servir d'un outil qu'ils maîtrisent moins, au nom de la défense de la langue catalane.

Un sort comparable, toutes proportions gardées, attendait jadis les écrivains flamands de Belgique[28]. Jusque dans les années 1920, ils avaient le choix entre trois options aussi imparfaites les unes que les autres. En choisissant la variété régionale, le flamand, ils se condamnaient à n'avoir qu'une poignée de lecteurs. En optant pour la variété standardisée de cet idiome, le néerlandais, ils se rapprochaient de leurs confrères des Pays-Bas, mais s'aliénaient une partie du milieu littéraire local (cette situation a changé énormément depuis). Mais en écrivant en français, leur langue d'usage dans la vie publique, ils s'adressaient au monde entier tout en se conformant à l'image que le jeune royaume s'était donnée de lui-même en proclamant la Constitution de 1831 dans la seule langue française[29]. Encouragés de surcroît par un système d'enseignement francisant, la plupart d'entre eux sont venus grossir les rangs des lettres francophones, sacrifiant ainsi une part de l'authenticité qui, selon l'idéologie romantique, va de pair avec la création en langue maternelle. Parmi les auteurs qui optèrent néanmoins pour la langue du peuple flamand, certains le firent par loyauté, alors que d'autres (dont des ténors comme Henri Conscience ou Cyrille Buysse) ne se décidèrent qu'après avoir échoué à lancer une carrière en français.

Je donne ces exemples pour mieux faire ressortir la spécificité de la situation québécoise et canadienne-française en général[30]. Au Canada, la loyauté au français l'a très largement emporté sur la tentation d'écrire en anglais. Non pas que cette tentation n'ait pas existé — il suffit de lire les carnets remplis par Émile Nelligan pendant son internement —, mais elle s'est souvent accompagnée d'un sentiment de culpabilité. On sait également que Honoré Beaugrand et Louis Fréchette ont traduit certains de leurs contes pour des magazines de langue anglaise; le dernier rêvait même de faire carrière aux États-Unis en tant qu'auteur dramatique. Or ce sont là des cas relativement isolés, non les indices d'une tendance. Même la large participation des lettrés francophones à la fonction publique fédérale, où ils côtoyaient forcément la langue du pouvoir, n'a pas pu lever l'interdit qui pesait sur la création littéraire en anglais. Formés dans des institutions dirigées par le clergé, les francophones pouvaient en outre compter sur de très solides réseaux familiaux pour sauvegarder leur identité[31]. On s'étonne moins dès lors que tant d'auteurs issus de mariages «mixtes» (franco-anglais) se soient consacrés à l'écriture en français, délaissant qui la langue de sa mère, qui celle de son père, mais toujours l'anglais: Philippe Aubert de Gaspé fils, Arthur Buies, Émile Nelligan, William Chapman (à qui l'on doit un vibrant hommage à «Notre langue») et Jules-Paul Tardivel.

On voit comment la francophonie canadienne se distingue d'autres situations de minorisation linguistique. Dans les deux premiers exemples, l'inégalité socio-politique des langues en présence s'est répercutée sur le plan littéraire, ce qui n'a pas été le cas ici. De nombreux Catalans ont écrit (et continuent à écrire) en espagnol et beaucoup de Flamands avaient l'habitude d'écrire en français, alors que trop peu de Québécois ont songé à écrire en anglais pour que le phénomène ait quelque incidence historique. Cela s'explique sans doute par la rapide institutionnalisation de la littérature québécoise, dont le rythme est comparable à celui de la littérature canadienne-anglaise, même sans qu'il y ait eu de contact suivi. Mais il faudrait alléguer d'autres facteurs pour compléter le tableau : la loyauté linguistique, que je n'ai voulu ni défendre ni dénoncer mais décrire, joue ainsi un rôle central comme agent neutralisant du bilinguisme lorsque celui-ci est ressenti comme une menace — ce qui est le cas au Québec beaucoup plus clairement qu'en Flandre ou même en Catalogne.

Pour trouver des tentatives d'écriture bilingue au Canada, il faut quitter le territoire québécois et aller voir dans l'Ontario de Patrice Desbiens ou de Lola Lemire Tostevin, au Nouveau-Brunswick de Jean Babineau ou au Manitoba de Paul Savoie, c'est-à-dire chez ceux qui se disent encore Canadiens français. Chose remarquable, leur bilinguisme, qu'il s'étende sur toute une carrière ou se concentre à l'intérieur des textes, est inversement proportionnel à leur rapprochement de l'institution québécoise, comme si la loi 101 ne valait pas uniquement pour l'affichage, mais également pour l'espace textuel. Au Québec, en dépit d'une fascination certaine pour la Californie (sorte de synecdoque pour les États-Unis), il ne paraît pas encore souhaitable d'envisager la langue anglaise comme autre chose qu'un signe de sujétion. Y compris dans un roman postmoderne comme *Le Désert mauve* de Nicole Brossard, pourtant une allégorie de la traduction qui bat en brèche plusieurs conventions littéraires, le texte lui-même résiste à l'intrusion du code étranger, dont la présence est toute métaphorique, aucunement réelle[32].

Derrière l'institution, cependant, se profile le public : il sera souvent unilingue francophone au Québec (surtout en dehors de Montréal), mais très souvent bilingue dans les autres provinces, où l'anglais peut être le signe du Même et de l'Autre à la fois. C'est précisément cet horizon d'attente particulier qui rend possible, au Canada français mais pas au Québec, des expériences comme *L'Homme invisible/The Invisible Man*, dont le « stéréo verbal[33] » met en scène (et en question) la frontière entre l'anglais et le français. La porosité de cette dernière devient constitutive d'une identité bilingue. Autrement dit — et voilà à mon avis un trait distinctif de l'écriture francophone qui se développe aujourd'hui en dehors du Québec —, le changement de langue n'implique pas un changement de public. Si l'on se fie aux exemples flamand et catalan, cultures où des configurations linguistiques semblables ont prévalu, il s'agit fort probablement d'une simple étape, mais je laisserai à d'autres le soin d'en prédire l'issue.

NOTES

1.   Gilles Deleuze et Félix Guattari, *Kafka. Pour une littérature mineure*, Paris, Minuit, 1975, p. 35.

2.   William Francis Mackey, *Bilingualism as a World Problem/Le bilinguisme: phénomène mondial*, Montréal, Harvest House, 1967.

3.   John Hale, «Traffic», dans *The Civilization of Europe in the Renaissance*, New York, Simon & Schuster, 1993, p. 143-184. La découverte du Nouveau Monde constitue également le point de départ de la réflexion de Serge Gruzinski sur *La Pensée métisse*, Paris, Fayard, 1999.

4.   Ernest Renan, *Qu'est-ce qu'une nation? et autres essais politiques*. Textes choisis et présentés par Joël Roman, Paris, Presses Pocket, coll. «Agora; Les Classiques», 1992, p. 55. On sait le rôle que joue ce texte de 1882 dans l'argumentation de Benedict Anderson, *Imagined Communities. Reflections on the Origin and Spread of Nationalism*, Londres et New York, Verso, 1991 [1983] (enfin disponible en traduction française: *L'Imaginaire national*, Paris, La Découverte, 1996).

5.   Je reprends le constat de Marco Kunz au début de son article «Le final bilingue de *Juan sin Tierra* de Juan Goytisolo», dans Elvezio Canonica et Ernst Rudin (dir.), *Literatura y bilingüismo. Homenaje a Pere Ramírez*, Kassel, Reichenberger, 1993, p. 241-252. Le roman de Goytisolo est à cet égard une exception remarquable, qui, par son audace même, confirme la règle tacite de l'unilinguisme.

6.   Où «œuvre» aurait le double sens de texte individuel et de production totale.

7.   Paris, Mercure de France, 1995. Faut-il voir dans le fait que Makine ait dû partager ce dernier prix avec Vassilis Alexakis, l'auteur d'un roman au titre éloquent (*La Langue maternelle*, Fayard, 1995), le signe d'un engouement pour l'altérité?

8.   Le cas a été étudié par Jacqueline Risset, «Joyce traduit par Joyce», *Tel Quel*, 55, 1973, et par Sherry Simon, «*Finnegans Wake*,

l'infini de la traduction», dans Ginette Michaud et Sherry Simon, *Joyce*, Montréal, Hurtubise HMH, 1996, p. 113-136.

9.   Leïla Sebbar et Nancy Huston, *Lettres parisiennes — Autopsie de l'exil*, Paris, Barrault, 1986, p. 16, cité par Christine Klein-Lataud, «Les voix parallèles de Nancy Huston», *TTR: Études sur le texte et ses transformations*, vol. IX, n° 1, 1996, p. 211-231, p. 214. Voir aussi Robert Yergeau, *À tout prix. Les prix littéraires au Québec*, Montréal, Triptyque, 1994 (chap. 4), Sherry Simon, *Le Trafic des langues. Traduction et culture dans la littérature québécoise*, Montréal, Boréal, 1994, p. 47-50, et le débat dans le magazine montréalais *Spirale*, n° 132, avril 1994, p. 3-6 (avec des textes de Régine Robin, Caroline Barrett et Corinne Durin). Nancy Huston a failli récidiver, mais, au Canada anglais, son roman *The Mark of the Angel*, d'abord paru en français sous le titre *L'Empreinte de l'ange*, était en lice pour le prestigieux prix Doris-Giller en 1999.

10.   Nathalie Petrowski, «Bar Payant», *La Presse* du 18 novembre 1993, p. D3, cité par Régine Robin, «Speak Watt», *Spirale*, n° 132, avril 1994, p. 4, et C. Klein-Lataud, *loc. cit.*, p. 216.

11.   Elsa Triolet, *La Mise en mots*, Genève, Skira, 1969, p. 84 et 54, citée par Elizabeth Klosty Beaujour, *Alien Tongues: Bilingual Russian Writers of the "First" Emigration*, Ithaca (New York), Cornell University Press, 1989, p. 77.

12.   Lettres à Edmund Wilson, citées *ibid.*, p. 97.

13.   Dans l'*Énéide* (I, v. 661), Énée craint les Carthaginois «aux deux paroles» (*bilinguis*). La nuance se perpétue au latin médiéval («qui est double en mots ou mensonger: *qui duplex in verbis vel falsiloquus est*») et passe dans les langues vernaculaires. À l'apogée de l'humanisme, on considère encore le bilingue comme un «homme au langage double»: «Comment fuiray-je ces bilingues / Plaisans à mesdire et dresser / Languages picquans comme espingles...?»

(Otto Prinz et Johannes Schneider, *Mittellateinisches Wörterbuch* [...], t. 1, Munich, Beck, 1967, p. 1477a, et Edmond Huguet, *Dictionnaire de la langue française du XVIᵉ siècle*, t. 1, Paris, Champion, 1925, p. 581b).

14.   J'évite à dessein de parler de langue natale, maternelle ou paternelle, dénominations qui varient selon les cultures: les Romains, par exemple, parlaient de *sermo patrius*. Voir Leo Spitzer, «Muttersprache und Muttererziehung», p. 15-65, dans *Essays in Historical Semantics*, New York, Russell & Russell, 1968 [1948], et mon propre texte: «La langue paternelle en littérature: réflexions sur un fétiche», *Discours social/Social Discourse* (Montréal), vol. 5, nᵒˢ 3-4 (1993), p. 43-54.

15.   Jean Darbelnet, «Le bilinguisme», *Annales de la Faculté des Lettres et Sciences Humaines de Nice*, 12, 1970, p. 107-128, cit. p. 128.

16.   Les comparatistes eux-mêmes n'échappent pas à ce préjugé. Tout en concédant que sa discipline a négligé les phénomènes de plurilinguisme, pourtant si prégnants tout au long de l'histoire littéraire, Claudio Guillén (*Entre lo uno y lo diverso. Introducion a la literatura comparada*, Barcelone, Critica, 1985, p. 327-330) souligne qu'ou bien les écrivains bilingues sont de deuxième ordre, ou bien ils cultivent l'hermétisme par le biais d'expériences hétérolingues.

17.   Toronto, The Coach House Press, 1988.

18.   Je traduis Kathy Mezei, «Vers-ions con-verse», *Tessera*, 6 (*La traduction au féminin/Translating Women*), 1989, p. 17-18: «*To be able to write and live in two languages as Lola does must be exhilarating, but also bewildering. For some things must be said in French, others in English. [...] Watching Lola turn from English to French and back again as she does in 'sophie, seeking out her very own langue, is intriguing. For I found a marked difference between the poems in French and English as if another kind of sensibility were spea-*

king, and I wondered how much that was a consequence of the French language itself. The vers *in French were more constrained, less layered, and the voice emerging was more subdued, less colloquial. It is then that the translator becomes very curious to know how the language Lola writes in determines what she says and how she says it.*»

19. Sudbury, Éditions Prise de Parole, 1997 [1977].

20. Ceci ne se veut point une attaque *ad feminam* contre Kathy Mezei, collègue que j'estime beaucoup et avec qui j'ai eu de bonnes conversations au sujet du bilinguisme. Mais le choix d'exemples canadiens m'oblige à parler de gens que je connais, ce qui montre la pertinence concrète, locale, de la discussion.

21. Éric Buyssens, *Vérité et langue. Langue et pensée*, Bruxelles, Éditions de l'Institut de Sociologie de Université libre de Bruxelles, 1969, p. 27.

22. E. K. Beaujour, *Alien Tongues, op. cit.*, p. 34. Voir également Claire Kramsch, «The Privilege of the Nonnative Speaker», *PMLA*, vol. 112, n° 3, mai 1997, p. 359-369.

23. René Descartes, *Discours de la méthode* (1636), éd. Geneviève Rodis-Lewis, Paris, Flammarion, coll. «GF», 1992, p. 93.

24. Tzvetan Todorov, «Bilinguisme, dialogisme et schizophrénie», p. 11-26, dans Todorov *et al.*, *Du bilinguisme*, Paris, Denoël, 1985, cit. p. 21. Sur la question du choix linguistique en littérature, on pourra consulter les textes réunis par Georg Kremnitz et Robert Tanzmeister dans *Literarische Mehrsprachigkeit: zur Sprachwahl bei mehrsprachigen Autoren. Soziale, psychische und sprachliche Aspekte*, Vienne, Internationales For-

schungszentrum Kulturwissenschaften, 1996.

25. Uriel Weinreich, *Languages in Contact: Findings and Problems*, New York, Publications of the Linguistic Circle, 1953, p. 99, p. 106-108.

26. Voir la prise de position polémique de Francesc Vallverdú dans *L'Escriptor català i le problema de la llengua*, Barcelone, Edicions 62, 1968 [trad. esp. *Sociología y lengua en la literatura catalana*, Madrid, Cuadernos para le diálogo, 1971]. On trouvera de bonnes présentations de la problématique chez J. M. Sobré, «Literature, Diglossia, Dictatorship: The Case of Catalonia», *Ideologies and Literature*, vol. III, n° 14, 1980, p. 50-67, et Ute Heinemann, «Schreiben in zwei Sprachen: einige Anmerkungen zur Literaturproduktion in Katalonien», dans Axel Schönberger et Klaus Zimmermann (dir.), *De orbis Hispani linguis litteris historia moribus. Festschrift für Dietrich Briesemeister […]*, Francfort, Domus, 1994, p. 511-522.

27. On aura reconnu la dichotomie esquissée par Mikhaïl Bakhtine dans *Esthétique et théorie du roman*, Paris, Gallimard, 1978.

28. José Lambert, «L'éternelle question des frontières: littératures nationales et systèmes littéraires», dans Christian Angelet *et al.* (dir.), *Langue, dialecte, littérature. Études romanes à la mémoire de Hugo Plomteux*, Louvain, Universitaire Pers Leuven, 1983, p. 355-370; Rainier Grutman, «L'écrivain flamand et ses langues», *Revue de l'Institut de Sociologie de l'Université libre de Bruxelles*, 1990-1991, p. 115-128.

29. Cette tripartition est inspirée de Jean-Marie Klinkenberg, «Le problème de la langue d'écriture dans la littérature francophone de

Belgique de Verhaeren à Verheggen», dans Árpád Vigh (dir.), *L'Identité culturelle dans les littératures de langue française*, Pécs, Presses de l'Université, 1989, p. 65-79.

30. On trouvera davantage de précisions dans le livre que j'ai consacré au croisement des langues dans la littérature québécoise: *Des langues qui résonnent. L'hétérolinguisme au XIXe siècle québécois*, Saint-Laurent (Québec), Fides, 1997. Les conclusions ont paru sous forme d'article: «Effets hétérolingues dans le roman québécois du XIXe siècle», *Littérature*, n° 101, 1996, p. 40-52, et viennent d'être reprises par Jean-Marc Moura, dans *Littératures francophones et théorie postcoloniale*, Paris, Presses universitaires de France, 1999, p. 73-78.

31. La complémentarité de l'école française, de l'Église catholique et des familles dans la préservation de l'identité québécoise a été maintes fois soulignée par les sociologues, dont l'Américain Joshua Fishman, *Reversing Language Shift: Theoretical and Empirical Foundations of Assistance to Threatened Languages*, Clevedon, Multilingual Matters, 1991, p. 287-336.

32. Nicole Brossard, *Le Désert mauve*, Montréal, L'Hexagone, 1988. Le paradoxe a déjà été relevé — et étudié — par Sherry Simon dans *Le Trafic des langues*, *op. cit.*, p. 73-90.

33. L'expression est de Robert Dickson, au sujet de *L'Homme invisible/The Invisible Man*. L'idée du bilinguisme textuel comme une sorte de *stéréographie* a fait l'objet d'un numéro de revue aux États-Unis: Ralph Sarkonak et Richard Hodgson (dir.), *Writing… in Stereo: Bilingualism in the Text*, numéro thématique de *Visible Language*, vol. XXVII, n°s 1-2, 1993, 272 p.

«CONTAMINATION» LINGUISTIQUE ET TEXTUELLE: RENCONTRE DE L'AUTRE ET RENOUVELLEMENT CRÉATEUR

Estelle Dansereau
Université de Calgary

> L'écriture, qui semble devoir fixer la langue, est précisément ce qui l'altère; elle n'en change pas les mots, mais le génie; elle substitue l'exactitude à l'expression.
>
> Jean-Jacques Rousseau,
> *Essai sur l'origine des langues* (1761)

Le point de départ de cette étude m'a été donné par les paroles de Lola Lemire Tostevin dans un court commentaire intitulé «Contamination: A Relation of Differences» et publié dans la revue bilingue *Tessera* en 1989. La poète dit vouloir atteindre autre chose par son écriture que l'espace pur du langage, objectif, dit-elle, qui fausserait son projet d'écriture et nierait sa réalité *bi-* sinon *trans-*. Le mot contamination, receveur possible de resémantisation («peau sur laquelle se trace un autre sens[1]»), me paraît bien traverser les deux langues tout en faisant valoir son sens dénotatif premier, notamment «souillure résultant d'un contact impur» (*Le Robert*), qui conserve l'idée traditionnelle de contact entre l'anglais et le français au Canada. La contamination a une valeur conceptuelle désirable pour l'écriture de Lemire Tostevin qu'elle transpose dans son recueil diglossique *'sophie*: «*Contamination means differences have been brought together so they can make contact*» (p. 13). Cette pratique représente, il me semble, l'incarnation de l'écriture plurielle qui encode de façon non triviale, selon une esthétique individuelle, la vision en mouvance de l'écrivain «bilingue» mais transculturel qu'est Lemire Tostevin. Cette esthétique représente l'usage le plus littéraire de l'hétérolinguisme[2].

Pour le puriste et pour le minoritaire cependant, ce qui est proposé par ce contact revient au danger essentiel contre lequel il a longtemps été averti: la contamination encourt l'insécurité linguistique, l'affaiblissement, sinon la perte de la langue et, partant, de l'identité francophone. Source de distinction, la langue est fondamentale à l'identité et ce, d'autant plus pour le francophone en Amérique du Nord à cause de son histoire. Dans l'Ouest canadien où la faible population francophone (presque invisible à tous les plans) voit depuis un siècle ses effectifs décroître, le besoin de se confiner dans des communautés isolées a longtemps assuré la survie de la langue et de la culture. Deux facteurs militent pour mettre fin à cette idéologie protectrice et nullement dynamique pour l'écriture : la disparition des frontières étanches entre communautés et la complexité des appartenances linguistiques, culturelles et sociales. L'identité, reconnue comme plurielle plutôt qu'essentialiste, hétérogène et plus prête à admettre la diversité, problématise les certitudes et brouille les frontières[3]. Parmi tous ces changements et cette nouvelle ouverture, le français devient de plus en plus concurrencé par l'anglais dans l'Ouest canadien, sa rivale traditionnelle la plus «dangereuse».

Admettre alors que l'anglais peut jouer un rôle dans le projet des écrivains francophones de l'Ouest, c'est mettre en question toute une tradition de refus de l'autre par crainte de la perte de soi. Pourtant, les textes existent. Les écrivains écrivent depuis bien longtemps des textes pluriels, plurilingues[4] et nous devancent, nous les critiques littéraires et les philosophes de la culture, dans nos considérations d'altérité et de métissage. C'est pourquoi la critique est ici aujourd'hui, non pour les dire mais pour les décrire. Joseph Melançon le rappelle : «La pratique des études littéraires est donc la pratique des effets culturels, l'examen d'un monde déjà modelisé, l'observation d'un produit» (1996, p. 73). Pendant que l'homogénéité culturelle est devenue un espoir qui s'avère chimérique, il est certain que l'hégémonie culturelle et linguistique de l'anglais dans l'Ouest canadien informe la production et la réception des textes littéraires. «Le bilinguisme littéraire, plutôt que d'être une entrave à la production, est reconnu comme source d'innovation et d'interférence créatrices» (Simon, 1999, p. 53). Voyons-le à partir de textes littéraires de l'Ouest canadien.

Le corpus examiné comprend surtout des récits narratifs, car celui-ci entre souvent dans un rapport référentiel quelconque avec la communauté émettrice. Plus viscérale mais aussi souvent plus tournée vers une subjectivité à sonder, la poésie comme genre me semble offrir une plus grande liberté d'expérimentation avec la langue que ne le permet le roman (exception faite du roman postmoderne). Si la voix double chez Lemire Tostevin et, comme l'a montré Jules Tessier, chez Patrice Desbiens se fond dans un poétique individuelle pluralisée, le roman promet toujours une communication plus accessible, à caractère référentiel. Pourtant, l'essence même du roman, comme l'indique Bakhtine, est le dialogisme, dimension interactive du langage. Selon ce concept, le roman semblerait être foncièrement disposé à accueillir les voix multiples, à créer des conditions propices à la rencontre des voix. Les trois œuvres narratives que j'étudie mettent en contexte l'Ouest canadien et textualisent l'anglais comme langue, introduisant ainsi l'autre dans l'énonciation.

La force de la représentation du discours de l'autre

La Franco-Manitobaine Gabrielle Roy et la Franco-Albertaine Marguerite-A. Primeau[5] nous livrent des récits à forte tendance réaliste, style qui me permet-

tra dans un premier temps d'identifier certains des procédés de représentation de cet autre parlant une autre langue. La situation conflictuelle des
communautés linguistiques peuplant l'Ouest canadien, quoique primée chez
Primeau, est neutralisée chez Roy. L'Ouest canadien a souvent été représenté
comme un espace de diversité culturelle et linguistique, de communautés
multiculturelles, mais forcément unilingues anglophones. Roy et Primeau
confirment dans un sens cette impression lorsqu'elles présentent les petites
communautés francophones comme des anomalies isolées, fermement réso-
lues à survivre et à conserver un héritage introduit dans l'Ouest, non originaire de cette région. Si j'insiste sur cette intransigeance, c'est que je la
considère cruciale à une évaluation de la soi-disant « perte », de l'assimilation
vécue ultérieurement par les communautés de l'Ouest face à la croissance
galopante de la culture anglo-canadienne.

Le roman de Primeau *Dans le muskeg* raconte l'histoire d'un maître d'école
du Québec qui fonde une communauté francophone nommée Avenir dans le
nord de l'Alberta au tournant du siècle. Après de longues années de résistance aux nombreux courants envahisseurs, Lormier se voit supplanté dans
sa position d'influence par un Irlandais qui comprend trop bien les affaires et
saisit toutes les occasions, y compris celle d'apprendre l'autre langue, pour
assurer sa domination dans la petite communauté. Conflit distinctement
canadien au confluent de plusieurs idéologies, la trame de ce roman semble
vouloir dire le désir de conservation (langue-culture-foi), mais aussi le respect des différences. Pertinemment, les Blancs se rencontrent pour exclure le
métis. Dans ce roman qui porte avant tout sur le problème de la résistance,
l'anglais, langue du dominateur, est rarement utilisé dans le récit, mais il l'est
à des moments critiques.

La textualisation de l'anglais dans un roman qui privilégie la thématique
des conflits culturels ne peut pas être innocente. La situation de diglossie iné-
galitaire dans le village d'Avenir est représentée dans la narration par des
procédés assez traditionnels, si l'on s'en tient aux catégories décrites par Rainier Grutman et par Ernst Rudin. Parmi ces procédés, le souci de nommer
fournit quelques termes géographiques (*Blueberry Lake, Avenir school district,
muskeg*) et ethnographiques (*teacherage, homesteads, Spring Sale*). Le mimétisme de paroles anglaises énoncées par un des personnages à un moment
décisif du récit est plus poignant lorsqu'on constate qu'il n'y a pas plus de
cinq scènes qui sont significatives. Dans l'épisode où, en bon hôte, le Père
Letournec partage le vin de messe avec un Monsieur Albright par une nuit
de tempête, les tentatives de chacun de parler la langue de l'autre (la transcription est fidèle à de tels locuteurs) portent à croire que le respect et la réci-
procité peuvent passer par le langage comme acte (p. 115-116). De même, les
énonciations du fils bilingue Tommy O'Malley qui peut produire l'accent
irlandais à volonté (« Well, me ol' Dad, c'en est une surprise, ça, hein ? ») réa-
lisent une mise en contexte de l'idéal du bilinguisme fédéral qui ne sera cependant pas le futur d'Avenir. Car, comme le montre la dernière transcription de

tels discours directs, l'assimilation du français à l'anglais s'annonce imminente: l'alerte au feu (symboliquement au désastre de l'assimilation) se fait en anglais seulement («*It's the Catholic Church*, crièrent des jeunes gens qui passaient en trombe. *The Catholic Church is on fire*» [p. 210]). Plus poignantes et plus immédiates que les nombreux discours métalinguistiques[6] pour souligner une préoccupation thématique de la survivance, ces mises en contexte amènent le lecteur à s'engager dans la problématique de l'interculturel. Il est fondamental, cependant, que le sujet du roman et sa langue supposent un lectorat francophone sensibilisé à ce discours de survivance, sinon lassé aujourd'hui de ce discours.

La pluralité langagière sous-tend toute l'œuvre de Gabrielle Roy, à la fois par la narration et par sa thématique multiculturelle. J'ai étudié maintes fois la propriété hétérogène de l'énonciation chez cette auteure sans jamais m'arrêter, à regret, sur la présence de l'anglais dans ses récits. C'est que cette langue n'insiste pas; le plus souvent elle se fait voir sans être dite. Elle figure, bien sûr, dans certains récits, tel «Les deux nègres» de *Rue Deschambault* (1955), où elle désigne le métier exotique, pour la petite Christine, de «*porter*» et l'étrangeté des paroles anglaises anodines toujours accompagnées de gestes exagérés. De prime abord, cet usage sert d'éveil à la différence au niveau diégétique ainsi que de la lecture, tandis que la situation conflictuelle vue chez Primeau est ici en retrait.

C'est plutôt dans les récits d'immigration et de dépossession que la langue de l'autre (pas toujours désignée) est contextualisée selon une poétique singulièrement royienne pour créer une dynamique communicative. L'hétérolinguisme prend dans les récits de Roy un sens antithétique à la résistance signifiée chez Primeau. Le rapport entre la voix narrative et les consciences des immigrés, êtres souvent sans parole, se produit dans une dynamique négociée d'abord sur le plan narratif. Comme j'ai déjà montré ailleurs comment cela se produit dans les récits de *La Rivière sans repos* et d'*Un jardin au bout du monde* (Dansereau, 1995, p. 119-136), je ferai ici une synthèse de ce procédé qui opère dans la nouvelle «Où iras-tu Sam Lee Wong» (Roy, 1975). Quoique la voix narrative reste externe à la diégèse, elle prête par de nombreuses instances de discours indirect libre un appui et une voix aux pensées du restaurateur chinois immigré, vraisemblablement muet, faute de connaître l'anglais. Cette langue est inscrite dans le récit d'abord comme absence, mais une absence fortement ressentie comme présence dans le contexte du récit. Elle fait irruption sur une vitrine annonçant aux habitants de Horizon en Saskatchewan l'ouverture d'un restaurant chinois: «Restaurant Sam Lee Wong / Good Food. / Meals at all hours» (p. 75). Elle affiche la présence d'un étranger notable au milieu d'une communauté d'immigrés pour qui l'anglais sera la seule langue de contact; ironiquement, il devient de force la source de son isolement. Ainsi l'anglais figure dans cette nouvelle surtout pour thématiser la communication difficile; la transcription d'un anglais fautif et stéréotypé souligne davantage l'altérité de celui qui les énonce: «Good molnin! nice molnin!» et «Nice days to days» (Roy, 1975, p. 78-79). Comme les phrases toutes faites que Sam collectionnait dans ses poches, ces mots, calculés pour plaire à ses interlocuteurs, établissent un rapport respectueux et réciproque entre Sam et celui qui deviendra son ami fidèle, Smouillya le Basque. Par souci de vraisemblance peut-être, mais surtout par besoin diégétique, les scènes de difficultés linguistiques rapportées en anglais sont représentées de façon stratégique, dont celle-ci qui révèle un Sam Lee Wong inquiet de perdre son restaurant, mais assez perspicace pour comprendre le rôle qu'il doit assumer s'il veut enjôler l'inspecteur :

> Sam Lee Wong l'accueillit humblement, sans trop de crainte cependant. D'instinct, il reprit son anglais le plus bas.
> — You make… trip… good ?
> L'inspecteur repoussa quelque peu Sam Lee Wong…
> — Not much time clean lately, s'excusa Sam Lee Wong. All the time rush, rush, rush ! (Roy, 1975, p. 106-107.)

Ces énonciations jouent sur la tactique par laquelle le Chinois Sam peut sembler consentir à la place inférieure qui lui est assignée afin d'attirer la bienveillance de l'autre. Si elles naissent d'un état de dépossession, elles ont le mérite d'actualiser dans le récit le caractère durable du personnage. Sam Lee Wong se sert de mots appris qui conviennent à sa position de subalterne, mais il renverse leurs sens par le fait même de les énoncer. Il refuse de sombrer dans le mutisme aliénant que lui offre sa situation en tant qu'être ethnique. Ces énonciations en anglais sont importantes pour créer la psychologie de Sam Lee Wong et surtout pour souligner l'acquisition encore très imparfaite de sa nouvelle identité. Le fait que, à d'autres moments, la langue dont se sert Sam soit transposée en français soigné suggère l'importance signifiante des communications en anglais à la fois pour insister sur leur étrangeté et pour soutenir la thématique de la non-appartenance. Insérées dans un récit donné en français, ces bribes d'anglais servent de puissant rappel de l'aliénation du personnage, d'une part, et du regard indulgent de la narratrice, d'autre part. Le renversement de la situation sociale devient alors significatif. La langue dominante de l'Ouest canadien, l'anglais, se trouve réduite dans ce récit au statut de langue subalterne, effacée (quoique implicitement dominante), approximative ; c'est la langue accordée aux dépossédés par une narratrice francophone généreuse et sympathique à l'exilé, une narratrice qui assume le rôle puissant d'autorité sur les discours. Nous pourrions aussi observer l'usage de l'anglais dans la longue nouvelle *De quoi t'ennuies-tu Éveline ?* (1984), mais je préfère me limiter au contexte social canadien.

Dans le contexte de l'Ouest canadien, que signifie cette insertion de discours anglais dans des récits écrits en français ? Appartenant toutes deux à la minorité francophone, les auteures Roy et Primeau créent des narrateurs qui s'interposent comme médiateurs entre la représentation du discours de l'étranger, ici l'anglais, et le lecteur ; des narrateurs qui présentent et traduisent le contexte social bilingue ou multilingue et qui préparent mais n'imposent pas l'interprétation de ce fait culturel. N'empêche que, chez Primeau, l'image de la société représentée est conforme à une réalité vécue ; de plus, ses origines l'autorisent dans un sens à mener le récit. Chez Roy, par contre, l'altérité traduite par l'anglais du texte est fondamentale à l'expérience de l'immigré. Dans un curieux renversement de la réalité vécue par les francophones de l'Ouest canadien, l'anglais dans le récit de Roy est soumis au français et il est limité aux circonstances de perte et d'aliénation[7]. Ultimement, l'anglais dans les récits fonctionne comme acte pour actualiser ce message. Il n'est pas insignifiant, je crois, que l'énonciateur de Roy, un allophone, soit quelqu'un pour qui l'anglais n'est pas encore source de définition identitaire.

L'anglais dans le hors-texte

À l'époque actuelle, la situation linguistique et culturelle a radicalement changé pour les francophones de l'Ouest canadien. Inévitablement sujette à l'assimilation et à l'acculturation si longtemps refusées, la population de la première colonisation francophone chevauchant le siècle dernier se voit actuellement fortifiée par une immigration francophone nouvelle, de l'extérieur et de l'intérieur du Canada, ainsi que par l'émergence de francophiles qui participent pleinement à la culture francophone. Les certitudes identitaires traditionnelles s'érodent, certes, mais ce renouvellement et cette redéfinition de la francophonie ne sont pas négligeables, car cette évolution sociale est en train de laisser sa marque sur les productions culturelles, y compris sur l'écriture.

L'appartenance légitime de Nancy Huston à la communauté littéraire canadienne est passionnément disputée actuellement, depuis que cette écrivaine d'origine anglo-albertaine, qui habite en France depuis plus de vingt ans, est venue décrocher le prix du Gouverneur général en 1993 pour son roman *Cantique des plaines* et qu'elle s'est vue cette année finaliste au prix Giller pour sa propre traduction de son roman *L'Empreinte de l'ange*. Nous pourrions longuement discuter de cette légitimité, mais à quelle fin ? Après tout, le nomadisme linguistique et géographique de Huston représente la situation de l'écrivain actuel et il est applaudi maintenant comme une force innovatrice et dynamique pour la langue et la culture. Elle en est la preuve. Seulement, ce nomadisme bouleverse nos pratiques de classification selon les origines et l'identité et il les rend imparfaites, impures, contaminées. Cette réflexion m'amène à constater que le contact avec l'anglais dont j'ai parlé jusqu'à présent n'a été qu'une réalisation textuelle.

Le cas Huston nous oblige forcément à percevoir différemment le rapport de l'auteur à l'œuvre et à la langue. Il y a chez Huston une coïncidence du français langue seconde et du français langue d'écriture. L'anglais dans son œuvre se situe plutôt à l'extérieur de l'œuvre, c'est-à-dire en tant que langue maternelle de l'auteure mais également et curieusement, dans le cas de *Cantique des plaines*, dans un texte parallèle, version anglaise et antérieure de *Plainsong*, dont le roman est une auto-traduction dans le sens le plus ouvert du mot. Nous voici devant l'actualisation matérielle de la voix double. C'est «la discontinuité décisive dans la continuité naturelle», c'est le brouillage des frontières, elles-mêmes «traces mortes de l'acte d'autorité» dont parle Bourdieu dans cette longue mais pertinente citation:

> Les luttes à propos de l'identité ethnique ou régionale, c'est-à-dire à propos de propriétés (stigmates ou emblèmes) liées à *l'origine* à travers le *lieu* d'origine et les marques durables qui en sont corrélatives, comme l'accent, sont un cas particulier des luttes des classements, luttes pour le monopole du pouvoir de faire voir et de faire croire, de faire connaître et de faire reconnaître, d'imposer la définition légitime des divisions du monde social et, par là, *de faire et de défaire les groupes*: elles ont en effet pour enjeu le pouvoir d'imposer une vision du monde social à travers des principes de di-vision qui, lorsqu'ils s'imposent à l'ensemble d'un groupe, font le sens et le consensus sur le sens et en particulier sur l'identité et l'unité du groupe. (P. 137.)

La question serait-elle alors une question de légitimité? La controverse autour de la légitimité de Huston au titre d'auteure canadienne ne revient-elle pas à la remise en question de son autorité, au refus de la reconnaître comme telle? Et quel est l'enjeu? Écoutons de nouveau Bourdieu à ce sujet: «L'efficacité du discours performatif qui prétend faire advenir ce qu'il énonce dans l'acte même de l'énoncer est proportionnelle à l'autorité de celui qui l'énonce» (p. 140-141). Cet enjeu devient davantage fragile dans les communautés régionales, en besoin encore peut-être de «perceptions et de catégories de perception» (Bourdieu, p. 141). Cependant, ce besoin s'oppose à la tendance vécue actuellement de brouillage et de métissage, colporteurs d'incertitudes. En somme, les Canadiens réclament de Huston, pour ensuite le lui refuser, un statut qu'elle ne réclame pas, qu'elle refuse même par ses écrits plutôt postmodernes.

La textualisation de la langue de l'autre dans le roman *Cantique des plaines* de Huston est inversement proportionnelle à l'importance que le public a accordée à la langue dans le hors-texte. Je ne veux pas dire par là qu'il n'est pas significatif ni signifiant. Paula, la narratrice de ce roman, reconstitue l'histoire de son grand-père Paddon suivant une structure de découverte non chronologique d'une vie tout à fait ordinaire. Son texte postmoderne est ponctué de référents intertextuels — fragments de chansons populaires, de cantiques religieux, de prières, de l'hymne national — marqués en italique et fonctionnant comme «mises en abyme d'événements qui ont transformé le Far West sauvage en une plaine sans passion» (Sing, p. 31). Les plus anodins sont les fragments en anglais de chansons populaires archiconnues qui entrent en interaction avec le récit de Paula: «*Hit the road, Jack, and don't you come back no more no more...* Tu n'as jamais pris la route, Paddon. Pas une seule fois tu n'as quitté l'enceinte de ta province. Et maintenant tes propres os reposent dans la terre d'Alberta» (p. 13). Ou: «*You haul sixteen ton, and what do you get? Another day older and deeper in debt... Tu pioches seize tonnes, et où est-ce que t'en es? Plus vieux d'un jour et plus endetté...*» (p. 36). Pour Huston, «la fadeur est la quintessence, terrifiante, du Canada anglais» (1995, p. 209). L'effet d'étrangeté créé par ces extraits provient non de l'intervention de l'anglais dans un récit conduit en français, mais plutôt de leurs origines culturelles américaines[8] pour reprocher à Paddon d'avoir laissé mourir petit à petit sa passion pour la vie et l'histoire. Les bribes d'anglais entrent en véritable dialogue avec le récit reconstitué pour actualiser une critique de la domination canadienne sur les peuples autochtones dont l'histoire a été effacée : « *Go West Young Man* — ah ce fantasme fabuleux de défoncer les frontières comme des jupons, ce viol indéfiniment prolongé des terres vierges ». Si Miranda, son amante métisse, subit l'engourdissement physique amené par la maladie, Paddon, lui, s'achemine progressivement vers le vide spirituel. Dans cette actualisation de sens, les intertextes anglais rejoignent les autres — les cantiques des plaines — en langues autochtones, en français et en latin, tous historiquement reliés à l'espace des plaines pour tisser une histoire politisée selon un conflit autre que la domination de l'anglais sur le français.

Conclusion

Le roman de Huston nous conduit dans une autre sphère romanesque et hors de l'idéologie du minoritaire. Aucun élément de la culture du francophone minoritaire n'intervient, car la situation conflictuelle représentée se joue sur un autre territoire, par rapport à une autre appropriation encore à peine articulée. Les enjeux identitaires dans le roman de Huston ne se déroulent plus dans l'arène d'un pays bilingue et biculturel, mais dans celle d'un pays qui doit faire le deuil de son passé colonialiste. Les écrits en français de l'Ouest canadien ne présentent plus nécessairement l'histoire des francophones minoritaires de cette région confrontés à une langue et à une culture majoritaires, à l'autre comme menace. Leurs histoires ne sont pas les seules histoires qui méritent d'être exprimées en français et actualisées. Au lieu de situer les groupes par rapport à leur territoire et à une essence, la critique peut situer les producteurs culturels des milieux minoritaires au centre d'un questionnement très actuel qui prend comme principe opératoire la différence. Jean-Marc Moura explique ainsi cette tendance : « [La] coexistence a produit des univers hybrides, caractérisés le plus souvent non par le retour vers une authenticité passée mais par un ensemble de "dérives" contemporaines à partir des bribes de ce passé. On se situe dans un espace d'interactions entre des "survivances" et la modernité, contexte d'énonciation véritable de l'œuvre pour la critique postcoloniale » (p. 40). Dans ce contexte, la langue anglaise actualisée dans le texte français se libère de ses attaches idéologiques traditionnelles pour participer à un dialogue qui entre dans une esthétique individuelle, pour « altérer » la langue, pour dire l'« inquiétante étrangeté » propre à toute écriture dont parle Régine Robin (1993, p. 503).

« Contamination » linguistique et textuelle

BIBLIOGRAPHIE

BAKHTINE, Mikhaïl, *The Dialogic Imagination: Four Essays*, sous la direction de Michael Holquist, traduit du russe par Caryl Emerson et Michael Holquist, Austin (Texas), University of Texas Press, 1983 (c1981), 444 p.

BOURDIEU, Pierre, *Ce que parler veut dire : l'économie des échanges linguistiques*, Paris, Fayard, 1982, 245 p.

CARDINAL, Linda *et al.* (dir.), *État de la recherche sur les communautés francophones hors Québec, 1980-1990*, Ottawa, Centre de recherche en civilisation canadienne-française, Université d'Ottawa, 1994.

DANSEREAU, Estelle, « Formations discursives pour l'hétérogène dans *La rivière sans repos* et *Un jardin au bout du monde* », dans *Portes de communications : études discursives et stylistiques de l'œuvre de Gabrielle Roy*, Sainte-Foy, Presses de l'Université Laval, 1995, p. 119-136.

DELVAUX, Martine, « Le moi et l'A / autre : subjectivité divisée et unité culturelle », *Revue canadienne de littérature comparée*, vol. 22, nᵒˢ 3-4, 1995, p. 487-500.

GRUTMAN, Rainier, *Des langues qui résonnent : l'hétérolinguisme au XIXᵉ siècle québécois*, Saint-Laurent (Québec), Fides / CETUQ, 1997.

HUSTON, Nancy, *Cantique des plaines*, [Arles], Actes Sud, 1993, 251 p.

HUSTON, Nancy, *Désirs et réalités : textes choisis 1978-1994*, Montréal, Leméac, 1995.

LÉTOURNEAU, Jocelyn (dir.), *La Question identitaire au Canada francophone : récits, parcours, enjeux,* hors-lieux, Sainte-Foy, Presses de l'Université Laval, 1994, 292 p.

MELANÇON, Joseph, « La conjoncture universitaire », dans *Le Discours de l'université sur la littérature québécoise*, sous la direction de Joseph Melançon, Montréal, Nuit blanche, 1996, p. 60-93.

MOURA, Jean-Marc, *Littératures francophones et théorie postcoloniale*, Paris, Presses universitaires de France, 1999, 174 p., coll. « Écritures francophones ».

POTVIN, Claudine, « Inventer l'histoire : la plaine revisited », *Francophonies d'Amérique*, nᵒ 7, 1997, p. 9-18.

PRIMEAU, Marguerite-A., *Dans le muskeg*, Montréal et Paris, Fides, 1960, 222 p., coll. « La gerbe d'or ».

ROBIN, Régine, « Introduction : un Québec pluriel », dans *La recherche littéraire : objets et méthodes*, sous la direction de Claude Duchet et Stéphane Vachon, Montréal, XYZ éditeur, 1993, p. 301-309, coll. « Théorie et littérature ».

ROBIN, Régine, « Défaire les identités fétiches », dans *La Question identitaire au Canada francophone : récits, parcours, enjeux, hors-lieux*, sous la direction de Jocelyn Létourneau, Sainte-Foy, Presses de l'Université Laval, 1994, p. 215-240.

ROY, Gabrielle, *Un jardin au bout du monde*, Montréal, Beauchemin, 1975, 219 p.

ROY, Gabrielle, *Rue Deschambault*, Montréal, Stanké, 1980, 303 p.

RUDIN, Ernst, *Tender Accents of Sound : Spanish in the Chicano Novel in English*, Tempe (Arizona), Bilingual Press / Editorial Bilingüe, 1996, 285 p.

SIEMERLING, Winfried et Katrin SCHWENK, « Introduction : Thinking About "Pure Pluralism" », dans *Cultural Difference and the Literary Text : Pluralism and the Limits of Authenticity in North American Literatures*, Iowa City, University of Iowa Press, 1996, p. 1-9.

SIMON, Sherry, *Hybridité culturelle*. Montréal, Les Élémentaires—Une Encyclopédie vivante, 1999.

SING, Pamela, « La voix de la métisse dans le "roman de l'infidélité" chez Jacques Ferron, Nancy Huston et Marguerite-A. Primeau », *Francophonies d'Amérique*, nᵒ 8, 1998, p. 23-37.

TESSIER, Jules, « De l'anglais comme élément esthétique à part entière chez trois poètes du Canada français : Charles Leblanc, Patrice Desbiens et Guy Arsenault », dans *La Production culturelle en milieu minoritaire*, sous la direction d'André Fauchon, Actes du 13ᵉ colloque du CEFCO, Winnipeg, Presses universitaires de Saint-Boniface, 1994, p. 255-273.

TESSIER, Jules, « Les Franco-Ontariens vus à travers leur littérature », dans *Identité et cultures nationales : l'Amérique française en mutation*, sous la direction de Simon Langlois, Sainte-Foy, Presses de l'Université Laval, 1995, p. 179-202.

TOSTEVIN, Lola Lemire, « Contamination : A Relation of Differences », *Tessera*, nᵒ 6, 1989, p. 13-15.

NOTES

1. Citation de l'extrait du poème «*espaces verts*» qui accompagne le commentaire, *Tessera* (1989) p. 15.

2. R. Grutman fournit une définition complète de ce concept pour désigner la présence dans un texte «d'idiomes étrangers, sous quelque forme que ce soit, aussi bien que de variétés (sociales, régionales ou chronologiques) de la langue principale» (p. 37). Pour les définitions, les modalités et les particularités de l'hétérolinguisme, je suis redevable à deux études qui se complètent : l'importante étude de Rainier Grutman, *Des langues qui résonnent : l'hétérolinguisme au XIXᵉ siècle québécois* et celle d'Ernst Rudin, *Tender Accents of Sound : Spanish in the Chicano Novel in English.*

3. Jocelyn Létourneau articule ses composantes multiples : «L'identité est en effet vécue et assumée [...] comme une réalité plurielle, confuse, hétérogène et mouvante. Elle est une pratique éclatée, métisse, transitionnelle, instable, en construction, en réparation et labile» (1994, p. ix).

4. Ainsi le rappelle Régine Robin : «L'écrivain est toujours confronté à du pluriel, à des voix, à des langues, à des niveaux, à des registres de langues, à de l'hétérogéneité, à de l'écart, à du décentrement» (1994, p. 222). L'hétérolinguisme est un aspect assez courant des textes de la modernité et il est venu à véritablement hanter l'écriture postcoloniale (Simon, 1999, p. 53).

5. Bien qu'elles soient toujours associées à leur milieu d'origine, ni l'une ni l'autre n'a exercé son métier d'écrivain dans sa région : Roy répondant à l'accueil du milieu francophone que lui offrait le Québec, et Primeau s'exilant encore plus loin dans l'Ouest, à Vancouver, grande ville à plus faible population francophone que son Alberta natale.

6. Parmi les nombreux exemples de ce discours métalinguistique, les plus percutants pour la diégèse figurent aux pages suivantes : 48, 85, 117, 118, 137-138, 159 et 162.

7. Une analyse des récits de *La Rivière sans repos* et de *De quoi t'ennuies-tu, Éveline ?* apporterait des nuances, surtout pour ce dernier, aux conclusions tirées. Que Roy s'autorise à renverser ainsi le référent social m'amène à spéculer sur l'encadrement de force qu'elle a connu dans le contexte québécois au moment de l'écriture.

8. Huston attribue ses sources ainsi : «*Hit the Road Jack*» de Mayfield et «*Sixteen Tons*» de Merle Travis (p. 5).

PRATIQUES DÉVIANTES DE LA TRADUCTION

Sherry Simon
Université Concordia

Si on devait traduire le titre de ce colloque en anglais, choisirait-on le terme *hybridity* pour « métissage » ? Alors que, dans les études francophones, c'est la notion de métissage qui est devenue le point de focalisation des débats sur le contact et la fusion des cultures, la tradition anglophone semble préférer — même si c'est pour en faire la critique — la notion d'hybridité. Ce constat nous rappelle qu'issus d'expériences historiques différentes, les courants théoriques continuent à garder une certaine autonomie, une relative indépendance, malgré la fascination commune pour les phénomènes de la mixité culturelle. D'un côté, les paradigmes de la postcolonialité/hybridité chez Homi Bhabha, Gayatri Spivak, Robert J.C. Young ; de l'autre, le cadre de la francophonie/métissage chez Édouard Glissant et les penseurs de la créolité, comme en témoignent deux ouvrages récents, *Mythologie du métissage* de Roger Toumson et *Discours sur le métissage, identités métisses*, collectif dirigé par Sylvie Kandé.

La divergence des pensées de la mixité n'est pas due uniquement au poids de la tradition intellectuelle mais également à l'inflexion personnelle que donnent aux concepts des penseurs individuels. Cette divergence est particulièrement intéressante dans le cas de l'utilisation des modèles de contact et de fusion linguistiques. Pour Édouard Glissant, ce modèle est la créolisation ; pour Homi Bhabha, c'est la traduction.

Dans *La Poétique du divers*, Glissant insiste sur deux aspects de la créolisation. D'abord, « les éléments culturels mis en présence doivent obligatoirement être "équivalents en valeur" pour que cette créolisation s'effectue réellement » (p. 16), que les éléments hétérogènes mis en relation « s'intervalorisent », « c'est-à-dire qu'il n'y ait pas de dégradation ou de diminution de l'être, soit de l'intérieur, soit de l'extérieur dans ce mélange » (p. 16). Deuxièmement, la créolisation est un processus *imprévisible*. « La créolisation régit l'imprévisible par rapport au métissage ; elle crée dans les Amériques des microclimats culturels et linguistiques absolument inattendus, c'est-à-dire des endroits où les répercussions des langues les unes sur les autres ou des cultures les unes sur les autres sont abruptes » (p. 17). Ces microclimats d'interpénétration culturelle et linguistique « sont les signes mêmes de ce qui se passe réellement dans le monde » (p. 17).

Pour Homi Bhabha, la figure de la traduction servira à des fins à la fois semblables et différentes. Comme la créolisation, la traduction désigne le *processus* du contact des cultures, la rencontre et la négociation qui donnent lieu à des réalités nouvelles. Glissant et Bhabha insistent tous deux sur le caractère mouvant et continu de ces processus, et sur les inégalités économiques et culturelles qui soutiennent l'héritage de l'époque coloniale. Mais alors que Glissant admet la formation de nouvelles réalités composites, qui sont «les signes mêmes de ce qui se passe dans le monde», Bhabha situe la traduction sur le plan de l'acte individuel et insiste sur la non-résolution de l'acte de traduire. Pour Homi Bhabha, l'hybridité est à la fois un état et un lieu, l'«espace tiers» où la dynamique du pouvoir colonial peut être déjouée, mise en déroute. Il se produit dans cette zone de négociation, de contestation et d'échange une «culture translationnelle» qui court-circuite les schémas de l'Altérité pour exprimer la dérive des identités contemporaines[1]. Les transactions «entre» ne prennent plus la forme du transfert et de la naturalisation des formes et des idées. Ce n'est plus la traduction, dans son sens conventionnel, qui décrit le plus adéquatement le rapport entre les cultures. Les zones interlinguistiques, l'espace «entre», deviennent un lieu de création culturelle qui exprime le caractère inachevé et transitoire des identités.

Suivant Walter Benjamin, Bhabha définit la traduction comme un espace de transformation, le passage par des «continua de transformation de densités différentes» (Bhabha, 1996, p. 203). Dans une pensée de la traduction nourrie par Jacques Derrida, Tejaswini Niranjana, et surtout Benjamin, Bhabha définit l'identité hybride comme le résultat d'une activité incessante de traduction. Plutôt que de séparer ou de remplacer un discours par un autre, la traduction ouvre un espace entre les codes, fait étalage de la différence, active une pulsation entre réalités diverses. La culture translationnelle du migrant, du citoyen hybride, n'est pas passive : la production du sens passe par la temporalité de la traduction.

Le «translationnel» chez Bhabha s'oppose toujours à une vision sécure de l'identité culturelle. L'espace interstitiel de la traduction n'est ni un retour à l'essence ni une fragmentation indéfinie, mais l'ouverture d'un espace ambivalent, agonistique, trouble.

On constate l'impulsion commune qui lie la pensée de Glissant à celle de Bhabha. Dans les deux cas, il est question de rencontres qui ne sont pas de l'ordre de la fusion. En parlant de créolisation, cependant, Glissant pointe davantage vers les «réalités» des cultures mixtes, alors que Bhabha insiste sur le geste incessant qui mène vers la fusion sans y arriver.

À mon tour, je voudrais déplacer ces notions de créolisation et de traduction inachevée vers l'analyse textuelle, proposant quelques exemples qui soulèvent des questions sur les visées de la traduction dans ses rapports à la culture. Il sera question de ce que j'appelle la «traduction déviante», traduction qui donne lieu au texte hybride. Qu'est-ce que la traduction déviante ? Il s'agit de pratiques qui n'ont pas pour but d'échanger ou de transmettre un produit culturel, mais plutôt d'exploiter l'espace ambigu entre traduction et écriture. Ces espaces où la traduction et l'écriture se confondent s'offrent en effet comme des lieux où se conjuguent reproduction et production, échange et création,

contact et incorporation. Ils font état de mouvements et de mutations historiques — les forces qui dirigent les mouvements de dé — ou d'hyper-différen-
ciation. En plaçant la traduction *dans* le texte, ces textes mettent à l'épreuve
les systèmes de classification et les présupposés identitaires en place.

Dans ce qui suit, je proposerai trois figures de la traduction déviante, chacune représentant un mode de production particulier. Il sera question de
trois pratiques de contamination catégorielle : le « renga » chez Jacques Brault
et Ted Blodgett, le texte culturellement hybride chez Gail Scott et la « traduction sans original » chez Agnès Whitfield.

Le renga

Je voudrais commencer en évoquant quelques surprises catégorielles que
nous a réservées l'actuelle saison des prix littéraires au Canada (automne
1999). Pour le prix Giller, prix accordé pour une œuvre en langue anglaise, les
jurés ont retenu, parmi la liste des finalistes, deux livres qui ont d'abord paru
en français. Il s'agit d'un roman d'Anne Hébert (traduit par Sheila Fischman) et
d'un roman de Nancy Huston (traduit, ou réécrit, par l'auteure). Aucun de ces
livres n'a remporté le prix, mais leur présence sur la liste témoigne certainement
de la volonté du jury d'enrichir la littérature canadienne-anglaise des apports
du corpus francophone. Et aussi de valoriser les croisements catégoriels.

Parmi la liste des finalistes pour le prix du Gouverneur général, cette fois-ci,
une autre surprise. Il s'agit de la nomination de Jacques Brault parmi les traducteurs. En quoi s'agit-il d'une surprise ? On connaît déjà l'œuvre de traducteur de Jacques Brault, son magnifique recueil *Poèmes des quatre côtés*, publié
en 1975, qui mélange traductions, dessins et réflexion en prose sur le processus et la finalité de la traduction. Cet ouvrage a fait date dans la littérature
québécoise. C'est un livre qui a détonné dans le paysage littéraire des années 70,
par son ouverture à la problématique de la traduction et par son regard sensible sur les conséquences politiques et esthétiques du rapport à l'autre. L'étonnement vient du fait que Brault est nommé traducteur pour un ouvrage qui,
cette fois-ci, est signé — au départ — de deux noms, E. D. Blodgett et Jacques
Brault. Le livre s'intitule *Transfiguration* et il s'agit d'un « renga », « poèmes
dialogants ou poème à deux voix », où s'opère le procédé suivant : Blodgett
écrit un poème en anglais, Brault le traduit en français, et ce poème traduit,
français, sera l'impulsion qui donnera un nouveau poème français, qui sera
traduit par Blodgett qui ensuite écrit un nouveau poème, et ainsi de suite
durant 80 pages.

Oui, il est clair qu'il y a de la traduction dans ces pages. Mais la nature du
rapport traduisant est plutôt complexe. Comment nommer l'auteur du poème
à traduire, dans la mesure où chaque "original" est déjà en quelque sorte le
produit de la traduction ? Traduction et écriture se mêlent ici, abolissant la
frontière entre les deux pratiques. En traduisant le poème écrit par l'autre, on
se traduit également. Ainsi se réalise ce qui, d'après Jacques Brault, serait

l'essence à la fois de la poésie et de la pratique traduisante : reconnaître « la voix de l'autre en soi-même ».

Si, dans *Poèmes des quatre côtés*, Brault accordait à la pratique traduisante un certain caractère confrontationnel permettant d'exprimer l'agressivité, mais aussi la fascination, qu'un Québécois pouvait ressentir face au pouvoir de la langue anglaise, ces accents socio-politiques sont absents du présent exercice où il est beaucoup plus question de l'amitié, d'un trajet sans itinéraire précis qui s'est déroulé selon le rythme des saisons, dans la reconnaissance des différences. La traduction est ainsi une médiation, un lien qui unit et qui sépare en même temps, créant de nouveaux moyens de communication tout en rappelant les distances qui les rendent nécessaires au départ. Ainsi s'affirme la contradiction qui active toute traduction, la pulsation du même et du différent, « l'étrange familiarité », dit Brault, qui interdit toute propriété du langage. « Un poème », dit Blodgett, « inventé pour danseurs unijambistes », qui doivent dépendre chacun de l'autre, pour compléter la figure.

Malgré l'insistance de chacun sur les différences qui activent leur amitié, le volume est remarquable pour son unité de ton. En dépit de la distance entre l'Alberta de Blodgett et le Québec de Brault, il se dessine un même paysage de saisons, où oiseaux et ciel se répondent. Les poèmes respirent aux mêmes endroits, prenant leur souffle, semble-t-il, dans une source unique d'inspiration. À peine remarque-t-on le goût de Blodgett pour des termes musicaux, celui de Brault pour des noms marqués par une certaine aspérité du langage. La traduction ici n'est pas un choc de diversité mais plutôt la rencontre du semblable. Le paysage du marais passe par le filtre du langage comme il passe de l'été à l'hiver et enfin de nouveau à l'été, de la brûlante sécheresse aux gelées et enfin au retour des abeilles.

La traduction ne « rend » pas le poème, mais lui ajoute des possibilités d'expression. Dans l'exemple suivant, la traduction anglaise de Blodgett « révèle » un aspect du poème français qui était caché sous sa langue. Le vent chantera « une note bleue » « a blue note » :

au déclin de l'été parfois	*sometimes at the close of summer*
le chant de la tourterelle triste	*the dove's sad song*
s'égrène plus longuement	*falls even longer away*
plus vaste est le bleu	*the blue-note of*
du vent où s'éclipsent	*the wind is larger where voices*
les voix d'on ne sait quoi	*never heard fade out (P. 29.)*

Le « bleu du vent » devient « blue note », évoquant l'univers du jazz, une musique inconnue du poème de Brault, et qui pourtant lui donne toute une nouvelle dimension, des voix palpables.

Notons que, dans ce recueil comme dans *Poèmes des quatre côtés*, des dessins de Brault viennent ajouter au trope de « trans-figuration » une dimension supplémentaire, celle du trait calligraphique, qui, sous la main de Brault, transforme des lettres en oiseaux. Mouvement-migration d'une forme à l'autre, d'un paysage et d'une saison à l'autre. Tout le volume se donne donc sous le signe du mouvement et de la traversée.

Ce volume me semble illustrer le désir des écrivains-traducteurs d'exploiter le potentiel perturbateur de la traduction, de mélanger les genres et les identités, afin de créer des textes inclassifiables, qui dérangent et déstabilisent les frontières, qui brouillent les cartes de la classification linguistique et nationale. Ces traductions inorthodoxes, inachevées, parfois irrévérencieuses, ont pour effet de déplacer et de réarticuler les frontières entre les cultures. Plutôt que de transmettre ou de déplacer un produit culturel vers un nouveau contexte, la traduction crée des textes informés par une pluralité de cultures.

Ajouter une virgule

Dans le récit *My Paris*, la romancière Gail Scott propose un dispositif qu'elle nomme la «virgule de la traduction». Son texte, publié en 1998 en anglais, introduit de temps en temps des bouts de phrase en français. Dans ce roman très savant, où métatexte et texte se confondent, la virgule séparant les phrases en anglais et en français a une fonction précise, celle de rappeler les deux personnages littéraires qui dominent le roman de leurs spectres et de leurs idées. Il s'agit de Gertrude Stein, romancière moderniste par excellence, et Walter Benjamin, le penseur influent dont les idées continuent de nourrir notre fin de siècle. Stein voulait abolir la virgule, et en fait le roman de Gail Scott, en hommage à Stein, est surtout constitué d'une succession de bouts de phrases, séparés par des points. La virgule intervient seulement là où Scott effectue une traduction, par exemple «mal foutue, badly shoed» (p. 18) ou dans le cas d'une chanson, «Nous sommes les animaux», «we are animals» (p. 72). En réintroduisant la virgule dans son texte, par ailleurs grandement redevable à l'exemple de Stein, Gail Scott apporte une correction à l'esthétique steinienne, et elle y inscrit notamment la pluralité des langues. En opposition à une certaine esthétique universalisante de la modernité, Scott rappelle la nécessité de la différence. Elle écrit: «But if comma of translation disappearing. What of French-speaking America remaining» (p. 49).

La virgule fait référence également à Walter Benjamin et à sa pensée sur la traduction. La virgule désigne cet espace entre les langues, l'impossible utopie où toutes les langues se rejoignent dans l'indicible et l'innommable. Scott propose une architecture inédite pour représenter la différence textuelle.

Le renga de Brault et Blodgett, l'architecture du double chez Gail Scott, autant de «dispositifs» qui introduisent dans le texte des indices de mouvement et de multiplicité et qui font entrer la traduction au cœur de l'œuvre. Ces exemples, je les offre comme symptômes de ce que je perçois comme une transformation du mandat de la traduction au Canada. Alors que le traducteur ou la traductrice dans les années 70 et 80 insistait surtout sur ses fonctions de médiation et de transmission, se constituant en messager livrant les dernières nouvelles — en l'occurrence du Québec vers le Canada anglais —, il semblerait que la traduction, parfois déviante, constitue pour certains auteurs le moyen de rechercher d'autres fins: d'exprimer une affiliation fragmentée, de construire une culture hybride. Gail Scott, par exemple, insistera dans ses essais sur sa sensibilité toute francophone, surtout dans l'attention accordée à la syntaxe et à la forme, sensibilité qui informe son écriture en anglais. En effet, *Heroine*, son premier roman, est fortement influencé par les recherches de l'écriture féministe québécoise. La prolifération des récits, l'indécidabilité narrative, les formules de distanciation, la mise en question du sujet, tous ces éléments sont davantage révélateurs du contexte francophone que du contexte littéraire anglophone à l'époque. Robert Mazjels et Erin Mouré, deux autres écrivains montréalais, insisteront également sur les tensions linguistiques qui alimentent leur travail de création. De surcroît, tous trois sont traducteurs, et ces différentes pratiques constituent un continuum, une expression multiforme de leurs projets esthétiques. On constate un élargissement du mandat et de la fonction de l'échange linguistique. L'intention n'est pas uniquement d'envoyer le texte traduit au loin, mais de conserver la même impulsion traduisante jusque dans le travail de l'écriture, d'en faire des pratiques de traduction déviante.

Traduction sans original

Le recueil d'Agnès Whitfield, *Ô cher Émile je t'aime*, publié en 1993, propose une troisième variante sur le thème de la traduction déviante. Le titre au complet se lit : *Ô cher Émile, je t'aime, ou, L'heureuse mort d'une Gorgone anglaise racontée par sa fille, traduction sans original par Agnès Whitfield*. C'est sur l'idée de la traduction sans original que je voudrais insister. «La traduction coûte trop cher», est-il dit, dans cette longue lamentation de celle qui «dans un cas comme dans l'autre reste l'étrangère», un recueil où «anglo» rime avec «sanglot», où «ça sent la traduction, mais je n'ai pas d'original», où il est question de distance, de ponts qui n'arrivent pas à joindre les rives, de l'infini, de l'incomplet et du désuni.

L'idée que Whitfield propose sur le mode poétique, celle d'une traduction sans original, d'une création redevable à une origine absente ou cachée, évoque de riches résonances dans l'histoire littéraire. Les théoriciens de la traduction parleront de «pseudo-traductions», de textes qui, même s'ils n'en sont pas, se donnent à lire «comme des traductions», afin de masquer leur origine véritable. Il s'agit donc de «traductions» qui n'ont pas d'original.

Parmi ces textes figure un texte fondateur de la tradition littéraire européenne, le *Don Quichotte* de Cervantès. D'après la fiction de son début et de sa fin, le roman a été «découvert, trouvé» et traduit de l'arabe. L'«auteur» aurait trouvé le manuscrit dans une boutique et l'aurait fait traduire par un «Morisco» qui parlait espagnol. C'est ainsi que l'on apprendra le nom du véritable auteur du roman, Cid Hamet Ben Engeli. Dans son livre intitulé *Don Quichotte ou le Roman d'un Juif masqué*, Ruth Reichelberg accorde la plus grande importante au caractère «traduit» du roman de Cervantès. La thématique de la traduction, suggère Ruth Reichelberg, est davantage qu'un simple dispositif fictionnel. Cette thématique joue dans le roman tout entier, dans la mesure où le roman fait constamment référence à une vérité cachée, à une réalité codée. L'étude de Reichelberg, dans un va-et-vient entre l'espagnol et l'hébreu, retrouve des indices qui feraient croire que «le masque morisque et l'arabisme se substituent dans l'œuvre à une identité plus ancienne, mieux connue, et bien sûr très proche, l'identité juive […]». Le castillan n'est plus la traduction de l'arabe. Il se substitue à l'hébreu. Dans sa lecture, Reichelberg indique les moments où émerge l'idée d'une culture clandestine, contrainte de s'exprimer dans une autre langue, non interdite. Ainsi, la traduction espagnole de l'arabe, langue étrangère, serait en fait la traduction d'une langue encore plus lointaine quant aux origines, mais « si proche et si présente qu'on ne peut la nommer. Cette langue, dans ses jeux et ses structures, sous-tend toute l'architecture du roman. Cet étranger qu'il lui faut donc chasser, l'Espagne ne peut réellement l'extirper ni de sa langue ni de sa propre culture. Elle n'ose l'affronter qu'au travers du déguisement» (p. 46). Le dispositif de la traduction ferait référence à la condition même du marranisme, l'impossibilité de parler en langue naturelle (p. 23).

Cervantès, un Juif masqué? On ne le saura jamais. La recherche de Reichelberg vient enrichir une hypothèse qui circule depuis un moment déjà, mais sur laquelle on ne pourra jamais lever définitivement le voile. Suggestive toutefois est l'hypothèse d'une langue secrète traversant ce roman fondateur européen, rendant visible une histoire cachée — celle des marranes, les convertis juifs d'après 1492 — , mais aussi instaurant dans le texte, dès le départ, un va-et-vient entre codes et faisant de l'auteur un «témoin obéissant et scribe impersonnel […] le traducteur de son œuvre […]» (p. 29). La traduction ici a une fonction paradoxale, puisqu'elle servirait à cacher plutôt qu'à révéler. Ne peuvent lire la traduction que ceux qui savent lire, qui ont la clé. Il se crée un lien ici entre traduction et conversion, la traduction en code devenant le mode de communication privilégié entre convertis qui savent se reconnaître. La conversion, comme la traduction, est un trope culturel puissant. Dans les deux cas, il s'agit d'une transformation d'identité, toutes deux s'articulant autour de la notion de «tourner». Tourner vers une réalité plus authentique, dans le cas de la conversion choisie, individuelle, selon William James par exemple; tourner vers une nouvelle affiliation identitaire, dans le cas des conversions collectives. Mais, dans tous les cas, les convertis seront sujets de soupçon, perçus comme des éléments instables, susceptibles de «retourner» vers leur identité de départ. La traduction accompagne la conversion, comme son instrument, comme son symptôme.

L'héritier de Cervantès serait-il Salman Rushdie, qui, dans *Le Dernier Soupir du Maure*, s'inspire de l'Espagne fragmentée et guerrière d'après l'Âge d'or et qui cite Cervantès en première page? Comme Cervantès, Rushdie utilise la traduction pour indiquer les sources disparates de son œuvre, mais ici, par contre, la traduction est mise en évidence. On apprend par exemple que le nom de Zogoiby, nom du protagoniste du roman, signifie «malchanceux» en arabe, d'après l'histoire familiale; il s'agit d'«un nom fausse-langue andaloux» (p. 70), dit-on, dont les véritables origines sont perdues.

Chez Cervantès, chez Rushdie, la traduction fait signe aux violences de l'histoire et aux apories de la communication. Le texte hybride ainsi créé n'est pas un espace de conciliation, mais le lieu de la confrontation des idiomes. La traduction se révèle ainsi être une dynamique centrale à la constitution de l'espace romanesque. C'est sans doute aux moments de grandes mutations culturelles que le pouvoir de la traduction se trouve révélé de cette façon, ce qui nous montre que l'hybride est le lieu de rencontres instables, mouvantes, un événement plutôt qu'une synthèse, l'espace de dissonances dont le devenir est imprévisible. C'est dans le paradoxe de cette imprévisibilité qu'il faut sans doute penser la traduction aujourd'hui : dans son pouvoir et dans son impuissance, la possibilité d'ouvrir des espaces hybrides, l'impossibilité de sortir de l'histoire.

BIBLIOGRAPHIE

BHABHA, Homi, « Unpacking my Library... Again », dans Iain Chambers et Lidia Curti (dir.), *The Post-Colonial Question. Common Skies, Divided Horizons*, Londres et New York, Routledge, 1996.

BLODGETT, E.D. et Jacques BRAULT, *Transfiguration*, Saint-Lambert, Toronto, Éditions du Noroît, Buschek Books, 1999.

BRAULT, Jacques, *Poèmes des quatre côtés*, Saint-Lambert, Éditions du Noroît, 1975.

GLISSANT, Édouard, *Introduction à une poétique du divers*, Montréal, Presses de l'Université de Montréal, 1995.

KANDÉ, Sylvie (dir.), *Discours sur le métissage, identités métisses*, Paris, L'Harmattan, 1999.

MOYES, Lianne, « Écrire en anglais au Québec : un devenir minoritaire », *Québec Studies*, n° 26, Fall/Winter 1999.

NIRANJANA, Tejaswini, *Siting Translation*, Berkeley, University of California Press, 1992.

NOUSS, Alexis (dir.), « L'Essai sur la traduction de Walter Benjamin », numéro spécial de *TTR, Études sur le texte et ses transformations*, vol. X, n° 2, 1997.

REICHELBERG, Ruth, *Don Quichotte ou le Roman d'un Juif masqué*, Paris, Seuil, 1998, coll. « Points ».

RUSHDIE, Salman, *The Moor's Last Sigh*, Toronto, Knopf Canada, 1995.

SCOTT, Gail, *My Paris*, Toronto, Mercury Press, 1999.

SPIVAK, Gayatri C., *Outside in the Teaching Machine*, Londres et New York, Routledge, 1993.

SPIVAK, Gayatri C., *In Other Worlds : Essays in Cultural Politics*, New York, Routledge, 1988.

TOUMSON, Roger, *Mythologie du métissage*, Paris, PUF, 1998, coll. « Écritures francophones ».

YOUNG, Robert J.C., *Colonial Desire : Hybridity in Theory, Culture, and Race*, Londres et New York, Routledge, 1995.

WHITFIELD, Agnès, *Ô cher Émile, je t'aime ou, L'heureuse mort d'une Gorgone anglaise racontée par sa fille*, Hearst, Le Nordir, 1993.

NOTE

1. C'est dans *The Location of Culture*, (Londres, Routledge, 1994) que Bhabha expose sa pensée de la culture translationnelle. Voir aussi mon article « La culture transnationale en question : visées de la traduction chez Homi Bhabha et Gayatri Spivak », *Études françaises*, vol. 31, n° 3, hiver 1995-1996.

MOURIR EST UN JEU D'ENFANT

Herménégilde Chiasson

Synthèses

La notion de pureté est-elle alliée à la perte de la mémoire, perte faisant appel à la postmodernité, épitome de l'hybride et du collage, consolidation en cette fin de siècle d'intuitions repérables en son tout début et de manière flagrante dans les toiles du cubisme synthétique de George Braque et de Pablo Picasso? Déjà le mot synthèse apparaît de la même manière qu'il revient nous hanter de nos jours dans quantité de produits tout aussi trompeurs et séduisants allant de l'imitation du marbre aux ersatz inquiétants de l'alimentation. Même le toucher, même l'odeur nous trompent au point où il est pratiquement impossible de différencier le cuir de sa reconstitution en vinyle ou le jasmin de sa version *scratch and sniff*. Les chercheurs qui travaillent à la reconstitution des organes ont trouvé un équivalent à la peau, l'organe le plus facile selon eux à synthétiser. Viendra un jour — peut-être est-il déjà arrivé — où le bois imitera le plastique, reléguant dans la mémoire un produit autrefois omniprésent mais désormais peu pratique et dépassé et dont il ne reste qu'une encombrante poésie.

Mémoire, mémoire. De quoi nous souviendrons-nous au juste? La perte de l'humain dont on nous annonce la fin avec fracas se branche-t-elle aussi sur cette notion de la pureté? Si nous ne pouvons vivre purs, autant mourir. Comme ces témoins de Jéhovah qui refusent les transfusions sanguines. Dans la tête de certains futuristes, il faudra un jour faire le choix entre le corps et l'environnement dont il a besoin pour se survivre. L'organe de la conscience, le cerveau, que l'on peut abriter dans un cyborg étanche pour lui permettre de continuer cette fonction archaïque de la pensée. Nous commençons déjà à nous fusionner aux machines, à nous agglomérer à elles. À leur reléguer une partie importante de notre mémoire, de nos sens. À côté de ce qui se profile à l'horizon, le mélange des races et des cultures prend des allures sécurisantes.

Ce qui se fait de plus en plus troublant c'est cette perte de l'unicité, de l'irremplaçable, de l'original qui a traversé notre présence séculaire sur cette planète. Quelque chose est en train de se transformer. Nous commençons à nous ressembler pour mieux nous reproduire dans un modèle unique, américain et rentable, si la prophétie s'accomplit, et planétaire, dans une version optimiste et généreuse. C'est en ce siècle finissant que l'on s'est appliqué à synthétiser la mémoire, à la faire résonner, dans tous les sens de l'homonyme. Cette nouvelle mémoire, cet ersatz de silicone que nous avons créé de toutes pièces pour nous rappeler à nous-mêmes le sens de nos limites. Confirmation de cette hypothèse dans cette partie d'échecs entre Kasparov et l'ordinateur Deep Blue. Le fait qu'il faille oublier la culture qui risque de nous maintenir dans la vibration de notre destin humain et de notre conscience immanente. Edgar Morin, à qui on demandait récemment ce qu'il fallait emporter dans le prochain millénaire, a répondu qu'il faut garder la culture, au sens de la mémoire de notre destin, car il n'est pas certain, selon lui, que la science nous ait apporté la sérénité et encore moins le bonheur qu'elle nous avait promis avec tant de fracas.

Mondialité

Cette section est constituée uniquement de notes griffonnées sur mes messages téléphoniques, seul papier alors disponible, en écoutant l'écrivain martiniquais Édouard Glissant lors de son récent passage au Salon du livre de Toronto, alors qu'on lui demandait sa position vis-à-vis de l'engagement de l'écrivain.

La mondialité, c'est ce que propose Glissant comme résistance à la mondialisation ; c'est toucher ce qui nous est commun dans le monde actuel. Le chaos du monde n'est pas seulement un désordre ; il est imprévisible, et c'est assurément une source de douleur de ne pouvoir prévoir notre destin.

La mondialité, c'est aussi le fait qu'il y ait des langues dominantes et des langues de marché. Dans ce tiraillement, des langues meurent. En Afrique seulement, il en meurt deux ou trois chaque année par la disparition de leurs locuteurs qui sont décimés par les guerres ou parce que ces langues se voient absorbées dans d'autres langues. C'est dans ce mélange que prennent source de nouvelles dimensions de la conscience humaine.

La mondialité, c'est notre capacité à changer notre propre identité. L'identité commune et l'identité individuelle, mais échanger sans se dénaturer. La littérature et la poésie se doivent d'identifier ces nouvelles possibilités et ces nouvelles ouvertures.

Identités

À mon arrivée à Moncton, au début des années 70, j'avais été frappé par le camouflage linguistique que pratiquaient les francophones pour ne pas être repérés. Saint-Simon, le village où j'ai passé toute mon enfance et une partie de mon adolescence, était branché sur le Québec par l'intermédiaire d'une station de radio et de télévision diffusant depuis la Gaspésie. Je ne parlais pas anglais, mais ma fascination était grande pour cette langue — celle du rock and roll — qui me distanciait des traditionnels reels de violon, expression d'une misère et d'une pauvreté culturelle dont je voulais alors me distancier à tout prix. Ce camouflage linguistique se résorbait dans une troisième langue, le chiac, mélange complexe et assez facilement décodable en autant que l'on dispose d'une transmission qui peut *shifter*, pour reprendre hors contexte le terme de Jakobson, de l'anglais au français et de l'acquis à l'imaginaire pour accéder au sens d'une expression comme «*shackerupper* avec quelqu'un».

Bien sûr, on est parfois saisi d'un fou rire en entendant certaines de ces expressions, un peu comme le rire des enfants quand ils découvrent la sonorité, la musicalité ou simplement le jeu que l'on peut faire en désobéissant, en dérogeant à la loi. Ce que je me suis souvent demandé, c'est la raison d'un tel bricolage linguistique. Bien sûr, on peut parler d'une absence de manifestations francophones et d'un besoin de survivre, de résister, de pervertir les deux codes à la fois. Le français, parce qu'il comporte un élément identitaire, et l'anglais, duquel émane une vibration continentale et planétaire qui permet de circuler incognito dans tous les milieux. Ce camouflage s'est d'ailleurs reproduit dans la ville de Moncton où l'anglais est la seule langue affichée, la langue de l'harmonie, une harmonie dont on nous vante toujours les mérites quand on propose cette ville comme modèle linguistique au Canada.

Le chiac était alors une langue qu'on ne parlait qu'entre Chiacs. Même aujourd'hui, je trouve toujours fascinant le fait d'entendre cette langue parlée sur la place publique, car il me semble que durant longtemps on l'a parlée par solidarité dans les souterrains d'une résistance. Dans les milieux que je fréquentais, on reprenait certaines de ces expressions mais toujours sous le couvert de l'humour, pour marquer une supériorité, un décalage, un éloignement de ce milieu, de la même manière que l'on pouvait faire une imitation facile et peu coûteuse de la musique western en chantant du nez. On pouvait ainsi mettre des jalons, des repères entre le peuple et soi.

La vraie culture provenait de la France, de l'Europe, là où on parlait bien et où comme le fera dire Michel Tremblay à Paulette de Courval dans *Les Belles-Sœurs* : «On en rencontre pas des Germaine Lauzon en Europe, en Europe tout le monde sont bien élevés.» L'Amérique était notre terre de misère, le mal de vivre ayant pris racine dans cette langueur perpétuée dans l'absence de la mère patrie et des doux accents de l'Île-de-France. Paris où nous nous en allions tous.

Nous ne savions pas alors que notre identité resterait pour toujours américaine, que même en Europe nous serions refoulés vers l'arrière-pays dont les traces anglophones nous avaient déjà entachés. Nous serions tous Chiacs, des sauvages à la cour de Louis XIV. Nous adoptions les mêmes réflexes, notre exploit provenait de notre survie, nous devions composer avec une autre stratégie puisque avouer notre déficience, c'était se perdre, et avouer notre combat, c'était se perdre aussi, se noyer dans la grande culture française dont le cœur ardent irradie depuis la Ville lumière, Paris, où nous étions, où j'étais, enfin, au milieu des années 70.

Provenant d'un village de mille habitants dont la totalité étaient francophones, je ne comprenais pas cette stratégie du chiac, cette résistance en équilibre sur la lame du couteau, je croyais qu'il s'agissait là de la première étape de l'assimilation, une intuition que les dernières recherches semblent d'ailleurs confirmer. Le chiac serait un passage, un Rubicon linguistique. Mais alors, comment se fait-il que cette situation ait perduré si longtemps ? Comment se fait-il que le chiac se soit maintenu dans cet équilibre précaire, alors que tout semblait annoncer l'érosion constante du français — une érosion confirmée depuis toujours par les rapports de Statistique Canada auxquels les médias font référence pour nous signaler notre mort lente et très annoncée, car on ne parle pas ici véritablement de métissage, mais d'une population en otage, qui compose sans cesse avec son malaise.

Il y a des optimistes de tout crin qui voient dans les deux rues, nouvellement rebaptisées en français, du centre-ville de Moncton ou encore dans la tenue du Sommet de la francophonie dans cette ville, en septembre 1999, une sorte de remontée linguistique de la conscience francophone, quelque chose qui ferait osciller le pendule dans l'autre sens, mais nous savons tous que ce ne sont là que des effets de la rentabilité linguistique, un peu comme le ministère du Tourisme du Nouveau-Brunswick qui nous dit à quel point les Acadiens sont pittoresques et inoffensifs. Le reste, c'est autre chose.

On dira que je suis pessimiste, qu'il y a eu d'immenses progrès depuis trente ans, surtout depuis l'avènement de l'Université de Moncton, et c'est vrai mais ce progrès s'est toujours fait à l'intérieur du ghetto, il ne se traduit pas dans les faits, pas dans une dimension publique qui nous ferait croire que nous habitons pleinement le territoire. Et voilà ! Le mot est lâché, le gros mot car il connote la frontière, l'identité et l'étroitesse d'esprit. Mais ce concept du territoire n'est qu'un fantasme, car il n'y a plus de frontières et nous savons tous qu'un jour nous parlerons tous la même langue et nous savons laquelle. Les Chiacs sont peut-être en avance, mais ce métissage se fait dans un sens unique. Ça ne fait pas mal de mourir. Il suffit de se faire à l'idée. Car cette situation est douloureuse, elle entraîne des aberrations, elle suscite des jeux de pouvoir subtils mais destructifs.

La notion manichéenne du bien et du mal se retrouve alors au sein même de la langue, au sens où la performance devient garante de salut ou de damnation. Ainsi, bien parler, tel que nous l'avons vécu dans les campagnes d'épuration du bon parler français, devient une sorte de droit au discours. Ceux qui parlent bien parleront, et les autres se tairont. La performance devient aussi garante de l'échelle sociale ou d'un raffinement culturel. Cette notion du bien parler devient une vertu en soi, un privilège, un exploit presque.

Par ailleurs, il existe aussi la notion contraire, soit celle du bien parler pour ne rien dire, une autre des stratégies où la forme l'emporte sur le sens, car ce n'est pas vrai que tout discours soit suspect ou que tout discours soit vide ou que tout discours soit inutile. Il ne s'agit là que d'un désir de contrôle, de notre désir de contrôler une réalité qui nous échappe et dont nous croyons connaître les raisons profondes. Ce que nous oublions souvent, c'est l'émotion qui transforme ces mêmes discours, c'est le désir de poursuivre avec les manques et les déficiences en accord avec une mémoire qui nous tient à cœur.

Jack Kerouac avait bien saisi ces deux dimensions, lui à qui le père disait toujours qu'il se devait d'être américain et qui parlait joual avec sa mère. *On the Road* pour sa gloire américaine et *Visions of Gerard* dans le secret d'une identité inavouable et incompréhensible à son autre auditoire. Le chiac, c'est un peu cette situation-là. Comme ces jeunes qui, le 15 août, se sont donné une fête nationale à eux qu'ils appellent *le 15 août des fous* et où ils ne chantent qu'en anglais. Cette contradiction manifeste bien le camouflage et l'ambiguïté de cette langue.

Il est rare que l'on entende le chiac sur la place publique, qu'on en entende la musicalité si singulière, sa créativité, son foisonnement, sa liberté à jouer avec les structures et le code lui-même qui devient une sorte de jonglerie ou de numéro de haute voltige. Un peu comme les Noirs ou les Argentins qui, durant longtemps, cachèrent les plus belles musiques du monde dans des maisons closes. Lorsque Fernand Séguin reçut Kerouac au *Sel de la semaine*, les gens se tordaient de rire quand l'écrivain racontait la mort de son frère ; or ce n'était pas du sens dont ils riaient mais de la forme. On ne parlait pas joual en public à l'époque — est-ce qu'on le parle depuis ? —, le joual était la langue de la misère intellectuelle ; le mimétisme imposait que, sur les ondes des médias d'État, l'on se devait de bien parler. Le peuple, tout joual qu'il était, retourna à sa musique western et au canal 10, attendant de pied ferme que tous ces beaux parleurs viennent le solliciter lorsque viendrait le temps de parler de leur projet d'indépendance. Mais revenons en Acadie.

Les Chiacs sont restés français. Il se peut qu'ils ne le soient qu'à moitié, au quart ou aux trois quarts, mais leur langage hybride contient leur désir de ne pas se séparer tout à fait d'une mémoire, d'une identité et d'un projet. Parfois des événements les réveillent, le mépris, surtout, fait remonter à la surface une indignation, une vibration, une colère qu'on croyait inexistante chez eux. On se souviendra d'un certain maire Jones qui fit descendre dans la rue une population bien décidée à enterrer sa peur devant l'hôtel de ville de Moncton. Autrement, les Chiacs — mais est-ce si différent des Acadiens en général ? — s'emmurent dans leur résistance, au point où l'on se demande s'ils n'ont pas construit leur prison ou leur exil de l'intérieur, lentement, au fil des siècles, il y en aura bientôt quatre, où l'Acadie s'est barricadée. Reste la question : comment faire sauter ces barrières de l'intérieur pour que le chiac ne soit plus la langue de la honte mais une sorte de mise en commun d'une expérience, pénible pour certains, glorieuse et avant-gardiste pour d'autres ? Pour que le bien et le mal s'estompent dans la quantité de nuances que nous proposent les nouvelles éthiques.

Bien sûr, ce phénomène de créolisation ne prenait place jusqu'à récemment qu'à l'intérieur d'une oralité qui se voit de nos jours réclamée et proclamée dans sa dimension écrite et littéraire, ce qui pose, entre autres, le problème de l'orthographe mais également celui de fixer un foisonnement qui s'affirme en une multitude continuelle de variations. Ainsi, lorsque j'ai écrit le monologue sur le chiac dans ma pièce *L'Exil d'Alexa*, il s'est trouvé des jeunes pour me dire qu'il s'agissait là du vieux chiac et que le chiac moderne avait beaucoup évolué. Ceux qui revendiquent cette dimension connaissent très bien la justesse et la précision du code. Leur utilisation du chiac sert ici de revendication, d'identité, de couleur locale et surtout de provocation, car le chiac est la langue de l'abandon, celle qui creuse un fossé infranchissable entre les générations. Pour ces écrivains et intellectuels qui font figure de gourous, il leur sera toujours loisible de revenir dans le sillon du français standard, mais l'aspect tragique dans cette affaire, c'est que leurs théories sont en voie de servir de munitions à toute une génération qui risque, en Acadie du moins, d'évoquer cette créolisation, dont ils ne connaissent souvent ni les enjeux ni la portée, pour se dispenser de l'apprentissage de l'écriture. Le chiac, langue de l'affectif, efficace dans sa révolte et son sens du rassemblement, peut-il se transformer en langue de l'effectif? Peut-être pas, mais les logiciels de traduction sont en voie de se perfectionner.

Cela dit, je me suis souvent demandé pourquoi nous tenons tant à garder cette identité francophone, pourquoi nous tenons tant à fonctionner dans ce code plutôt que dans un autre, un code qui est aujourd'hui en perte de vitesse en raison de sa rigidité et de son manque de souplesse. Le rapport présenté à Richelieu le 16 mars 1634 assignait à l'Académie française, entre autres charges, celle de « nettoyer la langue des ordures qu'elle a contractées ou dans la bouche du peuple ou dans la foule du Palais et dans les impuretés de la chicane ou par les mauvais usages des courtisans ignorants ou par l'abus de ceux qui la corrompent en l'écrivant et de ceux qui disent dans les chaires ce qu'il faut mais autrement qu'il ne faut. Pour cet effet il sera bon d'établir un certain usage des mots. »

Ainsi s'installa dans la langue française une sorte de terreur, une escouade de la francophonie, un divorce entre l'usage et le code, centralisant les décisions linguistiques à Paris, où nous sommes tous allés un jour ou l'autre. Le français est-il en voie de devenir une langue morte au même titre que le latin, une sorte de code effectif se détachant des codes affectifs dont le chiac fait aujourd'hui partie? Bien sûr, dans notre misère linguistique, rêvons-nous peut-être d'une langue où l'on ne verrait plus surgir sous le vocable de canadianisme l'indice malheureux de notre exclusion. Il n'y a pas d'australianisme ni d'indianisme dans les dictionnaires anglais. Seulement dans les nôtres puisque les dictionnaires viennent de Paris où l'on ne voit jamais de bancs de neige mais des congères. Ce qui me fait penser à la remarque d'un de mes amis selon qui le grand désavantage de ce pays viendrait du fait que nous soyons obligés de pelleter dans les deux langues officielles.

Quant à nous, il nous restera toujours à nous nommer, à nous redonner une identité, une consistance, si floue soit-elle, car nous ne pouvons exister en dehors du langage. C'est notre condamnation et notre dimension sacrilège. Comme le disait Lucien Francoeur: « Nous autres on va continuer, en dessous de la terre », et comme le disait Gilles Vigneault: « Pour un peuple sans histoire on est plein de fonne. » Qui sommes-nous? D'où venez-vous? Des questions de plus en plus difficiles à cerner, car le monde est vaste et la terre de plus en plus ronde. Pour fermer cette section, j'ai choisi le poème qui ferme le livre *À tue-tête* du poète franco-manitobain Paul Savoie.

L'hybride que je suis ne sait plus quel nom se donner
j'assiste sans cesse à mon propre baptême
tout s'opère en moi et m'échappe
tout se déchaîne le chiac le joual le français correct le franglais le metchiff
le cajun
je revendique chacune de ces parties de moi-même
c'est mon droit
tout se créolise en moi
je voyage sans cesse dans cette zone glissante
je deviens le cassandre de ma propre durée sur cette terre
je raconte tout
la chose se dit elle n'arrive plus à se taire
une langue se propage un mot se propage
ainsi se forge la véritable frontière celle qu'habite l'être
la chose se répand

Débordements

Il fallait bien un jour en venir là. Une manière de reprendre le terrain, le gazon, la savane, la jungle, la toundra, la plaine, l'espace, la lumière et le temps. Le sens du destin, du devoir, du dévolu et de la dureté s'estompant dans les synapses, les circuits, dans la sinuosité des courbes qui s'impriment dans les fractales, dans le chaos d'une recherche aveugle, un tâtonnement linguistique, Œdipe victime d'un autre siècle où tout se dissout, se mélange, s'abîme jusqu'au fond du désordre.

Comment oublier que le sens s'articulait autrefois du côté de l'ordre, de l'ordonnance, de l'ordonnancement du discours? Comment s'en remettre aux repères, aux jalons fragiles de notre mémoire et oublier le sens des frontières, de la démesure, du prométhéen? Comment oublier les canons de la beauté et s'en remettre aux bricolages, aux babillages, aux bredouillages, à la brouillonnerie? Comment oublier cette notion de l'ordre des choses, cette manie de classer et d'arpenter, le droit des peuples à l'autodétermination et la différence qui annule le sens de l'identité? Comment accepter de se dissoudre au lieu de discourir? Comment redécouvrir le désordre, le chaos, comment s'abandonner à la vie? La vie ne ferait-elle de sens que dans son non-sens?

Un sens à la vie? Tout un programme. Mais quel sens puisque tout sens, tout discours est désormais suspect et s'écarte dans la pénombre du cynisme ou de la mise en abîme. Par exemple, prenons l'amour, cette notion qu'on croyait révolue et qui est en train de faire un malheur sur Internet grâce à ces couples qui peuvent désormais se rencontrer dans les fibres optiques, se marier par courriel et copuler grâce au Web qui va partout. Une sorte de métissage planétaire rendu possible grâce à la technologie. On dirait une publicité pour Microsoft. *Where do you want to go today?* Rimbaud disait : « Il faut réinventer l'amour. » C'est fait. Quoi d'autre? Le quoi d'autre de l'ennui romantique qui dans sa version existentielle s'est installé après la bombe, avec la télévision, au beau milieu du siècle, et qui nous a fait entrer dans le jeu de la roulette russe ou de la roulette américaine. C'est selon. Les autres peuvent bien jargonner dans tous les dialectes qu'il leur plaira, le plus grand logiciel de traduction étant encore celui qui convertit à la fraction de seconde les devises dans l'économie de marché qui nous hante comme une bombe à retardement.

Nous savons que la vie se virtualise de plus en plus, mais c'était prévisible puisque le verbe même «virtualise» contient le mot «vie» et qu'avec les lettres qui restent on peut écrire le mot *ritual*, en anglais bien sûr, puisque ainsi va le monde, ainsi va la vie. *Ritual. Going through the motions.* Faire semblant, faire état, faire étalage, faire comme si. Comment se résigner au fait que la vie ne serait qu'un débordement de conscience, une machine qui tourne à vide, ayant oublié depuis longtemps qu'un jour il y eut entre les êtres humains quelque chose de rassembleur, quelque chose de plus profond que ces systèmes de communication partout accessibles et pourtant si dénués de ferveur et d'émotions.

Comment en sommes-nous arrivés à nous concevoir comme un troupeau universel, s'ennuyant dans le mensonge et obsédé par toutes les fuites, ayant perdu la foi sinon dans ces *rituals* qui vont de la consommation interdite de la nicotine à l'activation hypnotisante des télécommandes et dont le projet semble être de faire de nous tous des corps interchangeables. *Where do you want to go today?* La question du sphinx. Œdipe aveuglé par son écran. À la lueur d'une telle révélation se pose alors la question : est-ce qu'il n'en a pas toujours été ainsi? Cette situation ne ferait-elle pas partie de notre code génétique, de notre parcours obligé, de ce que l'on appelait autrefois le destin et dont les répercussions résonnent encore dans tous les coins de notre conscience? Une urgence qui se manifeste dans le langage, dans le corps qui ne peut être que langage dans son débordement? La littérature, disait Édouard Glissant, rend visible l'invisible. Plus que jamais, ce travail devient obligatoire et nécessaire pour ne pas nous perdre dans ce brouillard technologique, banalisé à jamais par une science dont l'arrogance inquiète notre sens même de l'identité, de l'humanité, de l'intuition.

BILAN DU COLLOQUE

Andrée Lacelle
Poète, Ottawa

On dit souvent que la logique est pernicieuse. Aussi vous remarquerez qu'en préparant ce bilan je me suis gardée d'en abuser. Voici donc mon esprit de synthèse mis à rude épreuve avec ce qui vous paraîtra un bilan d'allure impressionniste.

Je propose une suite de fragments puisés dans les exposés donnés depuis le début du colloque. Il est vrai que ces bribes et ces phrases sont détachées de leur contexte, mais justement, il me semble qu'ainsi isolés ils s'offrent à nous entiers et sans détours. En guise de « méditation », voici un pur mélange sur le même et sur le différent.

> *Mémoire, mémoire. De quoi nous souviendrons-nous au juste ?*
> *Avoir l'embarras du choix : choisir son origine.*
> *Le colosse ne peut pas être envisagé comme un agent de changement.*
> *Chacun a sa petite branche.*
> *La civilisation est transverse par rapport aux cultures.*
> *You are always welcome, but not altogether.*
> *Ce lieu frontalier qu'est la langue.*
> *Ce serait la fin d'une sécurité symbolique.*
> *La francophonie sera rhizomatique ou ne sera pas.*
> *Les convertis seront sujets de soupçon.*
> *Même menacée la communauté ne peut plus être excluante.*
> *Cet Autre est aussi un minoritaire.*
> *Q. : Qu'est-ce qu'être Canadien ? R. : Oh boy ! […] Oh man !*
> *J'assiste sans cesse à mon propre baptême.*
> *L'américanité : nouvelle dynamique d'intégration continentale.*
> *L'autre est par nature inintégrable.*
> *Faire du sujet fragilisé le lieu d'émergence de nouvelles solidarités.*

Ce jeu de conjectures et d'éventualités invite, entre autres, à une sorte d'expérience du reflet : deviner une part de soi présente en l'autre, découvrir la ressemblance dans la différence, vivre l'identité dans l'altérité. Et si de l'autre côté de l'Autre, il y avait Soi ?

* * *

Quasi impossible pour moi, à ce moment-ci, de ne pas rappeler ce passage d'une lettre adressée à Herménégilde Chiasson dans le cadre de cette correspondance que nous avons eue grâce à l'initiative de la revue *Francopho-nies d'Amérique*. Voici.

> Je reprendrai d'abord le dernier mot de ta lettre, «isolement», que spontané-ment, j'associe à la question identitaire. Ici j'ouvre les guillemets sur un pas-sage d'un manuscrit inédit (*Jeux d'hier*): *Quand j'étais enfant, j'étais majoritaire. Nous, on croyait qu'il n'y avait que nous, on parlait le français dans la rue et dans les rues voisines itou, des Anglais y'en avait pas, mais mon père lui en voyait tous les jours au travail, même qu'il parlait l'anglais tous les jours là-bas, mais jamais à la maison parce qu'à la maison, la langue c'était sacré et mes parents y tenaient mor-dicus. À bon entendeur, salut! Et c'est pour ça que ça continue. Quand j'étais enfant, j'étais.* Cet emploi absolu du verbe être, aux accents naïfs du langage de l'enfance, si à certains égards, illusoire, n'en est pas moins révélateur d'un pan de réalité, et peut-être d'une page d'histoire aussi bien que d'un épisode de ma petite histoire[1].

Sur cette rive ontarienne de la rivière des Outaouais, depuis tant de généra-tions, ma rivière, mon terroir, après cette phase vitale de l'affirmation de soi qui me façonna, plus tard et encore, au fil d'innombrables expériences de l'altérité et du métissage, par le cœur, par le corps et dans l'esprit, survient la déroute: l'histoire se poursuit dans sa phase subversive qui provoque l'éclate-ment de soi: processus désarçonnant dans sa discordance mais prodigieuse-ment fécond par son ouverture à l'inconnu, dans la singularité de l'inquiétante distance. Enfin depuis toujours en gestation, cette phase idéalement concilia-trice qui se nourrit à même la tension entre la quête et la perte. Et si de l'autre côté de l'Autre, il y avait le Même?

Pour que le champ clos d'une subjectivité débouche sur l'autre, il faut savoir quitter l'emploi de l'imparfait au mode absolu, apprendre à conjuguer le verte «être» au futur antérieur, puis savoir, le temps venu, en décalage peut-être, mais sans différé, passer au futur simple, et cela, que nous soyons d'ici ou d'ailleurs. Sans rien nier, dénier ou renier de ce que nous sommes, pouvoir s'entendre dire: j'aurai été, nous aurons été, je serai, nous serons… et savoir entendre l'autre nous dire: tu auras été, tu seras, nous serons.

* * *

> Le plein-sens d'une action est donné dans son lieu.
> Le devenir d'une action est donné dans la Relation.
> […] pousser loin en avant, la mémoire[2].

Depuis le début du monde, tout est affaire d'énergie… C'est pourquoi j'ai pensé poursuivre l'analogie jusque dans les grandes questions posées depuis le début de ce colloque. En effet, si dans la rencontre de l'autre, tout est affaire d'énergie, et si libérer une énergie ne signifie pas se défaire d'elle, diminuer progressivement et ainsi s'épuiser et disparaître, mais plutôt si libérer de l'énergie veut dire lui donner libre cours, lui permettre de s'accroître, de mieux résister, d'être elle-même, alors son lieu-dit aura la force non interchangeable d'une parole-énergie en devenir qui ne se renonce pas. Entre l'échange avec l'Autre et l'épreuve de l'Autre, il y a le pendule du quotidien, et le parcours oscillant de l'appartenance, entre liberté et fidélité.

> *Mais qui parle désormais? Et dans quelle langue nomade?*
> *Comment, dans nos existences frontalières, dépister la trace de la trace?*
> *Le lieu n'est pas fixe et la langue est muable.*
> *Et parce que la parole est ma maison et que je suis ma maison,*
> *ma présence est mon lieu et mon lieu est ma présence.*
> *La trace de la trace est en chacun de nous*
> *et nous sommes Survenance.*

À la manière d'un mot de passe qui permet de franchir, voici peut-être, lucide dans sa franche résistance, une langue de mémoire et de passage qui affranchit… / ? / ! /. À quelle ponctuation me vouer? Une seule certitude: il ne faut pas manquer de souffle. Pleine de commencements, une histoire sans fin respire, se poursuit et se raconte.

NOTES

1. André Lacelle et Herménégilde Chiasson, «Portraits d'auteurs», *Francophonies d'Amérique*, n° 8, Presses de l'Université d'Ottawa, 1998, p. 165.

2. Édouard Glissant, *Poétique de la Relation*, Gallimard, 1990, p. 217.

Banquet et soirée
en hommage à
Madame Dyane Adam
Commissaire aux langues officielles
du Canada

Sous la présidence d'honneur de
Monsieur Marcel Hamelin
Recteur et vice-chancelier
de l'Université d'Ottawa

ALTÉRITÉ ET MÉTISSAGE

le vendredi cinq novembre
mille neuf cent quatre-vingt-dix-neuf
à dix-neuf heures
pavillon Tabaret
Université d'Ottawa

Université d'Ottawa
University of Ottawa

CENTRE DE
RECHERCHE EN CIVILISATION
CANADIENNE-FRANÇAISE
Faculté des arts
Université d'Ottawa

FRANCOPHONIES
D'AMÉRIQUE

Toast de bienvenue par
Monsieur Marcel Hamelin

* * *

BANQUET

* * *

SOIRÉE

Remise de la Médaille du 150e à
Madame Dyane Adam
par
Monsieur Marcel Hamelin

Lectures d'œuvres par
Herménégilde Chiasson
Robert Dickson
Agnès Whitfield
Lola Lemire Tostevin (enregistrements)

Remise du Prix du
Centre de recherche en civilisation canadienne-française
par
Robert Choquette

Extrait de la pièce
«Fausse Route»
présenté par l'auteur
Michel Ouellette

Distribution de l'extrait tiré de «Fausse Route» :

Erin Christy
Marie-Josée Larocque
Jean-François Ménard

Mise en scène :

Mathieu Charette

* * *

Animation :

Robert Dickson
Agnès Whitfield

* * *

Coordination de la soirée :

Jules Tessier
Mathieu Charette

IL N'Y A QUE L'AMOUR[1]
de Jean Marc Dalpé
(Sudbury, Prise de parole, 1999, 278 p.)

Louis Bélanger
Université du Nouveau-Brunswick
(Saint-Jean)

Les textes de Jean Marc Dalpé réunis dans *Il n'y a que l'amour* ont été écrits au cours des dix dernières années. Huit pièces de théâtre, trois contes urbains, une conférence et quelques textes poétiques trouvent leur unité dans l'oralité, la performance, la mise en scène, et réitèrent l'apport du dire dans l'écrire. L'éclectisme des interventions multiplie les voix, alimente le non-conformisme absolu des personnages qui peuplent l'univers fictif de Jean Marc Dalpé. Cette esthétique du pluralisme sert d'assise à la consolidation d'un style, à une indéniable maîtrise de l'expression du drame humain, enfin, à une étonnante efficacité formelle.

Elle est déjà bien loin l'unicité de l'être sur laquelle des générations entières fondaient leurs principes autour de valeurs dites « sûres » : religion, famille, projets communs de société. Le règne de l'éphémère a depuis dissous rigidité, autorité, collectivisme, et c'est peut-être la raison pour laquelle le monde de Jean Marc Dalpé engendre tant de « fous », de « capotés », de « sautés », et autres écorchés vifs de la jungle urbaine contemporaine. Dalpé les fragilise encore davantage en les présentant dans des contextes de célébrations (fête des Mères, fête des Pères, Halloween, Vendredi saint, Noël) ou de choc (rupture amoureuse, décès d'un proche). *Il n'y a que l'amour* exacerbe de la sorte l'émotion afin de mieux la rendre.

Give the Lady a Break raconte l'histoire réciproque d'Hélène Beaupré et d'Ellen McMurtry, seule et même femme de 48 ans qui cherche une aire de stationnement un 23 décembre au centre commercial Rockland. La première vient d'être plaquée par son mari au profit d'une plus jeune ; la deuxième est cette adolescente de Hamilton à laquelle un air des Beatles à la radio redonne naissance. « Des fois ça prend pas grand-chose pour qu'une anglophone craque » (p. 14). Bang ! La Lincoln Continental blanche de M. Patenaude lui vole une place. Ellen prend alors le dessus et rappelle à l'alter ego qu'une fille, même devenue lectrice de Claude Gauvreau, de Michel Tremblay ou de Victor-Lévy Beaulieu, a droit à sa part de dignité. Avant de rentrer chez elle, c'est à son ex-mari qu'Hélène se chargera de le faire savoir. Ce bref récit explore ingénieusement la métamorphose comme conduit à l'égalité des différences.

L'expérience du bonheur suscite chez les personnages de Dalpé une affection particulière pour le pari. *Blazing Bee to Win* transporte le lecteur dans les paradis artificiels des courses de chevaux. Albert y attend sa chance, son moment d'une gloire puérile, mais non moins efficace dans le registre des croyances productrices de frissons. Le *thrill* du jeu absout ainsi toutes les combines, les petites malhonnêtetés, les humiliations d'un monde où une cote de 5 contre 1 constitue un point de fuite : « Câlice, priez pour nous ! », s'écrit l'ami Gerry, deux minutes avant le début de la course. C'est à l'autel des dieux païens que les héros de Dalpé font pénitence.

La folie occupe une place de choix dans les contes urbains d'*Il n'y a que l'amour*. *Mercy* en catalyse à la fois la prépondérance et les nuances dans le regard suivant, empreint de jalousie, que porte une employée des postes sur l'amant de sa soeur : « Ç'pas un vrai fou, pas un fou dangereux, non, c'est pas ça, en tout cas j'pense pas, non, ç'pas un vrai fou fucké, mais y'est fou pareil » (p. 53). Rendu muet par l'intensité de son sentiment amoureux, l'amant choisit d'inonder de lettres la femme aimée ; dans l'espoir qu'elle le lui rende au moment de la rencontre appréhendée, il glisse son coeur dans son dernier envoi. Si telle est la folie, ne se surprend-on pas à la souhaiter permanente ? Le manchot de *Red voit rouge* n'attend rien de moins d'une bague de fiançailles qu'il offrira à Danny. Mais attention, la folie a plus d'un atour et, quand elle provoque l'envie, gare à qui s'y frotte.

Véritable apprentissage du monde adulte, *Trick or Treat* expose en cinq tableaux cette délinquance chagrine qui confère aux personnages de Dalpé une irrésistible sympathie. Mike, Cracked et Ben appartiennent à cette faune des ruelles, distante, mais en même temps parallèle à celle des grands boulevards. Certes, comme Ben l'explique en large à l'adolescent Mike venu négocier l'achat d'une arme à feu : « Ç't'une game, kid ! Une autre game ! Avec d'autres règlements, d'autres punitions, d'autres... d'autres lois » (p. 154) ; mais à l'échelle des valeurs, l'esprit des lois ne vise-t-il pas, dans les deux univers, à humaniser la tyrannie d'une société à la dérive ? Dans une langue châtiée, comme dans celle des petits *bums* de *Trick or treat*, qui ne ressent pas le besoin d'échapper, ne fut-ce qu'une fois, à la rumeur décadente du consumérisme à outrance ? Ces *odds* qui enivrent, ces peurs qui font agir, ce faux courage qu'on exhibe, n'ont ainsi de sens que dans les histoires qu'ils génèrent. Quand Mike et Cracked parlent de « faire un dépanneur » à la pointe du revolver, est-il question de subsistance ou de confusion entre réalité virtuelle et rêve en puissance ? Ce texte de Dalpé ne suggère pas tant quelque révolte d'une jeunesse sans avenir qu'une amère prise de conscience, à savoir que la fiction s'immisce dans les rapports humains, hypertrophie l'instant, valorise l'illusion du vrai.

On connaît trop mal l'essayiste Jean Marc Dalpé. « Pas mon métier », dirait-il peut-être, non sans un rictus bien planté au coin des lèvres. Il n'en demeure pas moins qu'il livre dans « Culture et identité canadienne » (*sic*), allocution qu'il prononçait le 8 novembre 1996 au Collège universitaire de Saint-Boniface dans le cadre du symposium « Canada : horizons 2000 », une réflexion des plus senties sur une question qui domine l'échiquier culturel canadien depuis la fondation du pays. Alors, franco, anglo, Dalpé, ou les deux? La réplique vaut d'être citée: «J'entends un tango, j'suis argentin. J'lis James Joyce, j'suis irlandais. J'écoute un disque de Ray Charles, and man I'm like... Ok, des fois, j'exagère» (p. 238). Là où Dalpé n'exagère nullement, c'est dans son acception d'une «fiction du bâtard», là où n'existe aucune solution magique unificatrice, qu'un univers de conflits où s'opposent les volontés des êtres. Plein d'essentiel dans ce ludisme.

Un poème d'une immense tendresse, *L'âme est une fiction nécessaire*, tient lieu de rideau à *Il n'y a que l'amour*. Par une journée du mois de mars, un fils dépose une petite boîte d'acajou, les cendres de son père, sur «un nid de feuilles d'érable trempées». La magie du poème ravive l'agonie délirante d'un père apeuré par l'inévitable, les souvenirs épars d'un fils aimant, les tourments de l'identification du corps, du deuil: «En bas / il n'y a / ni Styx ni barque / qu'un sac de plastique noir / sa fermeture éclair / ouverte jusqu'au cou» (p. 264). Les voies du souvenir extirpent la douleur du poète et le voilà soudain redevenu cet enfant-cowboy gambadant allégrement dans les plaines imaginaires du salon familial, sous l'œil attendri du paternel. «Pan, pan, t'es mort!», l'entend-on crier d'ici.

La richesse des textes d'*Il n'y a que l'amour* justifie sans contredit cette rétrospective des dix dernières années de création littéraire de Jean Marc Dalpé, et il faut remercier les Éditions Prise de parole de publier ce qui, d'abord et avant tout, a été écrit pour la scène. Cette conversion de l'oral à l'écrit ajoute une profondeur indéniable aux «petits» personnages arrachés à leur quotidien respectif, le temps d'une confrontation où l'émotion accapare tout l'espace. Il en résulte une sorte d'effet «plus vrai que nature», à la lumière du niveau de langue, du rythme syncopé des interventions, des chutes brutales, mais surtout, l'image fuyante d'un chœur chantant à l'unisson les revendications d'hommes et de femmes liés par un appel commun. L'art de Dalpé est dans l'illustration de parcours affectifs puisés à même cette foule solitaire dont la grandeur ne se mesure pas à l'échelle de grandes réalisations, mais à celle, plus modeste, des secousses du cœur. En cela, Jean Marc Dalpé est un écrivain important de son époque.

NOTE

1. Ce texte a remporté le Prix du Gouverneur général 1999, section théâtre.

*L'AMÉRIQUE DU NORD FRANÇAISE
DANS LES ARCHIVES RELIGIEUSES DE ROME,
1600-1922, GUIDE DE RECHERCHE*
de Pierre Hurtubise, Luca Codignola et Fernand Harvey (dir.)
(Québec, Les Éditions de l'IQRC, 1999, 202 p.)

Nive Voisine
Université Laval

Voici ce qu'on pourrait appeler un guide de recherche exemplaire. À cause d'abord de son contenu. Au point de vue géographique, il ne se limite pas aux frontières du Québec actuel, mais il a pour horizon «un espace culturel et religieux qui a longtemps compris une grande partie de l'Amérique du Nord et dont le destin a été longtemps et reste encore jusqu'à un certain point inséparable de celui du Québec» (p. 1). C'est dire que le guide concerne toute la francophonie d'Amérique ancienne et actuelle.

De plus, les auteurs ne se contentent pas d'inventorier les dépôts d'archives classiques (Archives secrètes du Vatican, Archives de la Propagande, archives du Saint-Siège conservées hors des Archives secrètes du Vatican et archives d'ordres et d'instituts religieux), mais ils présentent aussi des fonds de manuscrits et d'imprimés conservés dans les collèges et universités de Rome ou trouvés dans diverses bibliothèques (Bibliothèque apostolique vaticane, Bibliothèque de la Faculté vaudoise de théologie, bibliothèques d'État). Ils jettent aussi un regard sur quelques autres archives religieuses ou civiles de Rome.

Cette simple nomenclature donne déjà une idée de la richesse de ce guide de recherche, ce qui en fait un bel exemple à suivre. Mais la valeur du travail provient aussi de la façon de faire connaître chaque dépôt ou fonds: «une présentation sommaire (localisation, renseignements pratiques, histoire, organisation) suivie de la description comme telle (relevé et description des diverses sections ou séries, dans ce dernier cas assortie d'exemples appropriés, voire de références précises) avec, à la toute fin, des renvois systématiques aux instruments de recherche ou aux inventaires existants» (p. 55). Ces renseignements nombreux, précis, bien présentés, seront fortement appréciés par tous les utilisateurs du guide.

Cette partie consacrée à la description des fonds est, il va sans dire, la principale du volume. Mais les auteurs lui ont ajouté d'autres qui s'avèrent tout aussi utiles. Les historiens Pierre Hurtubise et Roberto Perin consacrent 20 pages à décrire les relations entre Rome et l'Amérique du Nord française, du début de la Nouvelle-France à 1922. C'est un résumé solide, clair, qui met l'accent sur les principales étapes de l'évolution de ces relations et fait connaître avec nuances la politique des autorités romaines devant les multiples problèmes du Québec et des minorités francophones au Canada et aux États-Unis. Dans un chapitre très neuf, Luca Codignola et Matteo Sanfilippo traitent des archivistes, des historiens et des archives romaines. Après avoir rappelé comment certains chercheurs indépendants ont commencé à utiliser les archives romaines, ils analysent quatre grands projets qui, de 1966 à 1977, ont créé une «véritable révolution dans l'exploitation des sources romaines pour l'histoire de l'Amérique du Nord» (p. 37); ils en donnent d'ailleurs la preuve en analysant succinctement les travaux des historiens qui ont utilisé ces sources, de diverses manières.

Enfin, le guide comprend également une chronologie d'histoire civile et religieuse, de 1600 à 1922, rédigée par Fernand Harvey et Luca Codignola, et deux précieuses annexes: liste des papes, préfets et secrétaires de la Congrégation «de Propaganda Fide» et des délégués apostoliques au Canada; liste des évêques des circonscriptions ecclésiastiques incluant des communautés francophones au Canada et aux États-Unis. Une bibliographie, à la fois sélective et très riche, ajoute encore de la valeur à l'ouvrage. De même que plusieurs cartes et un grand nombre d'illustrations.

Ce guide de recherche, nous l'espérons avec les auteurs, devrait faire mieux connaître et mieux apprécier ces sources romaines qui commencent à peine à être utilisées de façon systématique. Et pourtant, elles sont d'une richesse exceptionnelle pour l'histoire religieuse de l'Amérique française, sans doute, mais aussi pour approfondir l'histoire politique, l'histoire sociale et celle des mentalités. La connaissance des francophonies d'Amérique en sera enrichie et, dans certains cas, totalement renouvelée. Et aucun chercheur sérieux ne pourra désormais plaider l'ignorance pour ne pas consulter ces fonds d'une richesse incontestable.

Je dis bravo aux auteurs et éditeurs de ce guide de recherche. Malgré le nombre effarant de noms et de références, ils ont réussi à éviter les coquilles: je n'en ai trouvé qu'une qui vaille la peine d'être signalée (p. 73): Robert Caron pour René-Édouard Caron, lieutenant-gouverneur du Québec. D'autre part, je ne suis pas sûr que la photographie de la page 12 soit bien celle de Mgr François-Norbert Blanchet, évêque de l'Oregon. Après avoir comparé plusieurs illustrations, je crois de plus en plus qu'il s'agit de son frère puîné, Mgr Augustin-Magloire Blanchet, évêque de Nesqually. C'est aussi l'avis de Mgr Bertrand Blanchet, archevêque de Rimouski, qui m'a fourni la documentation. Ces broutilles ne diminuent en rien, il va sans dire, la qualité de ce guide que les historiens et autres chercheurs ne devraient jamais cesser de potasser.

REGARDS SUR L'ACADIE ET SES RAPPORTS AVEC LE QUÉBEC

de Patrice Dallaire
(Moncton, Éditions d'Acadie, 1999, 221 p.)

Gilles Labelle
Université d'Ottawa

Neuf mois auront suffi à Alexis de Tocqueville pour observer et ensuite livrer un portrait inoubliable des États-Unis d'Amérique. Patrice Dallaire, qui fut conseiller principal et délégué du gouvernement du Québec dans les provinces de l'Atlantique pendant sept ans (de 1991 à 1998), n'a certes pas la prétention d'égaler l'œuvre de Tocqueville. Sans établir une comparaison qui n'aurait simplement pas de sens, il faut cependant reconnaître que la posture qu'il adopte n'est pas sans rappeler celle de l'auteur de *De la démocratie en Amérique*. Car si ses propos manifestent en général une très grande sympathie envers l'Acadie (au point de verser parfois dans la complaisance : l'Université de Moncton, par exemple, mériterait certainement des critiques bien plus sévères que celles qu'il lui adresse [p. 187]), Patrice Dallaire ne craint pas non plus d'adopter à l'occasion un ton très critique. Il en résulte d'abord un portrait socio-politique fort nuancé de l'Acadie contemporaine, qui apparaît ballottée entre des tendances profondément contradictoires.

L'Acadie, selon Dallaire, fut de tout temps une société pétrie de contradictions. Le retour des Acadiens après la déportation, fut, par définition, négation de la précédente volonté de les faire disparaître. C'est pourquoi tout l'être de l'Acadie est traversé par le désir constamment renaissant de s'affirmer, de durer, dans un contexte où, pourtant, l'incitation à rendre les armes, à abandonner ce qui la distingue, sa langue, sa culture, est omniprésente. La situation actuelle de l'Acadie se résume tout entière dans cette contradiction, selon l'auteur. Ainsi, les Acadiens du Nouveau-Brunswick, en même temps qu'ils ont réussi récemment à se doter d'institutions qui leur sont propres et même à faire enchâsser dans la Constitution le principe de l'égalité des communautés linguistiques dans leur province, font pourtant toujours face, en particulier dans le Sud-Est, à des taux inquiétants d'assimilation (p. 25). Mais cette contradiction n'est peut-être nulle part ailleurs plus visible que dans le débat déchirant que l'auteur relate longuement. Ce débat oppose entre eux les Acadiens de la Nouvelle-Écosse à propos de la pertinence d'écoles francophones homogènes dans cette province : après pourtant un long combat pour obtenir ces écoles, certains Acadiens les refusent, de crainte que les enfants n'y reçoivent pas l'enseignement bilingue qui les serviraient mieux selon eux (p. 87 et suiv.).

Mais l'ouvrage de Patrice Dallaire ne se limite pas à un portrait socio-politique de l'Acadie. Il traite également, comme son titre l'indique, des rapports de celle-ci avec le Québec. Rapports difficiles, on le sait, particulière-ment depuis les récents épisodes de l'accord du lac Meech et du référendum de Charlottetown. L'auteur affirme d'abord ce que tout Québécois qui vit quelque temps en Acadie et qui cherche à comprendre le plus objectivement possible les rapports entre les deux sociétés, admet aisément : les Québécois ignorent ou connaissent très mal l'Acadie (p. 21, 114, 156). La plupart, quand ils ne sont pas simplement surpris de trouver des gens qui parlent français et qui vivent en français en dehors du Québec, ne comprennent pas les maniè-res de faire d'un peuple qui doit tout de même traiter avec une majorité anglophone parfois tolérante mais parfois également hostile. En somme, les Québécois ne comprennent pas l'Acadie parce qu'ils ne comprennent pas que les Acadiens, leurs «cousins», ne sont pas comme eux, comme des sortes de Québécois hors Québec. En même temps, par ailleurs, force est de constater que l'inverse est tout aussi vrai (p. 134). Les Acadiens, par exemple, ne com-prennent pas l'aspiration à la souveraineté de nombreux Québécois, esti-mant que ces «cousins», qui sont, comme eux, des minoritaires, en mènent, décidément, passablement large, et que cela risque de coûter cher à tout le monde un jour.

Patrice Dallaire voudrait contribuer à une meilleure compréhension entre Acadiens et Québécois. Son approche est tout entière fondée sur la perspec-tive d'une reconnaissance mutuelle des deux peuples (p. 119, 180). Pour en arriver là, cependant, il importe d'abord de bien comprendre ce qui les sépare. Selon Patrice Dallaire, la rupture est intervenue en 1967, avec la tenue des États généraux du Canada français. Les Québécois ont par la suite adopté une stratégie essentiellement fondée sur l'appropriation et l'exercice du pou-voir (que cela se réalise par la souveraineté ou par une réforme profonde du fédéralisme canadien). Or si cette approche a tenté certains Acadiens pour un temps (épisode du Parti acadien), à partir de 1969 (reconnaissance du carac-tère bilingue de la province du Nouveau-Brunswick), mais surtout à partir de 1982 (adoption de la Charte canadienne des droits et libertés), l'Acadie a plutôt opté pour une stratégie fondée sur des revendications formulées sous forme de droits (p. 129). Si cette dernière stratégie a pu se traduire par une appropriation et un exercice du pouvoir dans le cadre de la «dualité admi-nistrative» (comme dans le cas du ministère de l'Éducation du Nouveau-Brunswick), il reste qu'une démarche qui accorde forcément une très grande importance au recours aux tribunaux a conduit l'Acadie à adhérer massive-ment au Canada de la Charte et ainsi à s'éloigner du Québec.

La distance qui sépare actuellement l'Acadie et le Québec sur le plan poli-tique n'est pourtant pas infranchissable selon Patrice Dallaire. Ici, le serviteur de l'État rejoint, pourrait-on dire, l'essayiste. Le rapprochement entre les sociétés civiles (p. 142, 157) que le gouvernement du Québec favorise présentement lui paraît constituer la démarche la plus appropriée pour, au-delà des différences, amener Acadiens et Québécois à reconnaître que les deux seuls peuples francophones d'Amérique doivent s'épauler mutuellement, en particulier dans les domaines de l'économie, de l'éducation et peut-être surtout des nouvelles technologies (dont on sait la place qu'elles réservent à l'anglais). Certes, il y a inégalité entre partenaires, que ce soit du point de vue démographique ou économique, mais cela ne peut qu'amener le Québec à reconnaître qu'il doit assumer le rôle de leader de la francophonie en Amérique (ce que réclamait il y a peu avec insistance Lise Bissonnette dans de nombreux éditoriaux) et l'Acadie à admettre que, quel que soit l'avenir politique que choisiront les Québécois, elle aura toujours besoin d'entretenir des rapports étroits avec le Québec pour assurer son développement. C'est le sens du propos de l'auteur qui, dans une formule certes plus ou moins heureuse il faut le dire, à propos de laquelle il insiste pour affirmer qu'elle ne traduit aucune volonté « annexionniste », va jusqu'à parler d'un « alignement » de l'Acadie sur le Québec (p. 165).

L'auteur insiste sur la difficulté de beaucoup d'Acadiens (mais certainement pas de tous) à débattre librement et ouvertement des difficultés éprouvées par la société acadienne, en particulier lorsque ce sont des « étrangers » — et les Québécois en sont en Acadie — qui les abordent (p. 34 et suiv.). La condition minoritaire, c'est un fait, se prête malaisément à un examen de soi sans complaisance. Le temps n'est d'ailleurs pas si lointain (on peut même se demander dans certains cas s'il est passé) où des Québécois se hérissaient contre les critiques que leur adressaient les « maudits Français », allant même jusqu'à faire de Québécois trop critiques selon eux des « snobs » qui « se prenaient pour des Français » (suprême insulte). Le réflexe existe en Acadie ; l'auteur de cette recension peut d'ailleurs témoigner de la véracité du propos de Patrice Dallaire, qui a entendu des Acadiens désireux d'en faire taire d'autres traiter ces derniers de « Québécois ». C'est peut-être pourquoi, habile, il prend bien garde de n'avancer aucune critique envers l'Acadie (dont certaines sont parfois très sévères) qui n'ait d'abord été avancée par un Acadien (un exemple parmi plusieurs : « Certains lecteurs pourraient s'objecter à mon propos, me fustiger pour mes suggestions. Après tout, ne suis-je pas qu'un Québécois ? De quoi je me mêle ? À ceux-ci, je répondrais que la très respectable Société nationale de l'Acadie, dans les actes du forum de 1986, évoquait… » [p. 183]). Ce qu'il faut espérer, c'est que le réflexe de rejet pur et simple ne joue pas dans le cas de cet ouvrage. Les Québécois étant généralement, comme l'admet l'auteur, indifférents à l'Acadie en général et les Acadiens le leur reprochant à juste titre, ceux-ci ne doivent-ils pas dès lors recevoir avec toute l'attention qu'il mérite le livre de Patrice Dallaire ?

Certes, sur le plan de la recherche universitaire, le livre ne bouleverse rien et il n'a d'ailleurs aucune prétention en ce sens. Nul doute que les sociologues ou les historiens lui adresseront plusieurs critiques, l'accusant probablement de simplifier l'histoire et la dynamique de la société acadienne. En outre, l'auteur utilise parfois assez maladroitement certaines notions (dont notamment la trop fameuse « postmodernité ») qui mériteraient d'être précisées. Enfin, il faut bien reconnaître que ce portrait socio-politique de l'Acadie n'interroge jamais réellement la notion même d'identité acadienne, qui paraît parfois englober pour l'auteur tous ceux qui ont un ancêtre acadien : outre le fait que cela fait beaucoup de monde, c'est un procédé assez douteux du point de vue de toutes les réflexions contemporaines sur la notion d'identité. Sur le plan plus formel, l'écriture n'est pas toujours fluide et l'auteur de cette recension se demande toujours à quoi peut bien ressembler un « maragouin [...] édenté » (p. 74). Toutefois, tous ces défauts n'empêchent pas de reconnaître le mérite principal de l'ouvrage : chercher à ouvrir un dialogue là où règne trop souvent le silence.

CONTES URBAINS. OTTAWA[1]

de Patrick Leroux (dir.)
(Hearst, Le Nordir, 1999, 64 p.)

Pamela V. Sing
Faculté Saint-Jean, Université de l'Alberta

Du 28 janvier au 7 février 1998, le Théâtre la Catapulte d'Ottawa, en collaboration avec le Centre culturel d'Orléans et le Centre culturel Le Chenail, a offert à ses spectateurs des soirées de lecture de contes. Non pas ancestraux, venant du terroir, mais contemporains, tenant davantage du centre commercial. Sur la scène, une chaise de bois. Seul décor, un triptyque vivement sinon violemment coloré où domine le bleu de cobalt et d'où ressortent le jaune orange et treize nus, masculins et féminins, tous sans visage sauf une figure au corps marron et noir, dont la tête blanche rappelle un crâne de mort. Cette évocation fragmentée de solitudes et d'aliénations multiples est reproduite sur la couverture du recueil des cinq textes contés certains soirs de l'hiver outaouais 1998 sous l'appellation *Contes urbains. Ottawa*.

La principale vocation du conte a toujours été de transmettre une histoire qui enchante. Et, par là même, qui crée un lien actif entre conteur et auditeur (ou lecteur), ce dernier, au gré de la voix du narrateur, se mettant à participer intensément à la construction d'un univers imaginaire. Comme le remarque un personnage de Jacques Poulin, cela fait chaud au cœur et on a l'impression de vivre une sorte d'expérience «villageoise». Qui dit conte, dit habituellement plaisir, communauté, atemporalité. Qu'en est-il cependant de sa fonction et de sa pratique lorsqu'il s'urbanise, c'est-à-dire lorsqu'il se réalise dans un espace où la subjectivité individuelle a pris le dessus? Il doit encore plaire, et il plaît. Ainsi on sait qu'au Québec, notamment à Montréal, depuis le début de la décennie, le conte connaît une vogue nouvelle. Citons les *Contes urbains* présentés annuellement au Théâtre Urbi et Orbi à quatre reprises, jusqu'en 1997, ainsi que le Festival interculturel du conte de Montréal, fondé par Marc Laberge en 1994. Nostalgie pour la vie collective et sociale intense de jadis tandis qu'à l'ère électronique, la communication est devenue une activité solitaire? Besoin, chez les habitués du petit écran comme du grand, de réapprendre à fabriquer ses propres images et ce, au contact réel d'une personne en chair et en os? Réaction contre l'éclatement, la fragmentation, la diversification des valeurs de la société morcelée?

Si l'intérêt renouvelé pour le conte urbain signifie sans doute un peu tout cela, il me semble indispensable de s'intéresser au genre en tant que représentation du citadin et de ses positionnements par rapport à l'environnement physique et social. Or l'importance de cette représentation n'est nulle part aussi grande et aussi problématique qu'en milieu minoritaire, là où la prise de parole tend à s'informer d'un projet identitaire. Tout en cherchant non seulement à faire surgir le sentiment d'appartenance collective, mais aussi à combattre l'exclusion du groupe par la culture dominante, la pratique minoritaire du conte contemporain ne saurait éviter de porter les traces de la difficulté de se dire alors qu'on est minoritaire. François Paré, dans *Les littératures de l'exiguïté*, a souligné qu'intériorisée, l'exclusion «est une certaine qualité du silence, un sentiment inavoué de honte, d'inadéquation, de rejet» (1994, p. 43). Dans cette perspective, le conte urbain minoritaire s'avère le lieu discursif du déchirement par excellence, car il est motivé par le désir de (se) dire, mais entravé par la honte de le faire. Ainsi, on peut craindre que le conte urbain franco-ontarien ne sache pas toujours construire un univers où, comme le dit André Jolles, «les choses se passent comme elles *devraient* s'y passer» et ce même si on lit, en quatrième de couverture du recueil, ces paroles de Patrick Leroux, l'organisateur de l'événement théâtral pour lequel se sont écrits les textes:

> Par ces *Contes urbains,* nous nous approprions l'espace qu'il nous reste. Nous nommons, en français, ces lieux que nous fréquentons. Notre ville, avec le voisinage, est à l'honneur. Nous sommes donc à l'honneur, non pas comme de simples figurants dans l'histoire des autres, des dominants, des gagnants, mais comme des héros ou antihéros de nos propres récits inscrits dans le sol et le béton de notre métropole [...].

Ainsi, dans le premier conte, «Joceline», signé par André Perrier, la protagoniste est une sorte de personnage carnavalesque. Appartenant au «bas», elle est décrite par une litanie d'imprécations qui fait d'elle un être grotesque : «Grosse torche. Grosse vache. Épaisse. Toutoune. Poupoune. Guidoune. Grosse câlice. Grosse tabarnak. Grosse calvaire. Grosse ostie. Grosse. Grosse. Grosse.» Employée gouvernementale, «la seule maudite traductrice dans place», elle hait comme elle est haïe, vit de provocations, est dégoûtée par la saleté et les odeurs de la ville, par l'engouement citadin pour le karaoke. Elle trouve tout «lait'» (laid). Aussi le texte énumère-t-il différents repères urbains avec toute la sécheresse d'un rejet. Si appropriation discursive il y avait, ce serait sur le mode de la hargne : pour Joceline, le plaisir consiste à «faire chier l'monde». Lorsque survient le merveilleux, le site est une vieille maison désespérément «grise fatiguée», rue Lallemand, à Vanier. Grâce à l'adjuvant, un petit monsieur chauve au sourire timide, à la voix douce et aux bras réconfortants, Joceline accepte de se déshabiller et se fait dire qu'elle est belle. Sanglots. Après quoi, la grosse femme se joint à des semblables : hissée à six pieds de haut dans les airs à l'aide d'une grosse corde, elle se transforme en chenille souriante, puis en cocon «pendu dans son extase au plafond», un des douze qui s'y balancent. Un jour, ces grosses créatures s'envoleront. Devenues légères, toutefois, elles ne seront pas délestées de leur hargne, car, nous déclare la narratrice destinée à devenir le treizième cocon, les futurs papillons ne désireront qu'une chose : « vous chier s'a tête ! »

Or, le « vous » auquel s'adresse cette menace ne vise pas seulement les anglophones figurés par la vendeuse de chez Eaton qui ne parle pas français, mais également les francophones, comme la Nicole du conte qui, confrontée par Joceline, grogne entre ses dents : « Maudite grosse », et, de plus, les francophones et francophiles auditeurs/spectateurs et lecteurs. Donc, textualisation d'une métamorphose collective, certes, mais la collectivité représentée est placée sous le signe de la différence/exclusion. S'identifier aux treize futurs papillons, c'est, pour le minoritaire, en l'occurrence le Franco-Ontarien, avoir assimilé, intériorisé, le statut d'altérité négative que tend à lui imposer la culture majoritaire. Aussi le conte renforce-t-il la claustration du minoritaire, voire la met à l'honneur, comme une sorte de glorification honteuse.

Similairement, « La jeune fille oubliée » de Marie-Thé Morin, le deuxième texte du recueil, s'amorce en établissant un lien entre la narratrice, un télévangéliste de boulevard « qui annonce la fin du monde » et une sorcière, une *bag lady* dont l'expression faciale est figée « dans un mélange de méchanceté, de tristesse et de désespoir ». Suit un témoignage qui a un double objet. D'une part, une belle jeune prostituée « *French* » qui a perdu sa langue maternelle — « *I can't speak it no more* » — va perdre la vie, étranglée, sur le site de l'école Guigues, « symbole des droits… francophones en Ontario ». D'autre part, cette même école, bâtie en 1904. « Vieille bâtisse condamnée » que la narratrice appelle « ma vieille putain de la rue Murray » au début du texte, est « sauvée » au « dénouement », transformée en « condo ». La métamorphose est peut-être censée racheter le triste sort de la « jeune putain », mais l'ironie m'a l'air de miner la dernière phrase : « Elle s'est refaite une beauté. » Cela étant, le conte incite à accepter de (ré)inventer quotidiennement le monde, cette réinvention dût-elle prendre une forme dysphorique. Tel est le sens de l'aveu final de la narratrice pour qui il vaut mieux vivre, même au prix de finir la vie assassinée ou avec un visage comme celui de la sorcière, plutôt que de courir vers le désastre final.

Le narrateur du troisième texte, signé par Jean-Marc Dalpé, « Red voit rouge », bien que moins démuni que *Le Cassé* de Jacques Renaud, fait penser à ce personnage québécois créé dans les années 50. Contrairement à Ti-Jean, l'univers de Red n'est pas celui de la pauvreté abjecte, et le protagoniste de Dalpé possède l'amour de la femme qu'il aime, mais son discours violent et abondamment ponctué des jurons de la société contemporaine anglo- et francophone est bel et bien le reflet d'une aliénation psycho-sociale profonde. Lui, amputé de son bras gauche, sa future fiancée pesant « deux cinquante », Red sait que certains « r'gardent drôle » leur couple, mais ensemble, ils ont des projets. Grâce à elle, il n'est plus ni suicidaire ni ivrogne, et ils veulent « un p'tit ». On apprend cela au fil de son récit de la trahison à laquelle mène une confiance mal placée, et qui l'humilie devant ses amis et sa future belle-famille. Or, le traître est un opportuniste mafioso, un méchant qui réussit à passer pour un ami bienveillant. Si le premier quart du texte s'emploie à décrire la vengeance brutale à laquelle rêve l'amputé, la dernière didascalie et son cri à la fin du texte affirment son impuissance et son désespoir : « *(Red se plie en deux.)* OSTIE QUE ÇA FAIT MAL ! »

« Ottawa-les-bains sens dessus dessous » de Patrick Leroux voudrait s'inscrire, lui également, sous le signe de la honte que, depuis un certain « soir fatidique », le narrateur vit perpétuellement. Aussi, même si le texte énumère un nombre élevé de rues et de sites outaouais et nous mène du cœur de la ville jusqu'à ses boyaux, en passant par l'intérieur de la statue de Champlain, la ville ne se sent-elle pas. Se voulant peut-être oniriques ou merveilleuses, les digressions et incursions spatiales paraissent plutôt gratuites. À moins de les lire comme les produits d'une sorte d'écriture automatique. Seulement, au lieu d'inventions réelles, il s'agit d'automatismes faciles. Un passage raconte l'arrivée à un laboratoire devant lequel se trouve « un panneau unilingue anglais : *restricted* » que certains clichés voudraient associer à l'autorité politique nazie. Du coup, la gardienne de l'endroit étant une « Helga Gestapo », le lecteur a droit a un passage censé reproduire « un fort accent allemand ». Plus loin, le narrateur, en découvrant que la femme poursuivie par lui est engagée dans une histoire de simulation virtuelle pour les militaires, pense à la « haute technologie ». Ceci fait apparaître 50 Japonais qui se déshabillent par « débauche naïve » pour finir dans un « délire sexuel » collectif avant de rentrer en autobus jusqu'à l'hôtel Novotel, « à poil, caméras au cou »… et le narrateur de dire la honte de s'être retrouvé « flambant nu au cœur d'Ottawa ». Le texte de Leroux nomme la ville, exerce le verbe, mais n'éclaire aucun mystère du monde, n'essaie pas de dire l'indicible ni de faire comprendre l'incompréhensible, n'accroche pas.

Dans cette perspective, « Bill », d'Yvan Bienvenue est particulièrement réussi. Comme le dit d'emblée le narrateur : « Dans vie des fois / Ça prend pas grand-chose pour s'mettre à brailler. » Et de se mettre, en cherchant non pas à nous jeter de la poudre aux yeux, mais à nous faire sentir « ç'qu'a m'fait en d'dans », à raconter l'histoire de deux « étrangers familiers », « Genre de monde qui s'parlent jusse / Si s'rencontrent en voyage / Heille, salut mon chum… », histoire que lui a racontée en anglais un vieux nommé Bill. Le fait que l'auteur provienne du Québec, là où la culture francophone est relativement majoritaire, explique peut-être que, dans son conte, la parole de l'anglophone « avait comme pas d'trip de pouvoir ». Ce qui fait que le plaisir d'entrer peu à peu dans l'univers intime d'un autre, d'écouter se tisser les fils d'une histoire qui signifie amour, joie, fraternité et trêve de solitude l'emporte sur la différence linguistique et la fait même oublier. En se plaçant ainsi sous le signe non pas de l'exclusion, mais de l'inclusion, le conte de Bienvenue se distingue avec bonheur des autres du recueil. Le récit du contact entre un voyageur et un quêteux, passager mais régulier, car il se produit « Matin et soir / Trois jours par semaine / Beau temps mauvais temps / De même pendant sept ans », fait observer que « c'est drôle / Comme on s'habitue aux étrangers », et suggère que cette « habitude » humanise le monde, le rend un lieu moins solitaire, comme le fait une histoire bien contée. En nous faisant part de la manière dont Bill termine son histoire — « Y m'a r'gardé dins yeux/Pis y m'a souri/Pas d'gros punch/Pas d'pétard dans l'ciel/Jusse une belle p'tite histoire douce […]/Jusse un cadeu d'même » —, le narrateur nous introduit habilement dans l'univers du merveilleux : Bill était peut-être le fantôme d'un quêteux… L'histoire se termine sans pour autant faire disparaître le point d'interrogation, tandis que les dernières paroles du narrateur rappellent la fonction de tout conte, même, sinon surtout, urbain : « Des fois dans vie/Ça prend pas grand-chose pour nous arrêter d'brailler/Jusse queques mots/Dans l'oreille de quelqu'un qui nous écoute /Merci! *(Il fait un petit signe de tête et sort.)* »

Sans avoir rien de folklorisant, le conte urbain, pour enchanter, doit tout de même renouer avec le conte ancien en conduisant à une certaine appropriation du réel. L'innovation intelligente du langage stimulant notre imaginaire, la force de l'imaginaire du conteur doit nous aider à ordonner le chaos de l'univers, éclairer les obscurités de la vie et, pourquoi pas, conjurer la menace de la marginalisation. Produisant du sens là où il n'y en a pas, mais sans pour autant faire oublier la fragilité et le caractère provisoire de ce sens, il peut rendre la ville plus habitable. Si, toutefois, il s'avérait que sa pratique en milieu minoritaire rendait cela impossible, espérons du moins que l'*angst* urbain sera conté en communicant un certain « plaisir du texte ». Maintenant que la mode des contes urbains a atteint la francophonie ontarienne, elle fera escale vraisemblablement bientôt dans d'autres communautés franco-canadiennes : on « verra » bien l'effet que pourront avoir sur une longue nuit d'hiver ces autres avatars urbains du conte.

NOTE

1. Ces *Contes urbains* ont fait l'objet d'une représentation scénique au théâtre de La Licorne de Montréal du 7 au 18 décembre 1999.

SOUL PLEUREUR
de Louise Fiset
(Saint-Boniface, Éditions du Blé, 1998, 46 p.)

LES ÉDITIONS DU BLÉ 25 : ANS D'ÉDITION
sous la direction de J. Roger Léveillé
(Saint-Boniface, Éditions du Blé, 1999, 205 p.)

PIÈCES À CONVICTION
de J. Roger Léveillé
(Saint-Boniface, Ink inc., 1999, 46 p.)

Jules Tessier
Université d'Ottawa

S'il fallait encore une preuve que certains écrivains évoluent et même se renouvellent de façon spectaculaire au fil de leurs publications, Louise Fiset l'aurait fournie, cette preuve, avec sa plus récente et seconde publication, *Soul pleureur*. Il faut cependant préciser que presque dix ans se sont écoulés depuis la parution de son premier titre, *404 Driver tout l'été*. (Saint-Boniface, Éditions du Blé, 1989, 69 p.)

Ce premier recueil de poèmes est inspiré par l'errance, ou plutôt par un nomadisme motorisé, ainsi que le titre le laisse deviner. Cependant, l'itinéraire proposé n'est pas celui des sites touristiques pittoresques parcourus en voiture et avec la famille les beaux dimanches, mais bien plutôt celui des «rockers», des «gars de bicycles», des routiers. Sans inhibition apparente, Louise Fiset nous fait pénétrer dans un univers macho et sulfureux de clubs, de bars et de saloons, dans un monde de strip et d'alcool, décrit avec des mots qui ont échappé à toute censure, linguistique ou autre, qu'il s'agisse de vocables anglais fort nombreux ou de vulgarités généreusement distribuées dans un recueil au demeurant inspiré. En somme, une espèce de pied de nez à la société bien-pensante résultant d'une rage mal contenue, d'un mal de vivre d'adolescente, on dirait.

Dans *Soul pleureur*, de toute évidence, Louise Fiset a évolué, mais elle ne s'est pas assagie complètement pour autant. Non, l'énergie dépensée de façon frondeuse dans le premier titre, ici, a été canalisée vers une réflexion sur la collectivité à partir d'une expérience dont le parcours a été balisé par trois pôles de la francophonie hors Québec, soit Sudbury, Moncton et Saint-Boniface. Les thèmes sont autres, mais on y trouve sensiblement la même vigueur, le même souffle, et c'est là toute «La Beauté de l'affaire», pour reprendre le titre d'un recueil de l'écrivaine acadienne France Daigle (Outremont, Éditions NBJ; Moncton, Éditions d'Acadie, 1991, 54 p.).

L'errance fait maintenant place à la tellurisation, et si l'espace géolittéraire est à peu près le même, cette fois-ci la plaine y est présentée non plus comme un lieu de randonnées débridées, mais bien comme le territoire où se sont enracinées les deux principales communautés francophones de l'Ouest canadien, la blanche et la métisse. D'ailleurs, un des plus beaux poèmes du recueil, intitulé «La faille mémoriale», est consacré à la nation métisse, trop souvent oubliée par les littéraires. L'auteur y aborde de façon explicite le problème que pose la langue normalisée dans un contexte de diglossie ou s'y apparentant: «La rupture s'agrandira / dès que j'ouvrirai la bouche / pour m'exprimer dans une langue corrigée» (p. 32) .

Justement, le mal à l'âme du premier recueil réapparaît ici transposé par l'écrivaine en quête d'une niche à soi dans la «mosaïque canadienne», en qualité de francophone dont la langue, bien plus qu'un simple instrument de communication, devient un objet de préoccupation, une courroie de transmission de la culture contestée de l'extérieur et même de l'intérieur, un outil d'identification à l'origine d'une certaine schizophrénie linguistique fréquente chez les «minoritaires» qui ont décidé de résister à l'acculturation. Ces tiraillements intérieurs, dont on trouve des échos tout au long du recueil, sont exprimés avec vigueur dans le poème éponyme «Soul pleureur: mémoire didacticiel», en des termes qui nous plongent au cœur du paradoxe existentiel: «Je traverse la vie avec mon paradoxe de francophone: / Conserver sa langue en la perdant tous les jours» (p. 30). Cependant, il n'est pas question de se taire, car le «fragment que je suis ne peut se résigner à l'aphonie» (p. 31), pas plus qu'il ne serait acceptable de «brade(r) la parole pour turluter une identité folklorique» (*ibid.*).

Enfin, contrairement au premier recueil, les anglicismes y sont réduits à la portion congrue, et encore ils font l'objet d'une translittération dont le titre même fournit un bel exemple. Emportée par l'aspect ludique du procédé, Louise Fiset poursuit le jeu linguistique dans ses poèmes: «Au soul plaisir de perforer mes poumons» (p. 30), «Je me rocke de soul» (p. 31), «Ce n'est rien qu'un air soûl de soul» (p. 42). Hormis un ou deux vers, on n'y trouve plus de ces formulations propres à faire rougir la lectrice corsetée dans ses principes. Plutôt un clin d'œil de connivence exprimé par un accent circonflexe dans un poème écrit par ailleurs en un français rigoureusement standardisé: «Câlices de souvenirs» (p. 21). Les régionalismes, dans l'ensemble, sont autant de traits de prononciations archaïques tel le poème «Mémoère d'amour» qui commence ainsi: «Par ce boutte icitte» (p. 15).

Espérons que Louise Fiset n'attendra pas encore une dizaine d'années avant de nous offrir un autre recueil de poèmes.

* * *

Peut-être a-t-elle senti le besoin de s'endimancher pour figurer dans le magnifique album destiné à célébrer les 25 ans d'existence du Blé, mais, quoi qu'il en soit, Louise Fiset y a fait paraître un poème intitulé « Prière » (p. 45-47) dont la facture est tout à fait conforme à la poésie française classique, tant par le rythme et les cadences que par le choix des mots, bref tout ce qu'il y a de plus canonique eu égard au genre, sans qu'on y décèle le moindre écart par rapport à la norme du français standard.

Même constat à propos de Charles Leblanc dont le poème « les livres » (p. 161-163) est tellement discipliné et propret, comparativement à sa production antérieure, qu'on dirait un texte soumis à un concours littéraire lancé par une académie de province.

Faut-il en conclure que le format, la présentation de l'édition peut influencer la facture même de l'œuvre ? Dans le cas présent, sans doute faut-il répondre par l'affirmative, puisqu'il s'agit probablement de textes de commande. Qu'on ait laissé entendre ou non aux auteurs pressentis que le livre serait luxueux importe peu maintenant, car il l'est.

En effet, on éprouve un émerveillement certain à parcourir cet album rien de moins que somptueux où on a jumelé 25 textes d'écrivains ouestriens illustrés, éclairés faudrait-il plutôt dire, par 25 reproductions de tableaux ou d'œuvres d'art de toutes natures produits par autant de créateurs du milieu. On avait l'embarras du choix si l'on songe au bassin de ressources humaines que constitue le *Dictionnaire des artistes et des auteurs francophones de l'Ouest canadien* (Gamila Morcos (dir.), coll. Gilles Cadrin, Paul Dubé, Laurent Godbout, Sainte-Foy, Presses de l'Université Laval, Edmonton, Faculté Saint-Jean, 1998, 366 p.).

Ce livre-objet est une source de plaisirs où même le toucher trouve son compte… On reconnaît ici l'influence du coordonnateur du projet, J. Roger Léveillé, féru d'arts visuels, en plus d'être un auteur extrêmement doué dont la sensualité baigne les écrits (faut-il rappeler ici la formule inventée par Janet Paterson pour le décrire et qu'on reprend sans cesse depuis : « La passion de l'écriture, l'écriture de la passion » ?), la sensualité du lecteur étant sollicitée à son tour par une couverture qu'il faut toucher, palper, parce qu'elle est texturée de manière à imiter le carton d'emballage ondulé, le titre étant simplement marqué au fer dans l'épaisseur du matériau, sans encre ou autre matière colorante.

Plus qu'un livre-objet, ce volume est encore un ouvrage de référence. On y trouve en effet dans les dernières pages, outre la liste des titres publiés par le Blé depuis sa fondation, d'utiles notices biographiques consacrées à chaque auteur et artiste. Encore là, on aura reconnu la touche de J. Roger Léveillé, qui a publié cette remarquable *Anthologie de la poésie franco-manitobaine* (Saint-Boniface, Éditions du Blé, 1990, 591 p.), un modèle du genre comportant une solide introduction d'une centaine de pages.

Notons en passant que le coordonnateur du projet, ne pouvant décemment enlever son nom de la liste des collaborateurs étant donné son statut d'auteur majeur de la littérature d'expression française nord-américaine, s'en est tiré avec une pirouette constituée par un texte qui apparaît en regard d'une sérigraphie singulièrement stylisée et intitulée «Moonglow» (p. 104), texte qui comporte exactement cinq mots, sans ponctuation: «La lune et le doigt» (p. 105).

* * *

J. Roger Léveillé possède maintenant un statut tel qu'il peut se permettre d'autres fantaisies, tel ce recueil se résumant à quelques collages de titres et de manchettes de toutes natures, sans pagination, destiné, semble-t-il, à fournir un élément de réponse à la question posée en page liminaire: «Est-il possible d'écrire comme on peint?»

Serait-ce que Léveillé a réussi à relever le défi, en tout cas, on ne peut honnêtement évaluer ces collages avec un simple texte et, par conséquent, force nous est de convier le lecteur à juger par lui-même en «regardant» ces *Pièces à conviction*. On nous pardonnera de nous en tirer à notre tour avec une entourloupette.

CONSTRUIRE UN SAVOIR: L'ENSEIGNEMENT SUPÉRIEUR AU MADAWASKA, 1946-1974

de Jacques Paul Couturier
(Moncton, Les Éditions d'Acadie, 1999, 336 p.)

Georgette Desjardins, r.h.s.j.
ex-professeure au Collège Maillet

À travers les idéaux, les rêves et les décisions de personnes audacieuses et tenaces, Jacques Paul Couturier trace avec objectivité et impartialité un portrait vivant de la naissance et de l'évolution de l'enseignement supérieur au nord-ouest du Nouveau-Brunswick. Dans son avant-propos, il écrit:

> Les collèges Saint-Louis et Maillet ont une histoire passionnante, ce qui justifie aussi qu'on veuille la raconter. Elle est faite de hauts et de bas. Elle est animée par des acteurs obstinés et parfois même têtus. Elle est modelée par une population fière et fidèle (p. 10).

Bien documenté, l'auteur situe son sujet dans le contexte géographique, social, économique et politique de la province et, au besoin, fait quelques incursions au Québec. Une recherche poussée dans les archives des collèges Saint-Louis et Maillet lui permet de suivre de près la courte histoire de ces deux institutions fondées respectivement en 1946 et en 1949, l'un par les pères eudistes et l'autre par les religieuses hospitalières de Saint-Joseph.

Soucieux de la vérité historique, l'auteur présente en dix chapitres bien structurés les débuts bien modestes des deux collèges, leur développement mouvementé, leur adaptation difficile à la réforme de l'enseignement universitaire francophone au Nouveau-Brunswick, puis leur fin en tant qu'institutions religieuses autonomes en 1972. La dure réalité est révélée avec respect et honnêteté: collaboration, divisions, population étudiante limitée, adaptation à une société en transformation rapide, problèmes financiers, compétitions et rivalités, relations conflictuelles Nord-Sud, interventions politiques...

Le rôle et l'audace des pères eudistes et des religieuses hospitalières de Saint-Joseph, les deux communautés religieuses engagées dans cette grande entreprise de l'éducation, sont bien soulignés. Dès 1950, les pères eudistes du Collège Saint-Louis ouvrent une école de musique; l'année suivante, l'École des sciences sociales est fondée; en 1952, ils donnent le nom d'Université Saint-Louis à leur institution et décernent durant la décennie plusieurs diplômes d'études supérieures. Par ailleurs, le jeune établissement est lourdement endetté et les administrateurs consacrent beaucoup d'énergie à se procurer les revenus nécessaires à son fonctionnement. L'auteur ajoute ce commentaire révélateur :

> Sous plusieurs aspects, par contre, les prétentions universitaires de l'Université Saint-Louis semblent peu fondées. Du simple point de vue des inscriptions, elle demeure avant tout un collège classique. Dans les années 1950, les effectifs universitaires ne représentent jamais plus du tiers de la population étudiante (p. 69).

Quant aux hospitalières de Saint-Joseph, elles lancent

> leur entreprise sous le sceau de la modestie... c'est à l'abri de l'œil public que le Collège Maillet coule ses premières années d'existence (p. 54).

Par contre, sœur Rhéa Larose, la fondatrice, nourrit de grands projets pour les jeunes filles du Madawaska et des régions avoisinantes et se propose d'organiser des programmes dignes d'un «gros collège». Celui du baccalauréat en sciences infirmières lancé en 1961 provoque une crise «Nord-Sud» entre le Collège Maillet et l'Université de Moncton; elle aboutit à la défaite du plus faible. Néanmoins, un des rêves de sœur Larose se concrétise : son «collège» devient dans les années 60 un important centre éducatif et culturel dans le milieu.

Les nombreux faits relevés par l'auteur, ses réflexions sur le contexte social et religieux de l'époque, sur les problèmes auxquels se sont heurtées les personnalités engagées à la promotion de l'éducation supérieure donnent un bon aperçu de la détermination, du courage et de la générosité des fondateurs des institutions «universitaires» et de la population du Madawaska. Parce que «construire le savoir» se fait avec la participation des jeunes, un chapitre intitulé «Les étudiants, les étudiantes et l'univers des études...» leur est consacré. Après avoir traité divers aspects de la vie au collège, l'auteur fait cette réflexion :

> L'univers des études classiques est en effet tout à fait particulier; un savant dosage d'étude, d'activités de développement personnel dans le domaine de la culture et des sports, et de règlements appliqués généralement avec rigueur, dans le but de produire de jeunes adultes responsables, cultivés et chrétiens. Ce monde est aujourd'hui perdu...» (p. 123).

Dans la conclusion, l'auteur présente les «éléments qui jalonnent l'histoire récente de l'enseignement supérieur au Madawaska» en commençant par ces mots :

> Cette histoire ne prend pas véritablement fin en 1972 ou 1974... Elle se prolonge en effet à travers l'action du Collège Saint-Louis-Maillet, puis du Centre universitaire Saint-Louis-Maillet, à partir de 1977, et du campus d'Edmundston de l'Université de Moncton, depuis 1994. Même si les principaux acteurs du monde universitaire madawaskayen ne sont plus les mêmes, l'histoire de l'enseignement supérieur dans la région conserve pourtant des traits familiers. Les années qui suivent l'entrée en scène des laïcs

sont encore marquées par la précarité institutionnelle et financière, par le désir d'expansion de l'enseignement, par la perpétuelle remise en question de l'établissement, par l'esprit convivial qui l'habite... (P. 278).

Les personnes qui ont connu cette époque et qui, directement ou indirectement, ont pris part aux débats de l'heure liront certainement avec intérêt cet imposant ouvrage de Jacques Paul Couturier et en comprendront facilement les différentes péripéties. Le court résumé à la fin de chaque chapitre aidera les lecteurs à mieux saisir et à mieux retenir l'essentiel de cette captivante histoire culturelle et universitaire de la légendaire «République du Madawaska». De plus, la bibliographie et l'index des noms propres à la fin de l'ouvrage s'avéreront utiles à tous.

À LA MAUVAISE HERBE

de Myriam Legault
(Sudbury, Prise de parole, 1999, 66 p.)

LE FEU SUR LA LUNE (ET AUTRES HISTOIRES)

de Daniel Paradis
(Ottawa, Le Nordir, 1999, 147 p.)

Anne Malena
Université de l'Alberta (Edmonton)

Des traducteurs écrivent ; et bien. S'agit-il d'une pure coïncidence que ces deux petits livres apparus sur ma table de travail pour les besoins d'une recension aient été écrits par des traducteurs ? Ou reflètent-ils plutôt une particularité de la scène littéraire francophone au Canada, à savoir que la venue à l'écriture se fait souvent par le truchement d'autres activités ? En fait, quel meilleur apprentissage pour un écrivain que la traduction, une pratique triple de lecture, d'interprétation de la langue et d'écriture des plus approfondies qui soient ? Dans ces premiers ouvrages, Myriam Legault, jeune poète du nord de l'Ontario au terme de ses études de traduction, et Daniel Paradis, traducteur de métier au Québec, font preuve en effet d'une remarquable maîtrise de la langue : le désir d'écrire a été réalisé grâce à un dosage subtil du plaisir de l'écriture. Pourtant, la similitude entre ces deux œuvres s'arrête là. Le rêve les sépare. Chez Legault, la poésie est un rêve qui permet d'échapper momentanément à l'emprise de la réalité tout en menant vers l'autre, alors que, chez Paradis, le rêve de l'écriture est un envol cosmique qui débouche sur l'immensité de la solitude.

Le titre du petit recueil de poésie de Myriam Legault, accompagné d'une dédicace à « Dominic, à mes parents, à toutes les mauvaises herbes et, surtout, à Bob », évoque à la fois le paysage dénudé autour de Sudbury, une nouvelle génération qui ne peut faire sa place qu'en s'infiltrant dans les structures établies, la réalité doublement minoritaire de l'Ontario francophone et une myriade d'autres images qui apparaissent et disparaissent rapidement sous la plume délicate de Legault. La mauvaise herbe, c'est à la fois le rêve et la réalité ; inextirpable, elle envahit le quotidien et pousse jusqu'au ciel, elle répond tout aussi bien au besoin d'ancrage qu'au désir de s'envoler. La poésie de Legault oscille constamment entre les deux, peignant une réalité douloureuse et difficile avec les couleurs du rêve et faisant rêver au son du glas de la réalité, qu'il s'agisse de Sudbury, « ma ville a trop fumé / elle plante

des arbres/pour cacher le cancer/de ses roches/ma ville est fatiguée/
d'essuyer la sueur/de son front/ma ville lit son avenir/au fond des tasses/
de tim horton», ou encore de Vancouver: «cette ville me manque/cette ville
où je n'ai pas laissé/mon nom j'ai laissé/mon cœur/cette ville/qui ne me
connaît pas/qui n'utilise pas/mes os pour gratter/ses cartes de bingo.» Elle
exprime la difficulté de trouver sa voix et de se faire entendre: «mes mots
meurent/sous leurs yeux/[...] œuvre froissée/entre leurs mains/j'aurais
pu/toucher quelqu'un/je ne toucherai que/le fond de la poubelle/[...] ce
que je dis/ils ne l'entendent pas/ignorants ignorant/leur ignorance.»
Rebelle, elle s'installe, à l'instar de la mauvaise herbe, dans le terrain cultivé
par ses aînés: «je fends/leur ignorance/j'empeste/leurs livres/je dis/je
dédis/je contredis/je ne déchire pas leurs pages/j'efface/leurs mots/pour
écrire/les miens». À cet effort de conciliation entre le rêve et la réalité et entre
les générations vient s'ajouter l'expression ambiguë de l'espoir pour la survie harmonieuse de la langue française: «mes poèmes pensent/aux francophones qui vivent/en ontario mais qui/condamnent les anglais/en
déployant/à coups d'insultes et/d'anglicismes/le drapeau québécois/[...]
je croque fièrement ma langue/franco-ontarienne et/je l'avale avec/mon
fromage anglais/pour mieux la digérer.»

Pour Legault, le rêve n'efface pas la réalité, mais permet d'y revenir avec
plus d'assurance et de la partager à deux: «rêver c'est mordre sans/percer la
peau c'est/déchirer le ciel/à grands coups d'ailes c'est/s'enterrer derrière/
les yeux/d'un autre.» Ce retour dans le réel est aussi rendu possible par la
poésie parce qu'elle permet de devancer la vie: «arrêter il faut/arrêter/viens
te balancer à mes côtés/avale tes regrets/souffle sur tes rêves/et laisse la
vie/courir après toi.» Ne voulant pas révéler tous les secrets de l'écriture de
Legault, je résiste à la tentation de citer d'autres passages, en particulier un
remarquable poème ludique sur le temps, et j'invite la lectrice à découvrir
elle-même ce beau petit recueil et à cueillir cette mauvaise herbe afin d'ouvrir
dans sa vie l'espace d'un instant de rêve et de poésie.

L'écriture de Daniel Paradis a aussi un côté ludique mais, en exprimant à
la fois le possible et l'impossible du rêve, *Le Feu sur la lune* laisse transparaître
quelque chose de vaguement sinistre. Les personnages de Paradis ne parviennent pas à rester sur terre: ils sont happés par le cosmos ou supplantés par
des objets animés à la Francis Ponge. On trouve ainsi dans le recueil une
«ritournelle intelligente», un «vélo silencieux et désemparé», une vieille
horloge qui «écoute» les pensées de son propriétaire, des murs «imbibés»
d'angoisse, des «livres hostiles», des «mains mal réveillées», l'eau de pluie qui
«dit les hommes», un juron qui «traîne par terre» et un «grand soupir pla-
qué sur la table». Les êtres humains sont reliés à l'univers par un phénomène
de synéchie qui, malgré les effets poétiques qu'il provoque, menace à chaque
détour de phrase et à chaque rebondissement narratif d'engloutir les protagonistes.

Le philosophe Charles Sanders Peirce parlait aussi de l'univers en termes
de synéchie: l'homme fait partie intégrante de l'univers en le percevant, en

s'opposant à lui et en voulant le comprendre et l'organiser. La prose de Paradis semble émaner de considérations philosophiques semblables à celles du sémioticien américain, mais il s'agit d'une philosophie qui sombre facilement dans l'angoisse. Les envolées cosmiques se voilent de peur et de morbidité, si bien que, afin de se joindre à l'univers, les personnages doivent être endormis, morts ou dans un état de stupeur proche de la mort. Ils ont peur, sont angoissés ou se sentent traqués par les molécules des objets qui les entourent. Cette impression va en s'accentuant au fil de la lecture; les premières histoires sont relativement sereines: «La musique de l'univers est éternelle» et le personnage traducteur du conte éponyme «ne mourrait jamais… Il graviterait l'atmosphère, en sautant d'une molécule d'air à l'autre.» Très vite pourtant, le ton change: «Nul ne vit cette osmose entre son corps, les nuages, les rares étoiles sans lune.» Le narrateur fait allusion aux dangers que recèle l'univers de ses mots, refuge dans lequel on est à la fois «perdu et impossible à perdre» parce qu'il faut «[n]e plus jamais se contenter d'être un pas sur le sol. [Parce qu'il est] impossible d'échapper à l'immense vibration de l'univers.»

On pourrait s'attendre aussi à ce que la synéchie ouvre un chemin vers l'autre en soulignant la multiplicité des liens qui relient les êtres. Chez Paradis, l'autre est plutôt source de conflit, comme chez ces voisins qui se rencontrent et jouent «l'un contre l'autre, par objets interposés» ou ce héros solitaire qui, en voulant envoyer un message vers Orion, doit souffrir la «présence hostile» d'un intrus reflété dans les miroirs et qui ne sera soulagé qu'une fois «la déchirure du temps» raccommodée. Un homme trompe sa femme avec un rêve, un couple meurt au terme d'un corps à corps tragique avec l'univers et «une voix claire» explique: «Je file dans le vide et j'ai mal d'exister, j'existe malgré moi, malgré la vitesse. J'étire le ciel, en balayant les rêves des étoiles avec ma traînée impénétrable […] Je traîne derrière moi des passés impossibles, des rêves inutiles, des chansons fondues, des ondes électriques, des planètes qui pleurent.» Dans cet affrontement incessant du rêve et de la réalité, l'un annule l'autre et on finit par se lasser de ces personnages qui s'effacent aussi vite qu'ils sont esquissés et de ce besoin d'évasion qui aboutit au solipsisme. En fait, on se surprend à hocher de la tête en signe d'approbation à la lecture de la dernière phrase du volume: «Mal à l'aise, le lecteur en arrive à souhaiter, à implorer le mot FIN.» On revient donc volontiers sur terre après s'être laissé un moment distraire par les feux que l'écriture de Daniel Paradis allume sur la lune.

LA BOUTEILLE MAUVE
de René Ammann
(Saint-Boniface, Éditions du Blé, 1998, 94 p.)

Georges Bélanger
Université Laurentienne

La littérature jeunesse compose un terrain miné par excellence pour les auteurs. Trop d'écrivains ont appris, et continuent d'apprendre à leurs dépens, parfois un peu à la dure, qu'il n'est pas moins facile de s'adresser à un public plus jeune — non adulte pour ainsi dire — pour écrire et produire un livre. Et que, si la plupart des maisons d'édition possèdent une collection «jeunesse», souvent à plusieurs volets, ou rêvent du jour où elles pourront en lancer une, et font des appels d'offre à tous crins auprès de multiples collaborateurs : écrivains, enseignants, parents, éducateurs spécialisés, etc., pour enrichir ces collections (et en même temps renflouer si possible leurs coffres), peu d'auteurs, peu d'élus, en fin de compte, me semble-t-il, réussissent à relever ce défi et à percer avec succès ce difficile et complexe domaine de création. Et pour plusieurs raisons, toutes proportions gardées eu égard aux groupes d'âge visés pour définir la littérature jeunesse : l'évaluation de ces groupes étant justement un des obstacles majeurs à surmonter. En quelques mots, ici comme ailleurs, les recettes ne sont pas magiques parce que l'on s'adresse à un public plus jeune, et, à regarder de plus près la production destinée au public jeunesse, cette affirmation ne semble pas toujours tomber sous le sens.

René Ammann, dans *La Bouteille mauve*, évite ces écueils et les nombreux pièges qui guettent tous les auteurs de littérature jeunesse, parce qu'il vise d'abord à intéresser le lecteur, par tous les moyens, et à lui raconter une histoire captivante ; il refuse surtout, à tout prix, de céder, entre autres, étant donné que son livre est destiné à un public plus jeune, à la supposée nécessité de faire absolument œuvre didactique. Et il tient le pari.

En moins de cent pages, dans un récit divisé en quatorze courts chapitres marqués d'autant d'illustrations de David McNair, ce romancier raconte l'histoire de quatre enfants âgés d'une dizaine d'années : deux garçons, Fido et Jean-Jules — le narrateur du récit —, et deux filles, Capitaine et Stéphanie, qui partent à la recherche d'une bouteille mauve perdue quelque part dans l'étang ou dans le bois environnant, espaces de jeux et de rencontres de ces enfants, où ils passeront le plus bel été de leur vie. Dès le premier chapitre, le sujet est amorcé et bien lancé : c'est à qui retrouvera la bouteille dont le contenu magique, sorte d'Aladin réinventé, révèle l'avenir à qui en boit une gorgée.

L'auteur exploite avec habileté un sujet où se mêlent l'aventure, le mystérieux et le merveilleux. Mais il y a plus ; le récit bascule au chapitre 7, prend
une nouvelle allure et acquiert une dimension plus dramatique : Jean-Jules,
Capitaine et Fido, après s'être liés d'amitié avec Stéphanie, découvrent pour
quelles raisons leur nouvelle copine est si distante avec eux, voire un peu
taciturne et nostalgique. Elle leur confie son secret : depuis que son père est
sans emploi, il est découragé et porté à boire. Autour de cet aveu germera
dans l'esprit des enfants, afin de venir en aide à Stéphanie et à son père, l'idée
plus ou moins saugrenue de changer le cours de leur vie en fabriquant un
autre mélange magique toujours concocté avec des œufs de grenouille, des
aiguilles de sapin et de l'eau de source, et en substituant cette nouvelle
potion au contenu d'une bouteille de bière. Le père-personnage — maintenant actif dans le récit et intégré au groupe d'enfants — leur rendra bien la
pareille, lorsque, fouillant l'étang à l'aide d'un radeau toujours en quête de la
fameuse bouteille mauve, les enfants-arroseurs arrosés trouveront, à leur
grand étonnement, non pas une mais cinq bouteilles mauves. Qu'est-ce à
dire ? D'où proviennent toutes ces fioles ? Que contiennent-elles ? Par simple
curiosité ou pour connaître leur avenir, les enfants oseront-ils en goûter le
contenu ? Après avoir compris leur message au sujet de l'alcool et de la bière,
quelle surprise cet adulte leur a-t-il réservée ? Un certain suspense marque le
récit jusqu'au dénouement qui lève le voile sur l'avenir, la « vie en rose » et la
« vie en mauve » !

Le roman confirme du début à la fin que l'intention première de l'auteur
fut, d'abord et avant tout, de raconter une « véritable » histoire, vécue par de
jeunes personnages, sans d'autres buts que de solliciter et de garder l'intérêt
du jeune lecteur. Quand on sait par ailleurs jusqu'à quel point ce public compose la cible d'une multitude d'autres sollicitations, provenant de toutes
parts, il ne s'agit pas là d'une mince tâche. Qui plus est, et autre défi intéressant, René Ammann en confie la narration à l'un des jeunes protagonistes,
Jean-Jules, dont l'écriture bien caractérisée et le ton fort juste maintiennent
un excellent rythme au récit. *La Bouteille mauve* n'est pas que ludisme, il représente plus qu'une simple chasse aux trésors, sans être un prétexte, car elle
occupe bien sa place dans le roman, cette aventure, comme un tremplin, un
levier, raconte en même temps comment des enfants vivent ensemble des
moments agréables, se lient d'amitié et de franche camaraderie, et tentent, à
leur façon, le plus naturellement du monde, de venir en aide à l'un d'entre
eux, Stéphanie, qui ressent les effets des épreuves que subit son père. Ce
niveau du récit, indispensable et achevé, fait partie intégrante de l'aventure.
Certains traits secondaires démarquent parfois le livre, par exemple cette
manie qu'a Fido (il s'agit bien d'un personnage) de déformer les dictons, proverbes ou autres expressions : « Un lit de rondelles ne fait pas le printemps »,
« J'ai eu la peur de ma vue », « Il ne faut pas mettre la charrue devant les
œufs », etc., fâcheuse habitude qui a pour effet d'indigner à chaque fois Capitaine et de provoquer sa colère. Au point où cette dernière prépare un glossaire
(p. 93-94) qui contient la transcription et l'explication d'une quinzaine de

dictons, proverbes ou expressions correctement énoncés, afin que Fido s'y retrouve. Cette caractéristique, originale, de toute évidence d'ordre didactique, s'ajoute plutôt au récit et l'agrémente.

Il est moins facile qu'il n'y paraît de faire œuvre en littérature jeunesse, monde complexe et diversifié. René Ammann semble tout de même avoir gagné son pari en publiant ce deuxième roman jeunesse, *La Bouteille mauve*, toujours aux Éditions du Blé. Si le livre, dans ce cas, s'adresse à de jeunes lecteurs, âgés d'une dizaine d'années environ, plus ou moins c'est selon, il pourrait tout aussi bien intéresser un lectorat beaucoup plus vaste.

PUBLICATIONS RÉCENTES
ET THÈSES SOUTENUES

Lorraine Albert
Université d'Ottawa

La section des livres comprend surtout les titres publiés en 1999 et ceux de 1998 qui n'ont pas été répertoriés dans le numéro 9 de *Francophonies d'Amérique*.

Notre liste inclut des thèses de maîtrise et de doctorat soutenues depuis 1997, car il nous est difficile d'avoir accès aux thèses de l'année courante. Nous serions d'ailleurs reconnaissants aux personnes qui voudraient bien nous faire parvenir les titres des thèses récentes soutenues à leur établissement ou ailleurs, dans les domaines qui intéressent cette revue.

Les titres précédés d'un astérisque font l'objet d'une recension dans les pages qui précèdent.

Nous tenons à remercier d'une façon toute particulière, cette année encore, Gilles Chiasson, bibliothécaire à l'Université de Moncton, de sa précieuse collaboration à la section de l'Acadie.

L'ACADIE (Gilles Chiasson, Université de Moncton)

AKNIN, Alain-Guy et Philippe CROCQ, *Acadie: patrie sans frontière...*, [s.l., s.n.], 1999, 48 p. et 2 CD.

ARSENAULT, Georges, *The Island Acadians, 1720-1980*, translated by Sally Ross, Charlottetown (Î.-P.-É.), Ragweed, 1999, 296 p.

ARSENAULT, Marie-Anne et Alice RICHARD, *Échos du passé: recueil d'histoires orales*, [Abram Village (Î.-P.-É.)], Coopérative d'artisanat d'Abram-Village, 1998, 309 p.

BABINEAU, Jean, *Gite: roman*, Moncton, Éditions Perce-Neige, «Prose», 1998, 124 p.

BASQUE, Maurice, Nicole BARRIEAU et Stéphanie CÔTÉ, *L'Acadie de l'Atlantique*, Moncton, Centre d'études acadiennes, Université de Moncton, «Francophonies», 1999, 146 p.

Albert

BEAUDIN, Maurice (dir.), *La Région économique de l'Île-du-Prince-Édouard*, Moncton, Institut canadien de recherche sur le développement régional, «Maritimes», 1998, 152 p.

BEAUDIN, Maurice (dir.), *La Région économique du nord-est du Nouveau-Brunswick*, Moncton, Institut de recherche sur le développement régional, «Maritimes», 1999, 150 p.

BÉRUBÉ, Sophie, *Le Chef-d'œuvre de lombrie: conte*, Moncton, Bouton d'or d'Acadie, «Météorite», 1999, 49 p.

BOUDREAU, Jules, *Chroniques d'une île de la côte*, Moncton, Éditions d'Acadie, 1999, 125 p.

BOUDREAU, Lorraine, *La Bicyclette rose: récit de l'aventure de 90 filles à vélo*, Saint-Alphonse-de-Granby (Québec), Éditions de la Paix, 1999, 110 p.

BOURDAGE, Jeanie *et al.*, *Rouge*, Moncton, Département de théâtre, Université de Moncton, 1998, 69 p.

BOURGET, Édith, *Une terre bascule: textes poétiques et quelques tableaux*, Tracadie-Sheila (N.-B.), Éditions de la Grande Marée, 1999, 191 p.

BRAUD, Gérard-Marc, *Les Acadiens en France: Nantes et Paimbœuf, 1775-1785: approche généalogique*, Nantes, Ouest-Éditions, 1999, 302 p.

BRUN, Christian, *Hucher parmi les bombardes: poésie*, Moncton, Éditions Perce-Neige, «Poésie», 1998, 94 p.

BRUN, Régis, *L'Acadie sur l'empremier et aujourd'hui / Acadia Past and Present: Ouvrage réalisé dans le cadre de l'exposition «Hale-toi une bûche» — Une expression d'Acadie*, Moncton, Centre d'études acadiennes, Université de Moncton, 1999, 114 p.

BRUN, Régis, *Les Acadiens à Moncton: un siècle et demi de présence française au Coude*, Moncton, Régis Brun, 1999, 255 p.

CHIASSON, Anselme, *Chéticamp: History and Acadian Traditions*, translation by Jean Doris LeBlanc, Wreck Cove (N.-É.), Breton Books, 1998, 275 p.

CHIASSON, Herménégilde, *Climates*, translated by Jo-Anne Elder and Fred Cogswell, Fredericton, Goose Lane Editions, 1999, 119 p.

CHIASSON, Herménégilde, *«Il n'y a pas de limites»: l'œuvre d'Herménégilde Chiasson / "There are no Limits": The Work of Herménégilde Chiasson*, Charlottetown, Galerie et musée d'art du centre de la confédération / Confederation Centre Art Gallery and Museum, 1999, 175 p.

CLIFTON, Deborah J., *À cette heure, la louve*, Moncton, Éditions Perce-Neige, «Acadie tropicale», 1999, 70 p.

CORMIER, Yves, *Dictionnaire du français acadien*, Montréal, Fides, 1999, 440 p.

214

COUTURIER, Gracia, *Je regardais Rebecca*, Moncton, Éditions d'Acadie, 1999, 284 p.

*COUTURIER, Jacques Paul, *Construire un savoir: l'enseignement supérieur au Madawaska, 1946-1974*, Moncton, Éditions d'Acadie, 1999, 338 p.

DAIGLE, Nicole, *Cristalo sur la dune de Kouchibouguac*, Moncton, Bouton d'or d'Acadie, « AmiSoleil », n° 1, 1999, 69 p.

*DALLAIRE, Patrice, *Regard sur l'Acadie et ses rapports avec le Québec: essai*, Moncton, Éditions d'Acadie, 1999, 219 p.

DESJARDINS, Georgette, *Les Religieuses hospitalières de Saint-Joseph au Madawaska, 1873-1973*, Cap-Saint-Ignace (Québec), La Plume d'Oie, 1998, 294 p.

DESJARDINS, Gérard, *Le Madawaska raconté par le Moniteur Acadien, 1867-1926*, Dieppe (N.-B.), Gérard Desjardins, 1999, 655 p.

DESROCHES, Aurore, *Belleprée*, Cocagne (N.-B.), Éditions Belleprée, 1999, 178 p.

DUGAS, Daniel, *La Limite élastique: poésie*, Moncton, Éditions Perce-Neige, « Poésie », 1998, 84 p.

DUPONT, Jean-Claude, *Les Trésors cachés: Québec et Acadie*, Sainte-Foy (Québec), Éditions J.-C. Dupont, 1999, 179 p.

ENGUEHARD, Françoise, *Litanies de l'Île-aux-Chiens: roman*, Moncton, Éditions d'Acadie, 1999, 354 p.

La Famille Cormier / Descendants of Robert Cormier, 1610-1999, [s.l.], The La Famille Cormier Genealogy Committee, 1999, 371 p.

FISHER, George (photographe), *Le Littoral acadien du Nouveau-Brunswick*, Halifax, Nimbus Publishing, 1999, 53 p.

GALLANT, Hélène, *Une journée aux régates*, Moncton, Éditions d'Acadie, 1999, 24 p.

GALLANT, Hélène, *Quand les patins boudent*, Moncton, Éditions d'Acadie, 1999, 24 p.

GALLANT, Hélène, *Les Trésors de la plage*, Moncton, Éditions d'Acadie, 1999, 24 p.

GALLANT, Hélène, *Les Vêtements d'Éric*, Moncton, Éditions d'Acadie, 1999, 24 p.

GAUDET, André, *Que signifient les noms indiens de ces villes et villages des provinces maritimes?*, Tracadie-Sheila (N.-B.), Éditions de la Grande Marée, 1998, 82 p.

GAUDET, Oswald, *Grain de sable : historique de Cap-Binet*, [s.l., s.n., 1999], 99 p.

GILMORE, Rachna, *Un nuage sur l'île Rouge : roman jeunesse*, Moncton, Éditions d'Acadie, 1999, 134 p.

JEAN, Guy, *Terres frontalières au quotidien : poèmes*, Ripon (Québec), Écrits des Hautes-Terres, «Cimes», 1999, 98 p.

JENH, Janet, *Acadian Descendants* (vol. XI) : *The Genealogy of Guillaume Hebert, Son of Emmanuel Hebert and Andree Brun*, [s.l., s.n.], 1999, 271 p.

LABELLE, Ronald (dir.), *État général des collections de folklore du Centre d'études acadiennes*, Moncton, Centre d'études acadiennes, Université de Moncton, 1998, 175 p.

LANDRY, Edmond D., *La Dernière Bataille : roman historique*, Tracadie-Sheila (N.-B.), Éditions de la Grande Marée, 1999, 195 p.

LEBLANC, Gérald et Claude BEAUSOLEIL, *La Poésie acadienne*, Moncton, Éditions Perce-Neige ; Trois-Rivières, Écrits des Forges, «Poésie», 1999, 213 p.

LEBLANC, René, *Derrière les embruns*, Moncton, Éditions d'Acadie, 1999, 355 p.

MAILLET, Antonine, *Chronique d'une sorcière de vent : roman*, Montréal, Leméac, 1999, 284 p.

MAILLET, Antonine, *Les Cordes-de-bois*, Paris, Grasset, «Les Cahiers Rouges», n° 280, 1999, 252 p.

MOULAISON, Glenn *et al.*, *Les abeilles pilottent : mélanges offerts à René LeBlanc*, Pointe-de-l'Église (N.-É.), Revue de l'Université Ste-Anne, 1998, 353 p.

NAUD, Chantal, *Dictionnaire des régionalismes du français parlé des Îles-de-la-Madeleine*, L'Étang-du-Nord (Iles-de-la-Madeleine), Éditions Vignaud, 1999, 310 p.

PAQUETTE, Denise, *Une couleur pour la maison*, Moncton, Éditions d'Acadie, 1999, 24 p.

PAQUETTE, Denise, *De la neige pour Noël*, Moncton, Éditions d'Acadie, 1999, 24 p.

PAQUETTE, Denise, *Des graines rouges pour grand-maman*, Moncton, Éditions d'Acadie, 1999, 24 p.

PAQUETTE, Denise, *Gribouillis barbares : roman*, Moncton, Bouton d'or d'Acadie, «Météore roman», 1998, 87 p.

PAQUETTE, Denise, *Rosie*, Moncton, Éditions d'Acadie, 1999, 24 p.

PARATTE, Henri-Dominique, *Acadians*, revised and expanded edition, Halifax, Nimbus Publishing, «Peoples of the Maritimes», 1998, 225 p.

PERRON, René, *Acadie: recherche des promoteurs et recruteurs en France: Seine-et-Marne et Loiret: articles divers permettant de compléter les écrits antérieurs de nos brochures ETA, ST1, ST2, ST3, ST4, ST5; suite n° 6 et annexes*, [s.l.], Les Amitiés acadiennes, 1999, 114 p.

PROTEAU, Lorenzo, *Parlure acadienne*, Boucherville (Québec), Éditions des Amitiés franco-québécoises, 1999, 348 p.

Recueil de mémoires: j'ai de quoi à vous dire: 15 écrivains aîné.e.s de la Nouvelle-Écosse partagent leurs plus précieuses histoires, Halifax, Regroupement des aîné.e.s de la Nouvelle-Écosse, 1998, 42 p.

ROY, Camilien, *Première pluie: roman*, Moncton, Éditions Perce-Neige, «Prose», 1999, 226 p.

ROY, Christian, *Pile ou face à la vitesse de la lumière: poésie*, Moncton, Éditions Perce-Neige, 1999, 96 p.

SAVOIE, Jacques, *Un train de glace: roman*, Montréal, La Courte Échelle, «Roman 16/96», n° 10, 1998, 220 p.

SNOW, Claude, *La Dé-McKennisation*, Caraquet (N.-B.), Claude Snow, 1999, 64 p.

SURETTE, Paul, *Le Grand-Petcoudiac à mi-siècle, 1828 à 1872*. T. I: *1828 à 1861*, Dieppe (N.-B.), Ville de Dieppe, «Histoire des Trois-Rivières», vol. 4, 1998, 303 p.

THIBODEAU, Serge-Patrice, *La Disgrâce de l'humanité: essai sur la torture*, Montréal, VLB Éditeur, «Partis pris actuels», 1999, 194 p.

THURSTON, Harry, *D'une rive à l'autre: l'histoire du pont de la Confédération*, traduction de Josée Demers Beaudet, photographies de Wayne Barrett et Anne MacKay, Halifax, Nimbus Publishing, 1999, 47 p.

VIAU, Robert, *Les Visages d'Évangéline: du poème au mythe*, Beauport (Québec), MNH, 1998, 192 p.

WHITE, Stephen A., *Dictionnaire généalogique des familles acadiennes: première partie, 1636 à 1714*, Moncton, Centre d'études acadiennes, Université de Moncton, 1999, 2 vol.

L'ONTARIO

ANGUS, Charlie, *Les Cathédrales industrielles du Nord: beau livre*, textes de Charlie Angus, photographies de Louie Palu, traduction de Marguerite Andersen, Sudbury, Prise de parole; Toronto, Between the Lines, 1999, 92 p.

ATWOOD, Margaret, *Le Cercle vicieux: poésie*, traduction de Anick de Repentigny, présentation de Pierre Nepveu, Sudbury, Prise de parole, 1999, 164 p.

BEAULAC, Guy, *Nord-Sud : poèmes*, Orléans (Ontario), Éditions David, 1999, 114 p.

BRETON, Yves, *Les Chasseurs de continents : La Vérendrye et fils : roman historique*, Vanier (Ontario), Éditions L'Interligne, «Paysages», 1999, 148 p.

Cahiers Éthier Blais, Ottawa/Hearst, Le Nordir, vol. 2, automne 1999 (Annuel).

CAZABON, Benoît, Sylvie LAFORTUNE et Julie BOISSONNEAULT, *La Pédagogie du français langue maternelle et l'hétérogénéité linguistique*, Québec, Centre international de recherche en aménagement linguistique, 1998, 379 p.

CHAMBERLAND, François-Xavier, *L'Ontario se raconte : de A à Z : entrevues radiophoniques reclassées et présentées*, Toronto, Éditions du Gref, «Dont actes», n° 19, 1999, 617 p.

CHAMPEAU, Nicole V., *Dans les pas de la louve : poèmes*, Ripon (Québec), Écrits des Hautes-Terres, «Cimes», 1999, 130 p.

CHAMPEAU, Nicole V., *Mémoire des villages engloutis : la voie maritime du Saint-Laurent de Mille Roches aux Mille-Îles*, Ottawa, Éditions du Vermillon, «Visages», n° 8, 1999, 183 p.

CHRISTENSEN, Andrée et Jacques FLAMAND, *Lithochronos ou le premier vol de la pierre : autour de quinze photographies d'Andrée Christensen*, Ottawa, Éditions du Vermillon, «Rameau du ciel», n° 25, 1999, 102 p.

CORMIER, Pierre-Paul, *L'Épouvanté : poèmes*, Ottawa/Hearst, Le Nordir, «Poésie», 1999, 64 p.

CRÉPEAU, Pierre, *Kami, mémoires d'une bergère teutonne*, Orléans (Ontario), Éditions David, 1999, 241 p.

DALLAIRE, Michel, *Le Pays intime : poésie*, Sudbury, Prise de parole, 1999, 85 p. (un livre et un disque compact).

*DALPÉ, Jean Marc, *Il n'y a que l'amour : théâtre et pages choisies*, Sudbury, Prise de parole, 1999, 278 p.

DALPÉ, Jean Marc, *Un vent se lève qui éparpille : roman*, Sudbury, Prise de parole, 1999, 189 p.

DEMERS, Mylaine, *Délivrances : roman*, Réédition format poche, Vanier (Ontario), Éditions L'Interligne, 1999, 178 p.

DEMERS, Mylaine, *Mon père, je m'accuse : roman*, Réédition, Vanier (Ontario), Éditions L'Interligne, 1998, 220 p.

DESBIENS, Patrice, *Effet de la pluie poussée par le vent sur les bâtiments : prose poétique*, Outremont (Québec), Lanctôt Éditeur, 1999, 62 p.

DESBIENS, Patrice et René LUSSIER, *Patrice Desbiens et les moyens du bord*, Sudbury, Prise de parole, 1999, 34 p. (livret de poèmes et disque compact).

DESBIENS, Patrice, *Rouleaux de printemps : poésie*, Sudbury, Prise de parole, 1999, 96 p.

DONOVAN, Marie-Andrée, *Mademoiselle Cassie : récit*, Orléans (Ontario), Éditions David, 1999, 136 p.

DORÉ, Martin et Jean-Pierre DUQUETTE (dir.), *Jean-Éthier Blais : dictionnaire de lui-même : essais sur l'œuvre*, Montréal, Fides, 1998, 324 p.

DOUCET, Paule et Jean-Pierre CLOUTIER (dir.), *Un guide d'exposition locale*, Ottawa, Regroupement des organismes du patrimoine franco-ontarien, 1998, 67 p.

DUBÉ, Jean-Eudes, *Beaurivage*. T. II : *L'Affaire MacTavish : roman*, Ottawa, Éditions du Vermillon, «Romans», 1998, 196 p.

DUHAIME, André (dir.), *Haïku sans frontières : une anthologie mondiale*, précédée de *La Face cachée de la vie d'Alain Kervern* et de *Tourner avec la terre de Ryu Yotsuya*, Orléans (Ontario), Éditions David, 1998, 444 p.

DUHAIME, André et Carole LEBEL, *De l'un à l'autre : poèmes haïku*, Illustrations de Gernot Nebel, Orléans (Ontario), Éditions David, 1999, 80 p.

FAHMY, Jean Mohsen, *Amina et le mamelouk blanc : roman historique*, [Nouvelle édition qui est une réimpression], Ottawa, Éditions L'Interligne, 1999, 450 p.

GAUTHIER-BOUCHER, Luc, *Irréversible instant de la guillotine : roman*, Ottawa/Hearst, Le Nordir, 1999, 184 p.

GEORGES, Geneviève, *L'Oiseau et le Diamant : roman*, Ottawa, Éditions du Vermillon, «Roman», 1999, 134 p.

GILBERT, Anne, *Espaces franco-ontariens : essai*, Ottawa/Hearst, Le Nordir, 1999, 200 p.

GROSMAIRE, Jean-Louis, *Les Petites Mains : enfants du Mexique : récit*, Ottawa, Éditions du Vermillon, «Visages», n° 9, 1999, 93 p.

GUILMAIN, Claude, *L'Égoïste : théâtre*, Sudbury, Prise de parole, 1999, 92 p.

HERBIET, Jean, *Huit promenades sur les plaines d'Abraham : pièce de théâtre en un acte*, Montréal, Elaeis, «Acta fabula», 1999, 130 p.

HERBIET, Jean, *Ti-Jean-Jean et le soleil : nouvelles*, Montréal, Elaeis, «Presque songe», 1999, 104 p.

HERBIET, Jean, *Le Vieil Arbre et l'Alouette* suivi de *Émile, l'homme qui n'aimait pas*, Montréal, Elaeis, «Presque songe», 1999, 76 p.

LABRIE, Normand et Gilles FORLOT (dir.), *L'Enjeu de la langue en Ontario français : essai*, Sudbury, Prise de parole, 1999, 270 p.

LACOMBE, Gilles, *Le Brouillard au-dessus de la douceur: poèmes*, Orléans (Ontario), Éditions David, 1999, 122 p.

LACOMBE, Gilles, *Les Petites Heures qui s'avancent en riant: poésie*, Orléans (Ontario), Éditions David, 1998, 92 p.

LALONDE, Lucie, *Icônes: poèmes*, Orléans (Ontario), Éditions David, 1999, 154 p.

LAMONTAGNE, Léopold, *Mes travaux et mes jours: mémoires*, Gloucester (Ontario), Éditions Lamontagne; Vanier (Ontario), Éditions L'Interligne, 1999, 384 p.

*LEGAULT, Myriam, *À la mauvaise herbe: poésie*, Sudbury, Prise de parole, 1999, 66 p.

LÉON, Pierre, *Les Rognons du chat: nouvelles*, Vanier (Ontario), Éditions L'Interligne, «Vertiges», 1999, 168 p.

*LEROUX, Patrick (dir.), *Contes urbains: Ottawa*, Avec cinq détails d'une peinture murale de David Cation, Ottawa/Heasrt, Le Nordir, 1999, 66 p.

LEROUX, Patrick *et al.*, *Contes d'appartenance*, Sudbury, Prise de parole, 1999, 72 p.

LÉVESQUE, Marie-Josée et Lucie PAGÉ (dir.), *Répertoire numérique des versements 31 à 54 du Fonds Association canadienne-française de l'Ontario*, Ottawa, Centre de recherche en civilisation canadienne-française, Université d'Ottawa, «Documents de travail du CRCCF», n° 40, 1999, 408 p.

OUELLETTE, Michel, *Dernière fugue* suivie de *Duel* et de *King Edward: théâtre*, Ottawa/Hearst, Le Nordir, 1999, 164 p.

OUELLETTE, Michel, *Tombeaux: roman*, Vanier (Ontario), Éditions L'Interligne, «Vertiges», 1999, 124 p.

*PARADIS, Daniel, *Le Feu sur la lune (et autres histoires)*, Ottawa/Hearst, Le Nordir, 1999, 148 p.

PERRON, Camille, *P'tit rien-tout-neu' et autres contes de Noël: contes*, Sudbury, Prise de parole, 1998, 92 p. (accompagné d'un disque compact double).

POLIQUIN, Daniel, *L'Écureuil noir: roman*, 2e éd., Montréal, Boréal, «Boréal compact» n° 104, 1999, 198 p.

POLIQUIN, Daniel, *Obomsawin: roman*, Nouvelle édition en format de poche, Montréal, Bibliothèque québécoise, «BQ», 1999, 186 p.

POLIQUIN, Daniel, *The Straw Man*, Translated by Wayne Grady, Toronto, Douglas & McIntyre, 1999.

POULIN, Gabrielle, *Un cri trop grand*, 2e édition révisée, Ottawa, Éditions du Vermillon, 1999, 233 p.

PRUD'HOMME, Paul, *Aventures de Restovite II, Guylaine en péril: roman*, Ottawa, Éditions du Vermillon, «Romans, Série Jeunesse», 1999, 124 p.

PSENAK, Stefan, *Les Champs de boue: pièce de théâtre*, Ottawa/Hearst, Le Nordir, 1999, 70 p.

SAVOIE, Paul, *À tue-tête: récit*, Vanier (Ontario), Éditions L'Interligne, «Vertiges», 1999, 180 p.

SOMAIN, Jean-François, *Un baobab rouge: roman*, Ottawa, Éditions du Vermillon, 1999.

SOMAIN, Jean-François, *Le Fleuve des grands rêves: roman*, Ottawa, Éditions du Vermillon, «L'Aventure», 1999, 268 p.

SOMAIN, Jean-François, *La Main du temps: roman*, Ottawa, Éditions du Vermillon, «L'Aventure», 1998, 216 p.

TESSIER, Sylvie, *Biscuit dans la Galaxie: conte*, Illustrations en couleurs de Lucie Lavallée, Ottawa, Éditions du Vermillon, 1999, 24 p.

THÉRIEN, Michel, *Fleuves de mica: poèmes*, Orléans (Ontario), Éditions David, 1998, 120 p.

VOLDENG, Évelyne, *Moi Ève Sophie Marie: récit*, Ottawa/Hearst, Le Nordir, 1999, 165 p.

L'OUEST CANADIEN

*AMMANN, René, *La Bouteille mauve*, Saint-Boniface, Éditions du Blé, 1998, 94 p.

BEAUDET, Marie-Andrée (dir.), *Bonheur d'occasion au pluriel: lectures et approches critiques*, Québec, Éditions Nota Bene, «Séminaires», n° 10, 1999, 264 p.

BROCHU, André, *Une étude de Bonheur d'occasion de Gabrielle Roy*, Montréal, Boréal, «Les classiques québécois expliqués», n° 7, 1998, 110 p.

*FISET, Louise, *Soul pleureur: poésie*, Saint-Boniface, Éditions du Blé, 1998, 54 p.

GABOURY-DIALLO, Lise, *Subliminales: poésie*, Saint-Boniface, Éditions du Blé, 1999, 68 p.

GAREAU, Laurier, *La Trahison / The Betrayal [One-act play]*, Regina, La Nouvelle Lune, 1998, 88 p.

HUSTON, Nancy, *L'Empreinte de l'ange*, Paris, Libris éditions, «Grand caractère», 1999, 272 p.

HUSTON, Nancy, *Histoire d'Omaya*, Arles (Bouches-du-Rhône), Actes Sud, «Babel», n° 338, 1998, 203 p.

Albert

HUSTON, Nancy, *Instruments des ténèbres*, Paris, J'ai lu, «J'ai lu», n° 5276, 1999.

HUSTON, Nancy, *The Mark of the Angel*, Translation of *L'Empreinte de l'ange*, Toronto, McArthur & Co., 1999, 222 p.

HUSTON, Nancy, *Prodige: monologues*, Arles (Bouches-du-Rhône), Actes Sud; Montréal, Leméac, «Un endroit où aller», n° 64, 1999, 171 p.

HUSTON, Nancy, *Les Souliers d'or*, Paris, Gallimard Jeunesse, «Page blanche», 1998, 48 p.

HUSTON, Nancy, *Tombeau de Romain Gary*, Arles (Bouches-du-Rhône), Actes Sud, «Babel», n° 363, 1999, 107 p.

HUSTON, Nancy, *Trois fois septembre*, Arles (Bouches-du-Rhône), Actes Sud, «Babel», n° 388, 1999, 176 p.

*LÉVEILLÉ, J.-R., *Les Éditions du Blé: 25 ans d'édition*, Saint-Boniface, Éditions du Blé, 1999.

*LÉVEILLÉ, J.-R., *Pièces à conviction*, Saint-Boniface, Ink, 1999, 46 p.

PAINCHAUD, André, *Bonheur d'occasion de Gabrielle Roy*, Montréal, Hurtubise HMH, 1998, 96 p.

RICARD, François, *Gabrielle Roy: A Life*, Translated by Patricia Claxton, Toronto, M & S, 1999, 600 p.

ROY, Gabrielle, *Ma chère petite sœur: lettres à Bernadette, 1943-1970*, Édition préparée par François Ricard, Dominique Fortier et Jane Everett, 2e éd., Montréal, Boréal, «Cahiers Gabrielle Roy», 1999.

ROY, Gabrielle, *Le Temps qui m'a manqué*, Édition préparée par François Ricard, Dominique Fortier et Jane Everett, Montréal, Boréal, «Boréal compact», n° 100, 1999, 106 p.

TASCONA, Tony, *Dess(e)ins / dessins*, Tony Tascona; Textes, J.R. Léveillé, Introduction, Denise Préfontaine; *Drawings / Drawings*, Tony Tascona; Text, J.R. Léveillé, Introduction, Denise Préfontaine, Saint-Boniface, Ink, 1999, 44 p.

TOUSSAINT, Ismène, *Chemins secrets de Gabrielle Roy: témoins d'occasions*, Montréal, Stanké, 1999, 292 p.

LES ÉTATS-UNIS

LE MÉNESTREL, Sara, *La Voie des Cadiens: tourisme et identité en Louisiane*, Paris, Belin, «Cultures américaines», «Histoire et société», 1999, 430 p.

RICHARD, Zachary, *Conte cajun: l'histoire de Télesphore et de 'Tit Edvard*, Illustrations de Sarah Lattès, Montréal, Les Intouchables, 1999, 50 p.

GÉNÉRAL

BEAUDET, Marie-Andrée (dir.), *Échanges culturels entre les deux solitudes: culture française d'Amérique*, Sainte-Foy, Presses de l'Université Laval, «Culture française d'Amérique», 1999, 220 p.

BIRON, Michel et Corinne LAROCHELLE, *Les Revues littéraires de langue française du Québec et du Canada des origines à 1995: essai de répertoire*, Montréal, Département d'études littéraires, Université du Québec à Montréal, 1999, 93 p.

BOUCHON, Jean-Paul, Alain QUELLA-VILLÉGER et Dominique-Anne VILLÉGER, *Québec-Acadie: rêves d'Amérique: romans et nouvelles*, Paris, Omnibus, 1998, 1052 p.

CANTIN, Pierre et René DIONNE, *Bibliographie de la critique de la littérature française et étrangère dans les revues canadiennes (1760-1899)*, Vanier (Ontario), Éditions L'Interligne, 1999.

CHIASSON, Herménégilde et Pierre-Raphaël PELLETIER, *Pour une culture de l'injure: essai*, Ottawa/Hearst, Le Nordir, 1999, 101 p.

CODERRE, Cécile, Ann DENIS et Caroline ANDREW, *Femmes de carrières, carrières de femmes: étude des trajectoires familiales, scolaires et professionnelles de gestionnaires québécoises et ontariennes*, Ottawa, Presses de l'Université d'Ottawa, «Études des femmes», 1999.

CONDÉ, Maryse et Lise GAUVIN (dir.), *Nouvelles d'Amérique: nouvelles*, Montréal, Hexagone, «Fictions», 1998, 182 p.

DAGENAIS, Huguette (dir.), *Pluralité et convergences: la recherche féministe dans la francophonie*, Montréal, Remue-Ménage, «Itinéraires féministes», 1999, 532 p.

DICKSON, Robert, Annette RIBORDY et Micheline TREMBLAY (dir.), *Toutes les photos finissent-elles par se ressembler?* Actes du Forum sur la situation des arts au Canada français, Sudbury, Prise de parole, 1999, 388 p.

GAULIN, Michel et Pierre-Louis VAILLANCOURT (dir.), *L'Aventure des lettres: pour Roger Le Moine*, Orléans (Ontario), Éditions David, 1999, 226 p.

GRISÉ, Yolande et Jeanne d'Arc LORTIE, avec la collaboration de Pierre SAVARD et Paul WYCZYNSKI, *Les Textes poétiques du Canada français, 1606-1867*. Vol. 11: *1865-1866*, Édition intégrale, Montréal, Fides, 1999, 875 p.

*HURTUBISE, Pierre, Luca CODIGNOLA et Fernand HARVEY (dir.), *L'Amérique du Nord française dans les archives religieuses de Rome, 1600-1922: guide de recherche*, Québec, Éditions de l'IQRC, 1999, 202 p.

LE MOINE, Roger et Jules TESSIER (dir.), *Relecture de l'œuvre de Félix-Antoine Savard*, Montréal, Fides, 1999, 192 p.

LEROUX, Patrick (dir.), *Contes d'appartenance: théâtre*, Textes de Manon Beaudoin, Yvan Bienvenue, Herménégilde Chiasson, Patrick Leroux, Jean-Marc Dalpé et Marc Prescott, Sudbury, Prise de parole, 1999, 72 p.

LINTVELT, Jaap *et al.* (dir.), *Roman contemporain et identité culturelle en Amérique du Nord / Contemporary Fiction and Cultural Identity in North America*, Québec, Éditions Nota Bene, «Littérature(s)», 1998, 364 p.

MAJOR, Robert, *Convoyages: essai critique*, Orléans (Ontario), Éditions David, 1999, 356 p.

MARTEL, Marcel et Robert CHOQUETTE (dir.), *L'Université et la Francophonie*, Ottawa, Centre de recherche en civilisation canadienne-française, Université d'Ottawa, 1999, 311 p.

TESSIER, Jules, *Concordance synoptique de Menaud, maître-draveur de Félix-Antoine Savard*, Ottawa, Centre de recherche en civilisation canadienne-française, Université d'Ottawa, 1999, 400 p.

THÉRIAULT, Joseph-Yvon (dir.), *Francophones minoritaires au Canada: l'état des lieux*, Moncton, Éditons d'Acadie, 1999, 578 p.

WADDELL, Eric (dir.), *Dialogue avec les cultures minoritaires*, Sainte-Foy (Québec), Presses de l'Université Laval, «Culture française d'Amérique», 1999, 246 p.

THÈSES

ANDRON, Marie-Pierre, «Le thème du corps dans les romans de Gabrielle Roy», Ph. D., Université Michel de Montaigne, Bordeaux, 1999, 2 vol. (500 p.)

BURNETT, Wendy Janice Park, «Une comparaison du parler populaire dans l'œuvre de Molière et dans celle de Marivaux, avec le français acadien traditionnel», M. A., Université de Moncton, 1997, 152 p.

CHERAMIE, David John, «Paroles gelées, Panurge et la gente géante: l'intertextualité rabelaisienne dans l'œuvre d'Antonine Maillet», Ph. D., University of Southwestern Louisiana, 1999, 139 p.

CHERAMIE, Deany Marie, «Cajun Vernacular English and the Influence of Vernacular on Student Writing in South Louisiana», Ph. D., University of Southwestern Louisiana, 1998, 172 p.

CLELAND, Jennifer, «Cajun Carnival: American Myths and Radical Roots», Ph. D., Cornell University, 1999, 142 p.

DESCOMBES, Abigail, «Les écritures de la nation: la question de la littérature nationale selon Saint-Denys Garneau, Jacques Ferron et Nancy Huston», M. A., Université de Montréal, 1998.

DEWITT, Mark Frederick, «The Cajun and Zydeco Music and Dance Scene in Northern California: Ethnicity, Authenticity, and Leisure», Ph. D., University of California, Berkeley, 1998, 364 p.

FONTENOT, Nicole Denée, «Twentieth-Century Cajun Women: Agents of Cultural Preservation», M. A., University of Southern Louisiana, 1999, 121 p.

GAUTHIER FROHLICK, Denise Marie Nicole, «Conscience de l'analphabète francophone: analyse qualitative», M. A., Université Laurentienne de Sudbury, 1997, 62 p.

LAHAIE, Ulysses David, «The Experience of Hospitalization of Adult Franco-Manitobans», M. A., University of Manitoba, 1998, 178 p.

LEPAGE, Renée, «Essai d'une poétique de l'interprétation: *"1953: Chronique d'une naissance annoncée"* de France Daigle», M. A., Queen's University, Kingston, 1997, 48 p.

MARCIL, Jeffrey, «"Les nôtres": Franco-Américains, Canadiens-français hors-Québec et Acadiens dans la grande presse montréalaise de langue française, 1905-1906», M. A., Université d'Ottawa, 1998, 158 p.

MARCOTTE, Sophie, «Le récit d'enfance dans l'écriture autobiographique de Gabrielle Roy», M. A., McGill University, 1997.

OISHI, Taro, «A Structure of Ethnic Culture Region: A Case Study of the Acadian, Francophone in New Brunswick», M. A., Tokyo Gakugei University, Japan, 1999, 149 p.

ONEBANE, Donna McGee, «Voices of Pointe Noire: A Study of Place and Identity», Ph. D., University of Southwestern Louisiana, 1999, 252 p.

PELLAND, Roland Guy, «Mort et renaissance dans la poésie néo-nationaliste acadienne de 1970 à 1980», M. A., Université de Moncton, 1997, 101 p.

PILOTE, Annie, «École, démocratie et identité: le cas de l'école francophone au Nouveau-Brunswick», M.A., Université d'Ottawa, 1998, 162 p.

RICHARD, Chantal Georgette, «"Poèmes acadiens" de Napoléon- P. Landry: édition critique», M. A., Université de Moncton, 1998, 224 p.

ROCHE, Cindy Lynn, «French Canadian Adolescents in a Minority Milieu (Ontario)», M. A., Lakehead University, 1997, 156 p.

RODRIGUE, Martine, «Les Franco-Américains à Montréal au début du XXe siècle», M. A., Université du Québec à Montréal, 1998.

SHEA, Louise Gravel, «L'influence de la frontière canado-américaine sur la population de Grande-Rivière, Madawaska», M. A., Université Laval, 1999, 126 p.

INDEX DES DIX PREMIERS NUMÉROS DE
FRANCOPHONIES D'AMÉRIQUE

France Beauregard
Centre de recherche en civilisation canadienne-française
Université d'Ottawa

Index des articles par régions:
Acadie, Ontario, Ouest canadien, États-Unis,
Général – Amérique du Nord,
et par ordre alphabétique des auteurs

ACADIE

Abouelouafa, Mohamed
La quête initiatique comme lieu
d'écriture dans *Pélagie-la-Charrette*
d'Antonine Maillet et *La Prière
de l'absent* de Tahar Ben Jelloun
8, 1998, p. 113-118

Beaulieu, Gérard
Pour une histoire des relations
culturelles Québec-Acadie.
Note de recherche
9, 1999, p. 21-24

Belkhodja, Chedly
Entre la discorde et l'indifférence:
le Québec, le Nouveau-Brunswick
et la Francophonie internationale
9, 1999, p. 7-20

Boucher, Monique
Éros contre Thanatos: l'imaginaire
acadien dans le journal *L'Évangéline*
(1887-1920)
2, 1992, p. 25-36

Bourque, Denis
Don l'Orignal et *Les Crasseux*
d'Antonine Maillet: victoire et échec
du nationalisme acadien
2, 1992, p. 47-56

Bourque, Denis
La Veuve enragée lue comme une
transposition de la conscience
collective de l'intelligentsia acadienne
des années 1960 et 1970
1, 1991, p. 63-72

Bourque, Denis
Quand la fête «tourne mal»:
carnavalesque et crise sacrificielle

dans *Raconte-moi Massabielle* de
Jacques Savoie
6, 1996, p. 21-32

Brown, Anne
Zélica à Cochon Vert de Laurier
Melanson ou le carnavalesque
en Acadie
4, 1994, p. 63-78

Chiasson, Herménégilde
Portraits d'auteurs:
Herménégilde Chiasson de l'Acadie
et Andrée Lacelle de l'Ontario
8, 1998, p. 161-187

Chiasson, Herménégilde
Mourir est un jeu d'enfant
10, 2000, p. 167-174

Crombie, James
Pourquoi être francophone en
Nouvelle-Écosse, et comment?
3, 1993, p. 113-128

Deschênes, Donald
Portrait d'auteur: Anselme Chiasson
3, 1993, p. 147-154

Finney, James de et Jean Morency
La représentation de l'espace
dans les œuvres de Gabrielle Roy
et d'Antonine Maillet
8, 1998, p. 5-22

Levasseur, Jean
Portrait d'auteur: Jacques Savoie
De Moncton à Montréal
9, 1999, p. 41-48

Lord, Marie-Linda
Cet *Autre* est aussi un minoritaire.
Lecture comparée du rapport
d'altérité entre Acadiens et Irlandais

chez Antonine Maillet et David
Adams Richards
10, 2000, p. 127-135

Migneault, Gaétan
Le droit international et le dilemme
des francophonies minoritaires et
majoritaire au Canada
9, 1999, p. 25-40

Morency, Jean et James de Finney
La représentation de l'espace
dans les œuvres de Gabrielle Roy
et d'Antonine Maillet
8, 1998, p. 5-22

Moulaison, Glenn
Le néo-nationalisme acadien
«à l'heure actuelle» ou la question
du savoir en Acadie
6, 1996, p. 7-20

Navarro Pardinas, Blanca
La séduction des origines dans
quelques romans de Claude
LeBouthillier
6, 1996, p. 33-38

Paratte, Henri-Dominique
Entre tradition et modernité,
nationalisme et ouverture:
Jura-Acadie, réflexions 1997
8, 1998, p. 39-52

Paré, François
La chatte et la toupie: écriture
féminine et communauté en Acadie
7, 1997, p. 115-126

Péronnet, Louise
L'apport de la tradition orale
à la description linguistique
5, 1995, p. 37-44

Péronnet, Louise
Le changement linguistique
en Acadie: étude lexicale
4, 1994, p. 45-56

Perron, Judith
La fête populaire, théâtre des enjeux
politiques en Acadie (1885-1910)
2, 1992, p. 37-46

Renaud, Aldéo
L'assimilation chez les jeunes
francophones du Nouveau-Brunswick
1, 1991, p. 73-84

Richard, Ginette et Karen Flikeid
La baie Sainte-Marie et l'île Madame
(Nouvelle-Écosse): comparaison
phonétique entre deux variétés
acadiennes
3, 1993, p. 129-148

Sing, Pamela V.
Jouissance et écriture ou la différence
au féminin: *Madeleine ou la Rivière au
printemps* de Simone Leblanc Rainville
7, 1997, p. 127-140

ONTARIO

Adam, Dyane et Anita Pelletier
Vers une promotion stratégique
et communautaire des études
postsecondaires chez les
Franco-Ontariennes
2, 1992, p. 65-74

Bélanger, Georges
Camille Perron, néo-conteur
franco-ontarien
5, 1995, p. 59-66

Bélanger, Georges
La collection «Les vieux m'ont conté»
du père Germain Lemieux, s.j.
1, 1991, p. 35-42

Bélanger, Georges
PORTRAIT D'AUTEUR: Patrice Desbiens
2, 1992, p. 94-100

Bélanger, Pierre C. et Stéphanie
Dansereau
Environnements scolaire et familial
de jeunes Ontariens et incidences
sur le comportement télévisuel
6, 1996, p. 99-118

Bénéteau, Marcel
Identité régionale et appartenance
culturelle: la chanson folklorique
française du Sud-Ouest de l'Ontario
5, 1995, p. 67-76

Thomas, Alain
La prononciation du français
dans le Moyen-Nord ontarien
4, 1994, p. 5-12

Trudelle, Clermont et Pierre Fortier
Lever de rideau sur le théâtre français
amateur à Toronto
6, 1996, p. 119-128

Urbas, Jeannette
Au fil de la mémoire : trois Franco-
Ontariennes se racontent
7, 1997, p. 59-70

Voldeng, Évelyne
Le personnage du «joueur-de-tours»
dans les contes franco-ontariens
et du Maghreb
5, 1995, p. 77-84

Whitfield, Agnès
Douleur et désir, altérité et traduction :
réflexions d'une «autre» d'ici
10, 2000, p. 115-125

Yergeau, Robert
La poésie franco-ontarienne :
les lieux de la dépossession
1, 1991, p. 7-14

OUEST CANADIEN

Allaire, Gratien et Laurence Fedigan
Trois générations de Franco-
Albertains : recherche ethno-
historique sur le changement
linguistique et culturel
1, 1991, p. 111-120

Bergeron, Josée
Identité choisie, imposée, suggérée
9, 1999, p. 143-156

Cadrin, Gilles
Le père Émile Petitot et l'origine des
peuples d'Amérique : polygénisme ou
monogénisme
2, 1992, p. 139-150

Cadrin, Gilles et Paul Dubé
Traditions orales de Plamondon,
un village franco-albertain
5, 1995, p. 93-106

Couture, Claude
Fatalisme et individualisme : analyse
sociologique et comparative de *Jude
l'Obscur* et de *Tchipayuk*
6, 1996, p. 51-60

Couture, Claude
Hubert Guindon et l'analyse
du Canada français
2, 1992, p. 151-158

Dansereau, Estelle
Constructions de lecture : l'inscription
du narrataire dans les récits fictifs
d'Antonine Maillet et de Gabrielle Roy
9, 1999, p. 117-132

Dansereau, Estelle
«Contamination» linguistique
et textuelle : rencontre de l'autre
et renouvellement créateur
10, 2000, p. 149-158

Dansereau, Estelle
Des écrits journalistiques
d'imagination aux nouvelles
littéraires de Gabrielle Roy
2, 1992, p. 115-128

Denis, Claude
De coups de salauds et d'abandons :
la francophonie albertaine face
à la question nationale dans *Le Franco*,
1984-1997
9, 1999, p. 133-142

Dubé, Paul
PORTRAIT D'AUTEUR : J. Roger Léveillé
6, 1996, p. 75-84

Dubé, Paul
PORTRAIT D'AUTEUR : Marguerite Primeau
1, 1991, p. 125-132

Dubé, Paul et Gilles Cadrin
Traditions orales de Plamondon,
un village franco-albertain
5, 1995, p. 93-106

Fedigan, Laurence et Gratien Allaire
Trois générations de Franco-
Albertains : recherche ethno-
historique sur le changement
linguistique et culturel
1, 1991, p. 111-120

Sing, Pamela V.
La voix métisse dans le «roman de l'infidélité» chez Jacques Ferron, Nancy Huston et Marguerite-A. Primeau
8, 1998, p. 23-38

Wilhelm, Bernard
Réflexions sur la mise en valeur et la propagation de la littérature francophone de l'Ouest canadien
1, 1991, p. 121-124

ÉTATS-UNIS

Allain, Mathé
Le passé louisianais, création et recréation: la Révolution de 1768 vue par trois dramaturges
1, 1991, p. 145-166

Allain, Mathé
«Quatre hectares de passé»: la réinvention du passé dans la Louisiane contemporaine
8, 1998, p. 131-142

Amelinckx, Frans C.
Intersection France/Louisiane au XIXe siècle: la littérature populaire dans les récits et nouvelles de Michel Séligny
2, 1992, p. 169-182

Ancelet, Barry Jean
L'étude de la tradition orale franco-louisianaise
5, 1995, p. 145-152

Aubé, Mary Elizabeth
Canuck, nomade franco-américaine: persistance et transformation de l'imaginaire canadien-français
7, 1997, p. 163-176

Aubé, Mary Elizabeth et Yves Frenette
Le difficile accommodement: culture paysanne et changement socioculturel dans *Papa Martel*
2, 1992, p. 201-208

Barry, A. David
Ethnicité et humour: les Cadiens louisianais
2, 1992, p. 183-192

Beaulieu, Bertille
Affirmation de l'identité dans la littérature cadienne
6, 1996, p. 141-158

Brasseaux, Carl A.
Naissance et renaissance de la société acadienne louisianaise
1, 1991, p. 153-166

Brière, Éloïse
Les Franco-Américains de l'an 2000: la base de données franco-américaine; Senécal, Joseph-André
L'inventaire franco-américain: recherche en cours
5, 1995, p. 181-183

Brown, Becky
Une remise en cause de la situation linguistique de la Louisiane française
3, 1993, p. 171-180

Charbonneau, Louise et Cynthia A. Fox
Le français franco-américain: nouvelles perspectives sur les communautés linguistiques
8, 1998, p. 65-84

Charpentier, Érik
PORTRAIT D'AUTEUR: David Marcantel
4, 1994, p. 145-154

Chartier, Armand
Guide du chercheur en études franco-américaines
1, 1991, p. 167-168

Cowan, James L.
Les Créoles de couleur néo-orléanais et leur identité littéraire
8, 1998, p. 119-130

Fouchereaux, Jean
PORTRAIT D'AUTEUR: Jeanne Castille
Jeanne Castille. *In memoriam* 1910-1994
7, 1997, p. 199-204

Senécal, Joseph-André
L'inventaire franco-américain :
recherche en cours ;
Brière, Éloïse
Les Franco-Américains de l'an 2000 :
la base de données franco-américaine
5, 1995, p. 181-183

Silver, Susan K.
Le mariage et la mariée dans
les répertoires de cinq chanteuses
traditionnelles en Louisiane
3, 1993, p. 193-202

GÉNÉRAL – AMÉRIQUE DU NORD

Béland, Madeleine
PORTRAIT D'AUTEUR : Conrad Laforte
5, 1995, p. 209-216

Bergeron, Josée
Identité choisie, imposée, suggérée
9, 1999, p. 143-156

Bernier, Christiane et Simon Laflamme
Statut de la langue et relation
aux médias
8, 1998, p. 53-64

Boivin, Aurélien
Jos Violon, un vrai conteur populaire
au XIXe siècle
5, 1995, p. 189-208

Bouraoui, Hédi
Le mythe de l'orignalitude dans
la praxis réelle d'une francophonie
excentrée
10, 2000, p. 79-86

Choquette, Robert
L'Église québécoise et les Églises
de langue française du Canada
9, 1999, p. 169-182

Couture, Claude
La censure, *Le Confessionnal*
ou le stéréotype d'une société
traditionnelle « unique »
8, 1998, p. 153-160

Denis, Claude
La patrie et son nom. Essai sur ce
que veut dire le « Canada français »
6, 1996, p. 185-198

Dubé, Paul et Jules Tessier
Colloque 1999 : Les Francophonies
d'Amérique : altérité et métissage
9, 1999, p. 245-247

Gervais, Gaétan
Le Canada-Français : un phare
allumé sur mille citadelles
4, 1994, p. 157-170

Grutman, Rainier
Écriture bilingue et loyauté
linguistique
10, 2000, p. 137-147

Guillemette, Lucie
La dialectique nature-culture et le
discours féminin de la transgression
dans *Aurélien, Clara, Mademoiselle
et le Lieutenant anglais* d'Anne Hébert
7, 1997, p. 209-222

Harvey, Fernand
La double altérité du Québec
et l'Amérique française
10, 2000, p. 69-78

Lachapelle, Guy et Gilbert Gagné
L'américanité du Québec ou
le développement d'une identité
nord-américaine
10, 2000, p. 87-99

Lacelle, Andrée
Bilan du colloque : Francophonies
d'Amérique : altérité et métissage
10, 2000, p. 175-177

Laflamme, Simon et Christiane Bernier
Statut de la langue et relation
aux médias
8, 1998, p. 53-64

Lambert, José
De la mobilité des littératures
considérées dans leurs rapports
avec les sociétés
10, 2000, p. 23-41

Martel, Marcel
Les politiques gouvernementales
fédérale et québécoise à l'égard des
minorités francophones du Canada,
1960-1980
9, 1999, p. 199-208

Chabot, Grégoire
Un Jacques Cartier errant / Jacques Cartier Discovers America : trois pièces / Three Plays
Jules Tessier, **7**, 1997, p. 205-207

Chartier, Armand
Histoire des Franco-Américains
Jules Tessier, **2**, 1992, p. 227-230

Chartrand, Lina
La P'tite Miss Easter Seals
Bernard Lavoie, **2**, 1992, p. 113-114

Cheramie, David
Lait à mère
David Lonergan, **8**, 1998, p. 227-230

Chevrier, Bernard
Lionel Chevrier. Un homme de combat
Michèle Dagenais, **8**, 1998, p. 237-239

Chiasson, Anselme
Le diable Frigolet
Germain Lemieux, s.j., **3**, 1993, p. 155-158

Chiasson, Herménégilde
L'Exil d'Alexa
Josée Therrien, **5**, 1995, p. 49-50

Chiasson, Herménégilde
Existences
Françoise Tétu de Labsade, **3**, 1993, p. 163-165

Chiasson, Zénon, Raoul Boudreau, Anne Marie Robichaud et Pierre M. Gérin (dir.)
Mélanges Marguerite Maillet. Recueil de textes de création et d'articles sur la littérature, la langue et l'ethnologie acadiennes en hommage à Marguerite Maillet
Joseph Melançon, **8**, 1998, p. 195-200

Choquette, Robert, Charles H. Lippy et Stafford Poole
Christianity Comes to the Americas, 1492-1776
Olive Patricia Dickason, **3**, 1993, p. 209-211

Choquette, Robert
De la controverse à la concorde
Jean-Marc Barrette, **1**, 1991, p. 177-180

Christensen, Andrée
Noces d'ailleurs
Maurice Raymond, **5**, 1995, p. 87-89

Cogswell, Fred et Jo-Ann Elder
Rêves inachevés, anthologie de poésie acadienne contemporaine
Jean-Marcel Duciaume, **2**, 1992, p. 59-62

Collectif
Les Murs de nos villages
(création collective)
Denis Bourque, **4**, 1994, p. 39-41

Cormier, Jacques et Frédéric Deloffre
Robert Challe, Les Illustres Françaises
Marie-Laure Girou-Swiderski, **7**, 1997, p. 141-147

Cormier, Yves
Grandir à Moncton
Jean-Marc Barrette, **4**, 1994, p. 83-84

Cotnam, Jacques (dir.)
Hédi Bouraoui, iconoclaste et chantre du transculturel
Raoul Boudreau, **8**, 1998, p. 201-203

Courchesne, Michel et Donald Deschênes (dir.)
Légendes de chez nous. Récits fantastiques de l'Ontario français
Gilles Cadrin, **8**, 1998, p. 235-236

Couture, Claude
La loyauté d'un laïc : Pierre Elliott Trudeau et le libéralisme canadien
Chedly Belkhodja, **8**, 1998, p. 223-225

Couturier, Jacques Paul
Construire un savoir : l'enseignement supérieur au Madawaska, 1946-1974
Georgette Desjardins, r.h.s.j., **10**, 2000, p. 201-203

Couturier, Jacques Paul
(collab. de Réjean Ouellette)
L'expérience canadienne : des origines à nos jours
Jean-François Cardin, **6**, 1996, p. 209-212

Feux follets, revue de poésie
(Études francophones, Université
du Sud-Ouest de la Louisiane)
Jules Tessier, **8**, 1998, p. 243-245

Fiset, Louise
Soul pleureur
Jules Tessier, **10**, 2000, p. 197-198

Fortin, Robbert
Je vais à la convocation / à ma naissance
Pierre Paul Karch, **8**, 1998, p. 189-194

Fournier, Aristide
Aristide raconte
André Magord, **5**, 1995, p. 143-144

Gallant, Melvin
Ti-Jean-le-Fort
Germain Lemieux, s.j., **3**, 1993,
p. 155-158

Gay, Paul
Séraphin Marion, la vie et l'œuvre
Paul Wyczynski, **2**, 1992, p. 101-104

Genuist, Monique
C'était hier, en Lorraine
Carol J. Harvey, **5**, 1995, p. 135-137

Genuist, Monique
Voir Genuist, Paul

Genuist, Paul
(collab. de Monique Genuist)
Marie-Anna Roy, une voix solitaire
Paul G. Socken, **3**, 1993, p. 57-59

Gérin, Pierre M., Raoul Boudreau,
Anne Marie Robichaud et
Zénon Chiasson (dir.)
*Mélanges Marguerite Maillet. Recueil
de textes de création et d'articles sur
la littérature, la langue et l'ethnologie
acadiennes en hommage à Marguerite
Maillet*
Joseph Melançon, **8**, 1998, p. 195-200

Halford, Peter
*Le français des Canadiens à la veille de
la Conquête : témoignage du père
Pierre Philippe Potier, s.j.*
Jules Tessier, **6**, 1996, p. 135-137

Harvey, Carol J.
Le cycle manitobain de Gabrielle Roy
Réjean Robidoux, **4**, 1994, p. 123-124

Harvey, Fernand (dir.)
*Médias francophones hors Québec
et identité : analyses, essais et témoignages*
Gratien Allaire, **3**, 1993, p. 205-208

Henrie, Maurice
Fleurs d'hiver : entre l'essai et la nouvelle
Paul Dubé, **9**, 1999, p. 227-229

Hero, Alfred Olivier
*La Louisiane et le Canada francophone,
1673-1989*
Mathé Allain, **3**, 1993, p. 203-204

Hurtubise, Pierre, Luca Codignola et
Fernand Harvey (dir.)
*L'Amérique du Nord française dans
les archives religieuses de Rome,
1600-1922, guide de recherche*
Nive Voisine, **10**, 2000, p. 185-186

Karch, Pierre
Jeux de patience
Gamila Morcos, **3**, 1993, p. 105-107

Lacelle, Andrée
La Vie rouge : poésie
Anna Gural-Migdal, **9**, 1999, p. 217-221

Laflamme, Simon et Ali Reguigui
*Deux groupes linguistiques :
une communication de masse*
Lise Dubois, **9**, 1999, p. 209-211

Lafontant, Jean (dir.)
L'État et les minorités
Marcel Martel, **5**, 1995, p. 131-133

Lalande, Dan et Robert Marinier
Deuxième souffle
Jean Cléo Godin, **3**, 1993, p. 109-111

Lapierre, André, Patricia Smart et
Pierre Savard (dir.)
*Language, Culture and Values in Canada
at the Dawn of the 21st Century /
Langues, cultures et valeurs au Canada
à l'aube du XXIe siècle, actes d'un
colloque tenu à Ottawa*
Joseph Melançon, **7**, 1997, p. 237-241

Larochelle, Bernadette et
Anthony Mollica
Reflets d'un pays
Lucien Crustin, **1**, 1991, p. 181-182

Mollica, Anthony et Bernadette Larochelle
Reflets d'un pays
Lucien Crustin, **1**, 1991, p. 181-182

Morcos, Gamila (dir.)
Dictionnaire des artistes et des auteurs francophones de l'Ouest canadien
James de Finney, **9**, 1999, p. 157-160

Morin Rossignol, Rino
Catastrophe(s) : un conte virtuel
Pierre-Louis Vaillancourt, **9**, 1999, p. 55-57

Morin Rossignol, Rino
Rumeur publique
Mariel O'Neill-Karch, **2**, 1992, p. 57-58

Nadeau, Vincent
Rivière des Outaouais
Carol J. Harvey, **5**, 1995, p. 135-137

Ouellette, Michel
French Town
Pierre Karch, **5**, 1995, p. 91-92

Ouellette, Michel
L'Homme effacé : pièce de théâtre
Dominique Lafon, **9**, 1999, p. 213-216

Ouellette, Réjean
Voir Couturier, Jacques Paul

O'Neill-Karch, Mariel
Théâtre franco-ontarien : espaces ludiques
Judith Perron, **4**, 1994, p. 37-38

Paradis, Daniel
Le Feu sur la lune (et autres histoires)
Anne Malena, **10**, 2000, p. 205-207

Paré, François
Les littératures de l'exiguïté
Jules Tessier, **4**, 1994, p. 173-177

Paré, François
Théories de la fragilité
François Ouellet, **6**, 1996, p. 131-134

Pichette, Jean-Pierre
Répertoire ethnologique de l'Ontario français : guide bibliographique et inventaire archivistique du folklore franco-ontarien
Jean Du Berger, **4**, 1994, p. 33-36

Plantier, René
Le corps du déduit : neuf études sur la poésie acadienne (1980-1990)
Georges Bélanger, **8**, 1998, p. 205-207

Poirier, Claude (dir.)
Langue, espace, société : les variétés du français en Amérique du Nord
Jean-Paul Vinay, **6**, 1996, p. 201-207

Poirier, Pascal
Le glossaire acadien
Geneviève Prévost, **5**, 1995, p. 51-53

Poissant, Guylaine
Portraits de femmes du Nord ontarien : essais
Louise Charbonneau, **7**, 1997, p. 103-105

Poliquin, Daniel
L'Écureuil noir
Denis Bourque, **5**, 1995, p. 85-86

Poole, Stafford, Robert Choquette et Charles H. Lippy
Christianity Comes to the Americas, 1492-1776
Olive Patricia Dickason, **3**, 1993, p. 209-211

Popin, Jacques
Voir Deloffre, Frédéric

Primeau, Marguerite-A.
Ol' Man, Ol' Dog et l'enfant et autres nouvelles
Georges Bélanger, **7**, 1997, p. 55-57

Psenak, Stefan
Pour échapper à la justice des morts
Maurice Raymond, **5**, 1995, p. 87-89

Quintal, Claire (dir.)
La femme franco-américaine — The Franco-American Woman
Béatrice Craig, **6**, 1996, p. 181-184

Quintal, Claire
La littérature franco-américaine : écrivains et écritures
Raymond Rouleau, **4**, 1994, p. 155-156

Reguigui, Ali et Simon Laflamme
Deux groupes linguistiques : une communication de masse
Lise Dubois, **9**, 1999, p. 209-211

Turmel, André (dir.)
Culture, institution et savoir
Paul Dubé, **8**, 1998, p. 217-221

Vallée, Danièle
*Le Café de la Bonne-Femme-Sept-Heures :
roman*
Janine Gallant, **9**, 1999, p. 231-233

Vallée, Danièle
La Caisse
Françoise Tétu de Labsade, **6**, 1996,
p. 139-140

Vautrin, Jean
Un grand pas vers le Bon Dieu
David J. Cheramie, **2**, 1992, p. 219-222

Viau, Robert
*Les Grands Dérangements : la déportation
des Acadiens en littératures acadienne,
québécoise et française*
Judith Perron, **9**, 1999, p. 49-50

Viau, Robert
*L'Ouest littéraire : visions d'ici
et d'ailleurs*
Paul Dubé, **4**, 1994, p. 119-122

Weil, François
Les Franco-Américains (1860-1980)
Sylvie Beaudreau, **2**, 1992, p. 223-226

Comment communiquer avec

FRANCOPHONIES
D'AMÉRIQUE

POUR TOUTE QUESTION RELEVANT DE LA DIRECTION DE LA REVUE :

PAUL DUBÉ
DÉPARTEMENT DES LANGUES MODERNES ET DES ÉTUDES CULTURELLES
Université de l'Alberta
Edmonton (Alberta) Canada
T6G 2E6
Téléphone : (780) 492-1207
Télécopieur : (780) 492-9106
courriel : pdube@gpu.srv.ualberta.ca

POUR TOUTE QUESTION RELEVANT DE L'ADMINISTRATION DE LA REVUE :

GRATIEN ALLAIRE
DÉPARTEMENT D'HISTOIRE
Université Laurentienne
Chemin du lac Ramsey
Sudbury (Ontario) Canada
P3E 2C6
Téléphone : (705) 675-1151, poste 3409
Télécopieur : (705) 675-4874
Courriel : gallaire@nickel.laurentian.ca

POUR TOUTE QUESTION RELEVANT DES RECENSIONS :

GEORGES BÉLANGER
DÉPARTEMENT D'ÉTUDES FRANÇAISES ET DE TRADUCTION
Université Laurentienne
Chemin du lac Ramsey
Sudbury (Ontario) Canada
P3E 2C6
Téléphone : (705) 675-1151, poste 4304
Télécopieur : (705) 675 4885
Courriel : gbelanger@nickel.laurentian.ca

POUR TOUTE QUESTION RELEVANT DU SECRÉTARIAT DE RÉDACTION :

CENTRE DE RECHERCHE
EN CIVILISATION CANADIENNE-FRANÇAISE
Université d'Ottawa
145, rue Jean-Jacques-Lussier
C.P. 450, succ. A
Ottawa (Ontario) K1N 6N5
TÉLÉPHONE : (613) 562-5800 poste 4001
TÉLÉCOPIEUR : (613) 562-5143
COURRIEL : crccf@uottawa.ca

POUR LES NOUVELLES PUBLICATIONS ET LES THÈSES SOUTENUES :

LORRAINE ALBERT
Département des collections
Bibliothèque Morisset
Université d'Ottawa
C.P. 450, succ. A
Ottawa (Ontario) K1N 6N5
TÉLÉPHONE : (613) 562-5800 poste 3657
TÉLÉCOPIEUR : (613) 562-5133

POUR LES QUESTIONS DE DISTRIBUTION OU DE PROMOTION :

LES PRESSES DE L'UNIVERSITÉ D'OTTAWA
Université d'Ottawa
542, rue King Edward
C.P. 450, succ. A
Ottawa (Ontario) K1N 6N5
TÉLÉPHONE : (613) 562-5246
TÉLÉCOPIEUR : (613) 562-5247

FRANCOPHONIES
D'AMÉRIQUE

Revue annuelle : ISSN 1183-2487

		Canada	Autres pays
Abonnement		22,00 $	24,00 $
	TPS 7 %	1,54 $	0
	TOTAL	23,54 $	24,00 $
Au numéro		24,00 $	26,00 $
	TPS 7 %	1,68 $	0
	TOTAL	25,68 $	26,00 $

Numéros déjà parus

■ *Francophonies d'Amérique*, nᵒ 1 (épuisé)
❏ *Francophonies d'Amérique*, nᵒ 2 .... _____ $
❏ *Francophonies d'Amérique*, nᵒ 3 .... _____ $
❏ *Francophonies d'Amérique*, nᵒ 4 .... _____ $
❏ *Francophonies d'Amérique*, nᵒ 5 ISBN 2-7603-0406-X ...... _____ $
❏ *Francophonies d'Amérique*, nᵒ 6 ISBN 2-7603-0429-9 ...... _____ $
❏ *Francophonies d'Amérique*, nᵒ 7 ISBN 2-7603-0445-0 ...... _____ $
❏ *Francophonies d'Amérique*, nᵒ 8 ISBN 2-7603-0466-3 ...... _____ $
❏ *Francophonies d'Amérique*, nᵒ 9 ISBN 2-7603-0498-1 ...... _____ $
❏ *Francophonies d'Amérique*, nᵒ 10 ISBN 2-7603-0522-8 ...... _____ $

Total (transport inclus) .... _____ $

Mode de paiement

❏ Veuillez m'abonner à *Francophonies d'Amérique* (facturation par retour du courrier)
❏ Veuillez m'adresser les titres cochés
❏ Ci-joint un chèque ou un mandat de ...._____ $
❏ Visa ❏ Mastercard Nᵒ _____
Date d'expiration _____ Signature _____

Nom _____
Institution _____
Adresse _____
_____Code postal _____

Vente au numéro :
gaëtan morin éditeur
Diffuseur exclusif des Presses de l'Université d'Ottawa
171, boul. de Mortagne, Boucherville, QC
Canada J4B 6G4

Tél. : (450) 449-7886
Téléc. : (450) 449-1096
courriel : achat@groupemorin.com

Service d'abonnement :

AGENCE INTERNATIONAL
INTERNATIONALE SUBSCRIPTION
D'ABONNEMENT AGENCY
C.P. 444, Outremont, QC
Canada H2V 4R6
Tél. : (514) 274-5468
Téléc. : (514) 274-0201
Tout le Canada :
Tél. : 1-800-361-1431

LES PRESSES
DE L'UNIVERSITÉ
D'OTTAWA